COLLECTION
FOLIO/ESSAIS

Raymond Aron

Marxismes imaginaires

D'une sainte famille à l'autre

Gallimard

INTRODUCTION

J'ai publié, l'an dernier, dans la collection des *Essais*, les trois textes de la dernière partie de ce livre ; l'article écrit pour *Le Figaro littéraire*, sur la demande de Pierre Brisson, au moment où Jean-Paul Sartre refusa le Prix Nobel ; l'étude du marxisme structuraliste ou pseudo-structuraliste de Louis Althusser ; enfin la conférence prononcée à l'Unesco à l'occasion du 150ᵉ anniversaire de la naissance de Karl Marx.

Le présent recueil, bien qu'il porte le même titre, comporte une première partie dans laquelle j'ai réuni trois autres textes, l'un qui date de 1946, *Marxisme et existentialisme*, les deux autres rédigés en 1956, *Aventures et Mésaventures de la dialectique* et *Le Fanatisme, la prudence et la foi*.

Des lecteurs m'ont reproché l'agressivité excessive et parfois méprisante de ces études et de ces polémiques. L'amitié que me portent certains de ces lecteurs ne me laisse d'autre recours que de plaider coupable et de reconnaître le bien-fondé de ces critiques. Mais, pourquoi le nier ? la passion intellectuelle anime les dialogues avec les marxistes des deux

Saintes Familles, existentialiste et structuraliste. Les injures que mes adversaires ne m'ont pas épargnées fournissent une explication, à défaut d'une justification, au ton peut-être acerbe de ces textes d'humeur.

*

Pourquoi ai-je continué, au cours de cette longue période, un dialogue, sans espoir et sans issue, d'abord avec mes amis de jeunesse, existentialistes, puis avec une nouvelle génération de marxistes, opposés les uns aux autres par leur langage et leurs références théoriques, proches les uns des autres par le gauchisme de principe, le révolutionnarisme verbal, l'indifférence à la recherche humble et nécessaire des faits ?

Je ne crois pas que la polémique tantôt ouverte tantôt discrète contre les deux Saintes Familles ait pour mobile, ou, du moins, pour mobile principal, l'engagement politique. Après tout, ni la *Critique de la raison dialectique* ni la *Lecture du Capital* ne sont destinés aux masses ; ces livres ne servent pas à recruter des militants ou des sympathisants, ils répondent aux besoins d'un petit nombre. Dans le langage de Pareto, ils constituent des *dérivations*, qui ne modifient pas les *résidus*, ils rationalisent attitudes ou adhésions : ils ne les provoquent pas. Il en va de même, bien entendu, de mes arguments qui, bons ou mauvais, vrais ou faux, ne prétendent à aucune efficacité en fait de persuasion, clandestine ou non. Peut-être aurais-je mieux fait d'écrire le livre sur le marxisme auquel je songe depuis près de quarante ans au lieu de disperser les éléments de ce livre en des essais critiques. Mais je ne doute guère que l'intérêt philosophique m'incite à poursuivre la controverse avec les sectes, contemporaines et rivales, du gauchisme parisien.

En Allemagne, à partir de 1931, je commençai ma carrière intellectuelle par une réflexion sur le marxisme ; je voulus soumettre à la critique mes opinions ou convictions, évidemment de « gauche », que je sentais en moi naïves, dictées par le milieu, sans autre fondement que des préférences spontanées ou des antipathies éprouvées mais non prouvées. Cette critique comportait d'abord une confrontation entre les perspectives ouvertes par le marxisme de Marx et le devenir des sociétés modernes, ensuite une prise de conscience des relations entre l'histoire et l'historien, entre la société et celui qui l'interprète, entre l'historicité des institutions et celle de la personne. En ce sens, comme mes amis de jeunesse, je n'ai jamais séparé philosophie et politique, pensée et engagement mais j'ai consacré à l'étude des mécanismes économiques et sociaux plus de temps qu'ils ne le firent. En ce sens, je me crois plus fidèle qu'eux à l'inspiration de Marx. Celui-ci, une fois assuré de ses principes, consacra le meilleur de ses forces et de son temps au *Capital*, donc à une socio-économie du régime capitaliste. Il tournait en dérision, dans *La Sainte Famille*, les jeunes hégéliens qui, à la manière des existentialistes ou des structuralistes (ou pseudo-tels) parisiens, substituent la ratiocination conceptuelle à l'enquête sur les faits et les causes.

Les capitalistes, au début des années 30, alors que

la grande dépression ravageait les sociétés occidentales, doutaient de leur propre avenir, parfois enclins à se soumettre au verdict que semblait prononcer l'accomplissement des prophéties marxistes. Certes, de l'optimisme catastrophique, les non-marxistes ne retenaient pas l'*optimisme* (la représentation radieuse du régime post-capitaliste ou de l'économie planifiée) mais ils penchaient vers le *catastrophisme.* Bien loin d'ignorer les catastrophes prochaines, j'en pressentais l'approche à mesure que se gonflait la vague du national-socialisme, mais je ne parvenais pas à insérer les événements du siècle dans le cadre du marxisme classique, celui d'Engels et de la IIe Internationale.

Le régime dit capitaliste, celui qui se définit par la propriété privée des instruments de production et (ou) les mécanismes du marché, n'entraîne pas la paupérisation des masses, il ne provoque pas la scission du corps social en une faible minorité d'exploiteurs et une masse d'exploités. Vulnérable aux dépressions, secoué par les destructions créatrices, il ne creuse pas sa propre tombe. Quand une crise ébranle un pays de régime capitaliste, les masses, prolétariennes ou non, ne rallient pas nécessairement le parti qui se réclame de la classe ouvrière. En 1914, les prolétaires, des deux côtés du Rhin, n'avaient pas montré moins de patriotisme ou même d'ardeur martiale que les autres classes de la société. Au début des années 30, la nation l'emportait une fois de plus sur la révolution ou, si l'on préfère, l'espoir révolutionnaire s'incarnait dans un parti qui sacralisait la nation.

Ces données de fait me suggéraient une vision historique différente de celle du marxisme classique ou du léninisme. Ni un régime capitaliste en tant que tel ni l'ensemble constitué par les pays capitalistes ne m'apparaissaient comme une totalité, réductible à une cause majeure ou comparable à *un* agent historique. Ni la guerre de 1914 ni le fascisme ne sortaient, selon un déterminisme inexorable, du *capitalisme*, transfiguré en monstre mystérieux, tout-puissant pour le mal. La division de l'humanité en États souverains précède le capitalisme et lui survivra. Bien plus, le socialisme, dans la mesure où il impose la propriété et la gestion étatiques des instruments de production, renforce inévitablement le nationalisme au double sens de volonté d'indépendance par rapport aux autres unités politiques et d'attachement des masses à leur nation ou État. Les socialismes — je me posais la question avant la Seconde Guerre — ne deviennent-ils pas tous, nécessairement, nationaux ? Ce qui ne veut pas dire qu'ils aboutissent au national-socialisme.

Après la Seconde Guerre mondiale, j'ai repris cette confrontation des schèmes marxistes et du devenir des sociétés modernes — confrontation qui s'inspire d'une méthode plus ou moins marxiste, dans la mesure où celles de Max Weber ou de J. Schumpeter appartiennent à la postérité de Marx. La théorie du développement, dont Colin Clark donna le premier exposé dans *Conditions of economic progress*, le relèvement de l'Europe occidentale, la meilleure connaissance de l'Union soviétique et de l'Europe occidentale, les événements et les idées entre 1945 et 1965 nourrirent ma réflexion sur l'histoire en train de se faire et l'engagement du citoyen.

En Europe, le fascisme n'existait plus : la démocratie libérale ne subissait plus les assauts convergents du fascisme et du communisme. Le Vieux Continent était divisé en deux camps, celui du socialisme soviétique et celui du capitalisme ou de la démocratie pluraliste. La situation politique différait donc radicalement de celle dans laquelle j'avais soumis à la critique le marxisme et mes propres convictions de « gauche ». Mais la philosophie à laquelle m'avait conduit cette critique demeurait la même. Privé d'une perspective totalisante sur l'histoire en train de se faire, je m'avouais à moi-même le caractère libre et aventureux de tout engagement. Le devenir ne s'organise pas de lui-même en un tout bien ordonné : vécu par les contemporains, il se disperse en séries multiples, il prête à des appréciations contradictoires. Aucun régime n'accomplit simultanément tout ce à quoi nous aspirons, toutes les valeurs que nous professons. Au cours des années 30, j'observais, presque désespéré, la décadence de la nation française et la corruption de démocraties ; il m'arriva de me demander s'il faudrait un jour choisir entre le salut de la patrie et la sauvegarde de la liberté.

Cette attitude, philosophique et politique, à laquelle l'*Introduction à la philosophie de l'histoire*, parue en 1938, donnait une expression inutilement pathétique, se voulait *rationaliste*. Mais le rationalisme dont elle s'inspire, analytique ou scientifique, ignore la Raison historique, la réconciliation entre le sujet et l'objet, entre les hommes et leurs œuvres. Or seule cette réconciliation — la fin de l'histoire ou de la préhistoire — donnerait à nos choix la sanction et la garantie d'une vérité ultime. Faute de connaître l'avenir, comment décréter que l'histoire obéit à une rationalité « totale » dont les acteurs accompliraient, sans en avoir conscience, les arrêts impitoyables, cruels ou bienveillants ?

Cette double confrontation — entre le marxisme et notre temps, entre le devenir et l'homme historique — m'incitait au dialogue avec J.-P. Sartre et M. Merleau-Ponty pour la simple raison qu'eux aussi, après 1945 (avant la guerre ni l'un ni l'autre ne marquait d'intérêt à la problématique philosophique de la politique) méditaient, à partir de ce qui s'appelait dès lors existentialisme, sur les mêmes thèmes. Mais ils aboutissaient à des conclusions tout autres.

Bien que, politiquement, les prises de position de M. Merleau-Ponty et de J.-P. Sartre aient varié et qu'elles n'aient pas toujours coïncidé, l'une et l'autre ont voulu retrouver le marxisme à partir de l'existentialisme. Peut-être vaudrait-il mieux dire *fonder le marxisme sur l'existentialisme* et *donner à leur décision politique une dignité philosophique*. Je m'en prenais moins aux prises de position de Merleau-Ponty et de Sartre que je jugeais déraisonnables par rapport à leurs propres valeurs mais non indignes (alors que Sartre, moraliste en dépit de lui-même, ne parvient jamais à respecter ses adversaires), qu'à la justification, à mes yeux arbitraire, d'engagements personnels. Merleau-Ponty, au moment où il écrivait *Humanisme et Terreur*, Sartre depuis 1945 jusqu'à maintenant ont présenté leur engagement politique comme solidaire de leur philosophie, sinon déduit de celle-ci.

Sur quoi portaient les discussions entre intellectuels français, communistes, non communistes plus ou moins sympathisants, anticommunistes de 1945 à 1956 (date du discours de N. Khrouchtchev au XXe Congrès du parti communiste russe) ? Les communistes suivaient aveuglément la ligne du parti, elle-même conforme aux instructions de Moscou. Selon les moments, ils dénonçaient à l'indignation des masses les « progressistes » ou « compagnons de route », par exemple Sartre et ses amis, alliés « objectifs » du capitalisme et de l'impérialisme ou bien, tout au contraire, ils les accueillaient, non sans réserves, parmi les combattants de la paix et de la démocratie.

De leur côté, Sartre et Merleau-Ponty, sans jamais dévier de leur anti-anticommunisme, sans jamais s'inscrire au parti communiste, hésitèrent entre plusieurs attitudes. Le premier tenta, en 1947, de constituer un rassemblement entre le communisme, inacceptable à des esprits libres, et le socialisme embourgeoisé, trop prosaïque pour satisfaire une volonté révolutionnaire. L'échec de ce rassemblement le rapprocha du parti communiste avec lequel il collabora dans des organisations annexes. Maurice Merleau-Ponty demeura toujours à l'écart des partis mais, dans *Humanisme et Terreur*, il reconnaissait un privilège historique à l'entreprise communiste — privilège qu'il lui refusa quelques années plus tard dans *Les Aventures de la dialectique*, après la guerre de Corée et une remise en question de sa propre philosophie.

Le sociologue donnerait volontiers de ces hésitations, de ces demi-adhésions et de ces demi-ruptures une interprétation simple. Ces penseurs, que leurs idées et l'abaissement de la France empêchaient de se résigner à la démocratie bourgeoise, que le despotisme idéologique du communisme repoussait, cherchaient la patrie de leur rêve dans un communisme qui eût été différent de celui de l'Union soviétique à l'époque de Staline ou même de Khrouchtchev. Ces intellectuels sans patrie, qui n'adhéraient à aucun des deux camps de la guerre froide, dissertaient infatigablement de la nuance exacte de leur abstention.

Sur quels arguments les existentialistes français ont-ils fondé « le privilège historique de l'entreprise communiste » ? Le premier que l'on trouve aussi bien dans *Humanisme et Terreur* que dans les textes de Sartre se réfère à l'*intention* du mouvement historique qui se baptise lui-même marxiste-léniniste. En dépit de tout, ce mouvement demeure animé par un *projet* de libération totale alors que, d'une certaine manière, les autres partis se résignent aux injustices d'un ordre que des réformes pourront améliorer mais non transformer radicalement. Cet argument renverse une thèse célèbre de Marx dans l'introduction à la *Contribution à la critique de l'économie politique*. S'il faut juger les sociétés d'après ce qu'elles sont et non pas d'après ce qu'elles prétendent être, pourquoi définir l'entreprise communiste par le but qu'elle prétend viser et non par les régimes auxquels, provisoirement au moins, elle a donné naissance ?

Selon un deuxième argument, proche du premier, l'échec de l'entreprise communiste signifierait l'échec de la Raison historique elle-même. Mais pourquoi, à supposer que l'histoire humaine doive connaître une fin, l'expérience cruciale se situerait-elle au milieu du XXe siècle, en un pays que rien ne désignait pour ce rôle sublime ?

Merleau-Ponty, disparu avant d'avoir achevé son œuvre, s'éloignait, semble-t-il, de ces controverses historico-politiques pour remonter aux interrogations ultimes de la philosophie, mais il avait accepté que l'étude objective des régimes ennemis précédât l'engagement et servît à le justifier. Sartre, en revanche, est resté fidèle à lui-même et l'on chercherait vainement, dans la *Critique de la raison dialectique*, un motif quelconque, d'ordre économique, social ou politique, de préférer un régime soviétique à un régime de type occidental. Ayant proclamé son allégeance à une théorie dont les marxistes-léninistes les plus orthodoxes avouent les insuffisances lors même qu'ils en proclament, à juste titre, la grandeur, Sartre consacre des centaines et des centaines de pages à une dialectique de la *série* et du *groupe*, de la conscience et des ensembles, du *pratico-inerte* et de la *liberté* qui n'a rien de commun avec le marxisme, ni avec celui de Marx ni avec celui des marxistes-léninistes et qui apparaît même, en profondeur, difficilement compatible avec une dialectique proprement historique. Tant que dure la rareté, les sociétés humaines ne sont-elles pas condamnées à une dialectique statique et comme éternelle : aliénation dans le pratico-inerte, libération par le groupe d'action, fatalité de l'organisation, puis des institutions et de la retombée dans le pratico-inerte. Si l'humanité commence avec la révolte, elle devra sans terme renouveler une entreprise qui ne peut réussir et qui ne doit pas être abandonnée.

On comprend que les marxistes-léninistes n'aient pas reconnu leur foi dans cette version nouvelle du mythe de Sisyphe.

*

La philosophie de Marx, « équivoque et inépuisable », tolère des interprétations multiples, inégalement vraisemblables si l'on se soumet aux règles de la critique historique mais toutes acceptables dès lors que l'on se donne le droit de lire le *Manuscrit économico-philosophique* ou *Le Capital* par référence à notre univers de pensée et non par référence à celui de Marx lui-même : *marxisme kantien* si l'on pose le socialisme comme un objectif qu'impose la conscience morale face à la réalité capitaliste, *marxisme hégélianisé* qui renvoie à la *Phénoménologie de l'esprit* plus encore qu'à la *Philosophie du droit*, *marxisme scientiste*, tiré de l'*Anti-Dühring* qui comporte une *dialectique de la nature*. Tous ces marxismes ont en commun de se vouloir et de se dire *humanistes* à condition d'entendre, par ce mot vague, l'affirmation que « l'homme est pour l'homme l'être suprême » et que le socialisme a pour ambition l'accomplissement de l'homme (quelle que soit l'incertitude qui s'attache à la nature ou à l'essence de l'homme).

La Révolution de 1917 a provoqué un schisme entre marxisme-léninisme et social-démocratie, entre deux incarnations de l'idée marxiste, l'une dans la réalité soviétique, l'autre dans des partis réformistes ou une démocratie bourgeoise. Les Bolcheviks, pour des raisons politiquement intelligibles, ont maintenu une *théorie scientiste* (ou objectiviste) du devenir historique (lois de l'histoire) et une pratique étrangère à cette théorie et pour ainsi dire systématiquement opportuniste. Dès lors les philosophes qui adhéraient à la cause soviétique ou sympathisaient avec elle, oscillaient, selon les circonstances ou leur tempérament, entre deux positions : ou bien répéter les formules dictées à chaque instant par l'orthodoxie d'État ; ou bien chercher dans le marxisme de Marx et surtout du jeune Marx une version plus subtile de leur foi. Le livre de G. Lukács, *Histoire et conscience de classe*, marque un retour aux sources hégéliennes du marxisme. Il contient les principaux thèmes des débats idéologiques qui se déroulèrent dans les milieux socialistes et communistes de la République de Weimar, débats auxquels la publication des ouvrages de jeunesse donna une impulsion nouvelle au début des années 30. Renié par l'auteur lui-même, le marxisme d'*Histoire et conscience de classe* apparaît hégélien et existentiel : hégélien, puisqu'il tend à saisir l'unité dialectique du sujet et de l'objet, des contradictions immanentes à la totalité et de la classe qui en prend conscience avant de les surmonter ; existentiel puisqu'il se soucie avant tout de la condition faite à l'homme par le régime capitaliste et que la réification des rapports sociaux, l'aliénation de l'homme dans les choses caractérisent la réalité et, de ce fait, impliquent la critique de la réalité. Certains social-démocrates aussi bien que certains communistes ont utilisé le marxisme du jeune Marx pour combattre le déterminisme objectif de l'histoire globale auquel s'accrochaient les gardiens de la foi, de la IIe ou de la IIIe Internationale. En Europe orientale, au cours de ces dernières années, les marxistes ont à leur tour commenté les textes existentialistes et humanistes du jeune Marx pour s'opposer au *Diamat*, au despotisme du parti, probablement aussi pour ranimer l'esprit de liberté du marxisme révolutionnaire. Les Bolcheviks, eux, n'ont jamais accepté cette version subtile de l'orthodoxie.

Historiquement, les existentialistes français prennent la suite des marxistes et para-marxistes de la République de Weimar. Les débats de l'après-guerre, en France, me rappelaient les débats allemands des années 1930-1933. Je me trouvais, pour la deuxième fois, sur le terrain commun au marxisme et à l'existentialisme : la mise en question simultanée du destin de la personne et du destin historique de l'humanité.

Althusser, lui, appartient à une autre génération et, en apparence du moins, il se situe par rapport à une problématique tout autre. Ce qui m'a poussé à lui consacrer une longue étude, ce n'est pas le désir de prolonger le dialogue avec des amis de jeunesse — fût-ce par la polémique — mais la curiosité. La jeune génération, en utilisant les concepts à la mode dans les sciences sociales, avait-elle extrait des vieux livres un Marx inconnu, le vrai Marx, ou, à défaut, un Marx tel que les difficultés sur lesquelles avaient achoppé depuis un siècle tous les interprètes, s'effaceraient miraculeusement ? À cette question, je donne une réponse négative qui ne surprendra personne, surtout pas les althussériens. Pourquoi parviendraient-ils à me convaincre que je dois (ré)apprendre au bout de trente-cinq ans à (re)lire *Le Capital* ?

*

L'article publié dans *Le Figaro littéraire* appartient à une phase d'apaisement. La formule de la *fin des idéologies*, prise en des sens multiples, bénéficiait d'un assentiment équivoque. Les diverses sectes de l'*intelligentsia* parisienne coexistaient pacifiquement. Les ex-compagnons de route plaidaient pour la démocratisation des régimes soviétiques, les ex-croisés de la guerre froide se réjouissaient de la détente, avec un scepticisme plus ou moins marqué. La mode philosophique changeait, la *structure* chassait la *praxis*.

Depuis quelques années, en France surtout après les événements de mai 1968, le climat historique, une fois de plus, a changé. *History is again on the move*, pour citer Toynbee. Les sociétés occidentales industriellement avancées, entrent-elles en une période révolutionnaire ? Une fraction, peu nombreuse mais violente, de la jeunesse estudiantine adopte le style caractéristique des mouvements fascistes, tout en se réclamant d'idées de gauche, internationalistes, libertaires, voire pacifistes. Mais elle n'a pas encore trouvé, pour mettre en forme dite rationnelle ses aspirations ou ses indignations, une idéologie qui mérite une analyse philosophique. La *théorie critique* de Marcuse remonte à l'Allemagne de Weimar, elle ne s'est pas améliorée en vieillissant. Je laisse volontiers aux disciples du plus obscur et du plus subtil des psychanalystes la tâche de transfigurer la sagesse apparemment prosaïque du petit livre rouge de Mao. Résurgence de Fourier ou de Proudhon, injustement sacrifiés au marxisme, réveil du trotskysme, symbole pathétique d'un marxisme sorti de l'histoire universelle et inconscient de son propre néant, mythes du castrisme et de la révolution culturelle : comment démêler la part respective des diverses idéologies qui se mêlent dans le délire verbal des révoltés de mai ?

Peut-être l'althussérisme représente-t-il déjà l'avant-dernier marxisme imaginaire. Le dernier, celui qui lui succédera, n'a pas encore pris forme. Mais n'en doutons pas : il viendra.

Avant mai 1968, l'antihumanisme des jeunes philosophes français offrait un contraste déplaisant avec l'humanisme dont se réclamaient les marxistes d'Europe orientale. Aujourd'hui, la *praxis* revient au galop. Pour combien de temps ? Une seule prévision me paraît sans risque. Le gauchisme de demain, comme celui d'hier ou d'aujourd'hui, s'exprimera dans un langage marxiste. Puisque le marxisme de Marcuse abandonne la vocation révolutionnaire du prolétariat et celui d'Althusser l'humanisme, quel gauchiste pourra jamais tenir sa pensée pour incompatible avec celle de l'auteur du *Capital* ?

Paris, novembre 1968.

Première partie

MARXISME
ET EXISTENTIALISME[1]

Le dialogue entre existentialistes et marxistes ou, pour parler plus précisément, entre Sartre et les communistes, occupe, depuis la Libération, le devant de la scène politico-littéraire de la France.

Étrange dialogue, dans lequel l'un des interlocuteurs affirme son amitié et ne reçoit que des rebuffades en retour. Les existentialistes ont multiplié les témoignages de bons sentiments et Sartre, dans une interview, a été jusqu'à dire qu'il s'agissait, entre les communistes et lui, d'une querelle de famille. Les communistes ont répondu, la plupart du temps, en décrétant que l'existentialisme, idéologie petite-bourgeoise, devenait progressivement réactionnaire, voire fasciste.

Voici deux exemples de cette littérature communiste, empruntée l'une à la *Pravda* et l'autre à un journal allemand. La *Pravda* — (23-1-47) écrit : « *La*

1. Cet essai est le texte d'une conférence prononcée au *Collège philosophique*, en 1946, et reproduit dans un livre collectif *L'Homme, le monde, l'histoire*, Paris, Arthaud, 1948.

bourgeoisie réactionnaire protège M. Jean-Paul Sartre. Elle en a besoin pour sa lutte contre la démocratie et contre le marxisme. La défaite du fascisme a vidé de son contenu le rempart idéologique derrière lequel s'abritaient les 200 familles. Il fallait trouver quelque chose de nouveau et voilà pourquoi on est en train d'essayer de répandre ce brouillard mystique qu'est l'existentialisme, sur la jeune et nouvelle France qui sort de la rude école de la Résistance...

« ... *L'hebdomadaire* Life *a publié une élogieuse biographie de M. Jean-Paul Sartre, qui soulignait que ce jeune philosophe était aujourd'hui le principal adversaire du marxisme sur le plan idéologique. Ce qui veut dire que les œuvres de M. Jean-Paul Sartre sont assurées, aussi bien que celles de la maison Paquin, d'être importées aux États-Unis. Et M. Sartre sait ce que l'on exige de lui. Peu après son retour des États-Unis, M. Sartre a publié un numéro spécial consacré aux États-Unis. Cette fois, les nécrophores ont voulu être sérieux : ils se sont intéressés aux problèmes économiques et au plus important d'entre eux, celui des devises. M. Sartre lui-même ne parle de l'américanisme qu'avec condescendance. Mais l'article voisin, celui de M. Guy Cardailhac, donne la solution de la philosophie sartrienne : elle nous explique que le monde entier constitue l'héritage des États-Unis ; que la France le veuille ou non, elle doit se mettre à la remorque de l'Amérique, s'agglomérer à un bloc occidental ou atlantique ; pour parler cru, devenir une colonie de l'impérialisme américain. Ici se révèle l'aspect économique et social de l'existentialisme. Les nécrophores aiment bien parler de la mort, mais ils veulent vivre, faire de bonnes affaires avec les produits de leur plume.*

Pour eux, la réaction américaine est une métropole, un marché d'écoulement, et eux aussi sont nécessaires à la riche bourgeoisie américaine, puisqu'ils sont les ennemis du marxisme. »

Le texte emprunté à la *Tägliche Rundschau* est encore plus violent : il s'agit d'un texte de l'écrivain allemand Niekisch, qui appartint jadis au parti national-socialiste ou, du moins, à ce qui en constituait l'extrême-gauche. Il avait été, à ce titre, condamné, en 1934, si mes souvenirs sont exacts, par le parti nazi et il s'exprime ainsi au terme d'un long article :

« *Si, chez Kierkegaard et Nietzsche, l'existentialisme demeure encore dans les limites d'une grande et sérieuse philosophie, il devient, avec Sartre, un jeu de risque-tout cynique et frivole.*

« *Ce n'est pas par hasard que, finalement, Sartre distribue son existentialisme dans des romans et des drames, et qu'il l'exploite commercialement au théâtre.*

« *On se rappelle encore avec quels délices Hitler parlait de "décadence" et d'"époque décadente". En réduisant l'existentialisme à une philosophie de frivoles aventures et de risques, de flirt cynique avec le dégoût de l'existence, il ne faisait qu'exprimer ce qu'une ère fasciste ressentait, pensait et entreprenait. Que l'on remarque quelles classes se pressent autour de Sartre et l'on comprendra pourquoi justement Heidegger a pu parvenir soudainement à de tels honneurs en France. L'existentialisme qui revêtait chez Kierkegaard un aspect sublime et si émouvant a dégénéré, pour n'être plus aujourd'hui que l'odeur nauséabonde d'une putréfaction, enveloppant un ordre social qui sombre et râle, sans espoir, et qui est secoué par les angoisses de l'agonie.* »

Insanités peu intéressantes en elles-mêmes qui ont cependant une valeur symbolique. Elles me serviront de point de départ, au moins pour définir une des questions que je voudrais poser.

*

Lorsque l'existentialisme s'offre au marxisme comme un fondement philosophique possible, a-t-il raison ou tort ? Peut-il aller jusqu'au bout ? Peut-il se donner comme une philosophie du communisme ? Ou encore, le marxisme, de son point de vue, a-t-il raison de repousser l'existentialisme ? Il va de soi que je n'examinerai pas la question au niveau politique où les textes que j'ai cités l'envisagent, mais sur le plan philosophique.

Si nous nous référons aux textes de Sartre et de Merleau-Ponty, la question se pose à peu près en ces termes (tout au moins ils la posent en ces termes) : nous sommes d'accord, disent-ils, avec le projet révolutionnaire du marxisme, nous en acceptons l'inspiration et la volonté, mais le marxisme, en outre, se présente comme un matérialisme, contradictoire en lui-même et impensable : nous ne pouvons pas adhérer à une doctrine qui nous obligerait à donner congé à la raison. L'existentialisme est la véritable philosophie de la révolution et, si les marxistes se rendaient à nos arguments philosophiques, rien ne nous séparerait plus d'eux.

Je voudrais donc rappeler les termes principaux de la critique du matérialisme par Sartre et ensuite montrer en quel sens l'existentialisme se présente au marxisme comme la philosophie susceptible de le fonder.

Sur la critique du matérialisme, je serai bref parce qu'il s'agit d'idées classiques et que Sartre s'en prend à des interprètes du marxisme, porte-parole du parti. Les thèmes principaux de la critique du matérialisme par Sartre me paraissent à peu près les suivants :

1) Il est impossible d'expliquer la conscience comme si la conscience était un objet parmi les objets, ce que fait le matérialisme vulgaire. Toute explication de la conscience par quelque chose d'extérieur à elle tombe dans une contradiction, puisque cette explication suppose déjà cela même qu'elle prétend expliquer. Si la conscience est assimilée à un objet parmi les objets, on réduira la pensée à un reflet ou à un effet et on ne pourra comprendre comment un objet parcellaire « décolle » du monde des objets, comment il parvient jamais à refléter l'ensemble des objets ou à saisir une vérité. On en vient ainsi à une première affirmation : le matérialisme, qui se donnerait comme négation de la conscience ou explication totale de la détermination de la conscience, se réfute lui-même. On ne peut pas ne pas poser d'abord le *cogito* ou la subjectivité.

2) Les exposés courants du matérialisme marxiste présentent une confusion constante et presque inextricable entre le scientisme ou positivisme, le rationalisme et le matérialisme. Les matérialistes marxistes déclarent qu'ils rejettent toute métaphysique et qu'ils prennent simplement les résultats de la science en tant que tels ; mais les résultats de la science par eux-mêmes ne démontrent et ne démontreront jamais le

matérialisme. L'affirmation : il n'y a qu'une seule réalité, la réalité matérielle, est essentiellement métaphysique et dépasse tout autant les résultats de la science que les affirmations idéalistes. D'autre part, si l'on s'en tient aux résultats de la science, purement et simplement, si l'on se refuse à les dépasser, de quel droit proclamer la rationalité essentielle de la nature ou de l'histoire ? Ainsi les marxistes-léninistes mêlent les trois thèses positiviste, matérialiste et rationaliste, à moins qu'ils ne passent confusément de l'une à l'autre. Thèse positiviste : il faut accepter les sciences telles quelles, les grouper et les organiser ; thèse métaphysique : affirmation que la matière seule existe ou que le monde extérieur existe tel que nous le voyons ou que la science l'analyse ; thèse de la rationalité intrinsèque de l'objet, que les marxistes tentent de conserver, bien qu'ils en aient supprimé les fondements.

3) Troisième argument, probablement décisif. Il y a contradiction entre les deux notions de matérialisme et de dialectique. Sartre revient souvent sur ce point.

Il pose d'abord la différence radicale entre les relations purement extérieures des objets dans l'espace ou, de manière générale, les relations d'extériorité spatiale et le mouvement dialectique. Ce dernier est, par essence, un mouvement d'idées ; il implique synthèse et totalité, dépassement qui surmonte et conserve à la fois l'état antérieur, une sorte d'appel de l'avenir ou encore une tendance de la totalité à se réaliser. La dialectique, ainsi définie, paraît immédiatement inconciliable avec l'ordre des relations spatiales et matérielles à quoi on veut la réduire. Sartre prend, pour donner un exemple de cette antinomie, le cas de la super-structure idéologique et montre comment, dans les explications matérialistes, on passe successivement d'une explication déterministe simple — l'idée, effet ou reflet d'une certaine situation matérielle —, à une explication qui, elle, conduirait vers la dialectique ; l'idée surgit dans une situation historique, pour répondre à des besoins ou pour surmonter un état donné vers un état à créer.

Si les deux mouvements, mouvement de relations spatiales et mouvement de progression créatrice ou dialectique, sont incompatibles, l'insertion du mouvement dialectique dans la matière suppose une notion confuse ou contradictoire de celle-ci. Les marxistes prétendent, à partir de la matière la plus simple, s'élever aux formes complexes de la réalité : nature inorganique, vie, monde de l'histoire, esprit. Une telle hiérarchie n'est certes pas inintelligible, mais si l'on s'en tient à la conception de la matière brute, élémentaire, comment expliquer la progression du type inférieur au type supérieur ? À moins qu'on n'ait commencé, à la faveur d'une notion contradictoire de la matière, par introduire subrepticement les termes supérieurs dans le terme initial.

Tels sont, rapidement résumés, les trois points essentiels de la critique du matérialisme marxiste par Sartre. Tels sont les arguments par lesquels il prétend justifier son refus d'adhérer à une doctrine absurde.

*

Une fois écarté le matérialisme, Sartre concède que le matérialisme ne se réduit certainement pas à un caprice d'intellectuel. Les révolutionnaires ont adhéré à l'idéologie ou au mythe matérialiste pour des raisons sérieuses, mais, dit-il, les besoins auxquels répond le matérialisme, l'existentialisme ne peut-il les satisfaire et les satisfaire beaucoup mieux ? Ici se place la deuxième partie du dialogue entre Sartre et les marxistes, ou plutôt du monologue de Sartre. Voici les offres positives, si je puis dire, qu'il leur adresse, voici comment l'existentialisme pourrait devenir la philosophie de la révolution. Là encore, j'essaierai de dégager les idées essentielles.

1) La conception de l'homme ou de la pensée en situation répond aux nécessités révolutionnaires. En effet, dire que l'homme ou la pensée est en situation, c'est dire que, par un seul et même mouvement, la conscience dévoile la réalité existante autour d'elle et la dépasse. L'homme est « en situation », sans que celle-ci soit pour autant un absolu, il « décolle » du contexte dans lequel il est inséré et il arrive à en prendre une vision globale dans la mesure même où il veut le dépasser. Or, cette connaissance de la totalité existante par l'homme en situation, c'est précisément ce dont le révolutionnaire a besoin et ce que le matérialisme prétendait lui donner. En effet, le matérialisme prétendait donner au révolutionnaire une pensée qui à la fois connaît le monde et veut le transformer ; mais cette double relation de connaissance et de dépassement, la « pensée en situation », formule typique de l'existentialisme, la lui fournit aussi et même de manière plus efficace.

2) Le matérialisme avait pour les révolutionnaires une vertu essentielle : il permettait d'échapper aux mystifications des classes supérieures. L'homme des classes privilégiées — c'est toujours Sartre qui parle et je résume approximativement — par essence, s'attribue des droits, il prétend ne pas être un homme purement naturel, un homme comme les autres, il s'arroge en tant que tel des prérogatives ou des privilèges. Le matérialisme, dans la pensée du révolutionnaire, a pour fonction essentielle d'expliquer ce prétendu supérieur par l'inférieur, de ramener l'homme qui a des droits au niveau des hommes ordinaires, l'homme qui se prévaut en quelque sorte d'une qualité métaphysique, sur le plan de l'homme naturel. Mais, ajoute Sartre, l'existentialisme présente les mêmes vertus : en effet, selon l'existentialisme, l'homme, pure contingence, est « jeté là » sans savoir pourquoi, sans raison, sans but immédiat. Accédant à cette conscience existentielle, l'homme ne sera plus victime des mystifications des classes supérieures. Tout aussi bien et même mieux que le matérialiste, l'existentialisme expliquera que les droits auxquels les privilégiés inclinent à donner une substance métaphysique, ne sont rien de plus que l'expression d'une situation sociale. Il démontrera l'historicité des valeurs en tant que telles et, du même coup, il en permettra le dépassement.

3) Le matérialisme a pour fonction ou pour utilité de donner à l'ouvrier conscience du déterminisme. Plus exactement, selon Sartre, l'ouvrier, dans le contact avec la nature, découvre le déterminisme, la force des liens qui unissent les choses les unes aux

autres. En contact avec la nature, il échappe au monde bourgeois de la politesse et reconnaît la rude nécessité des choses. Ce déterminisme réel — l'ouvrier en fait l'apprentissage dans le travail — n'est pourtant pas total. Tout au contraire, le déterminisme correspondra d'autant mieux aux besoins d'une doctrine révolutionnaire qu'il sera limité : il permet de déterminer l'effet d'un acte donné et laisse à l'homme la possibilité de transformer la réalité globale ; il lui indique la loi de son action et les conditions d'efficacité, mais il sauvegarde la conscience de la liberté, du pouvoir de changer l'ordre des choses existant. Ainsi, là encore, l'existentialisme correctement interprété apporte plus et mieux que le matérialisme classique, un déterminisme partiel, dominé et dépassé par la liberté.

4) Grâce au matérialisme, l'histoire ne se déroule plus dans l'empyrée des idées. La vie elle-même et la lutte amènent peu à peu la réalisation des fins humaines. De même, l'existentialisme, par essence, pose à la fois l'homme agissant et la résistance des objets ; il analyse la dialectique de l'homme et des obstacles ; là encore, il donne tout ce que le matérialisme pouvait souhaiter et exiger.

En bref, quelques idées existentialistes sont proposées comme fondement philosophique d'une volonté révolutionnaire : la reconnaissance de la primauté réflexive de la subjectivité, le fait que la conscience est perpétuellement insatisfaite et, d'un même mouvement, dévoile la réalité et veut la transcender ; la pensée est en situation, l'homme contingent n'a pas de raison d'être mais il « est là », les valeurs sont historiques, l'homme est libre. La doctrine sartrienne pourrait servir de fondement à une volonté révolutionnaire, puisqu'elle pose la liberté comme une donnée métaphysique sans vider de signification le projet de libération ; la liberté en tant que telle n'est jamais entièrement éliminée mais elle est toujours en danger d'être violée ou contrainte.

Merleau-Ponty pousse encore plus loin la tentative pour passer des thèmes existentialistes aux thèmes marxistes. Il se reporte fort justement aux textes de jeunesse de Marx et il montre que nombre des thèmes de l'existentialisme y apparaissent déjà. Là encore, je procéderai d'une manière sommaire. Je dégagerai quelques idées qui me paraissent les points de rencontre des existentialistes et des marxistes.

L'existentialisme dépasse simultanément le matérialisme et l'idéalisme, le marxisme aussi. Je cite un seul texte emprunté au manuscrit *Économie politique et philosophie* : « *Nous voyons ici comment le naturalisme accompli ou l'humanisme réalisé se distingue de l'idéalisme aussi bien que du matérialisme, étant en même temps la vérité qui les unit tous deux. Nous voyons aussi que le naturalisme est seul capable de comprendre le processus de l'histoire universelle*[1]. »

Lorsque l'existentialisme refuse d'être matérialiste et prétend dépasser cette antinomie classique, il ne fait rien que suivre le mouvement initial de la pensée marxiste. D'autre part, au fondement, à l'origine de la conception marxiste de l'histoire n'apparaît nulle-

1. *Manuscrit économico-philosophique*, éd. de la Pléiade, II, p. 129-130.

ment la matière, mais l'homme agissant. Le porteur de l'histoire, ce n'est pas une matière impossible à définir, c'est l'homme concret, corps et âme, au contact de la nature et créant, par le travail, ses conditions d'existence. À partir de cette conception de l'homme concret, on donnera une interprétation plus raisonnable et plus satisfaisante de formules marxistes, qui deviennent presque incompréhensibles dans les exposés vulgaires, par exemple, la relation entre l'infrastructure et la suprastructure, la prétendue détermination des idées, simples reflets, par la base matérielle — formules effectivement difficiles à penser de manière rigoureuse. En revanche, si l'homme est *premièrement* en relation avec la nature, si cette relation entraîne une certaine forme d'appropriation des forces naturelles, on comprend, à partir de cette attitude originelle et de ce projet fondamental, l'ensemble des activités d'un individu ou d'un groupe. Il ne s'agit plus de la détermination des autres secteurs par le secteur primaire, on comprend chaque secteur dans et par l'ensemble.

Cette même définition de l'homme concret, porteur de l'histoire, permettrait de repenser concrètement les relations de l'individu et de la société et dégager la dialectique de l'individu et des circonstances.

Dans la vision marxiste de l'histoire, les circonstances sont le résultat d'actes humains, que chaque génération trouve autour d'elle comme durcies, cristallisées. Il importe de ne jamais tenir ces circonstances pour toutes faites, définitives ou fixées une fois pour toutes, mais, au contraire, de toujours se rappeler qu'elles sont là par et pour une certaine conduite humaine. Ainsi se déroule la dialectique de l'individu et de la société ; l'homme, par son activité, crée un ordre de relations extérieures qui, données à ses descendants, apparaissent comme un destin ; mais, en réalité, une situation se prête toujours à une restructuration à la fois par le regard qui la contemple et par la volonté qui la dépasse.

On pourrait encore montrer une sorte d'analogie ou d'affinité spirituelle entre la critique marxiste des idéologies et l'effort des existentialistes pour parvenir jusqu'à l'attitude humaine fondamentale. La pensée marxiste avait pour objectif de critiquer et de percer à jour les aliénations, les projections d'idées et d'actes, qui, œuvres de l'homme, échappent à leur créateur, et, au-delà de cette critique, d'atteindre à l'essentielle réalité de l'homme vivant, défini par ses relations avec la nature et les autres hommes. De même, il y a dans l'existentialisme une volonté de percer à jour les fictions idéologiques, qui emprisonnent les esprits, pour revenir, au-delà de la mauvaise foi, au choix que l'homme fait authentiquement de lui-même.

Telle me paraît la tendance, que je crois commune à Sartre et à Merleau-Ponty, à définir une anthropologie existentialiste, dont j'ai essayé d'esquisser les grandes lignes, qui puisse être dite en même temps, sinon marxiste selon l'orthodoxie léniniste ou stalinienne, du moins apte à servir de fondement à la philosophie révolutionnaire du marxisme.

*

À ces arguments de l'existentialisme, on ne saurait dire qu'il y ait eu une réponse également cohérente des marxistes ; les réponses varient selon l'intelligence de ceux qui répondent et à coup sûr, les réponses de M. Henri Lefebvre semblent plus pertinentes et plus intéressantes que celles de M. Garaudy. Je n'ai pas l'intention de les analyser en détail, précisément parce qu'elles ne constituent pas un tout logique ; je voudrais seulement, dans la deuxième partie de cet article, expliquer, sur le plan de l'idéologie ou de la psychologie, pourquoi les marxistes consentiront difficilement à accepter les propositions existentialistes. Je voudrais montrer ensuite pourquoi il y a une impossibilité foncière à se dire simultanément existentialiste et marxiste, pourquoi ces deux philosophies, dans leurs intentions, dans leurs origines et dans leurs fins profondes demeurent incompatibles.

Pour quelles raisons psychologiques ou idéologiques les théoriciens officiels n'acceptent-ils pas la version du marxisme que les existentialistes leur ont offerte ? Une première raison me paraît être l'immense prestige de la science, le regret qu'éprouveraient les marxistes à ne plus se dire scientifiques, à ne plus pouvoir revendiquer la vérité scientifique en tant que telle. Il subsiste, aux États-Unis comme en Russie, une philosophie du progrès au sens propre du terme, dans le style du XIXe siècle européen, une confiance absolue dans la science, en tant que force de transformation, orientée vers le mieux-être des sociétés humaines. Ce prestige de la science me paraît encore immense chez tous les marxistes ; or, dans l'interprétation que les existentialistes donnent du marxisme, celui-ci perd la dignité d'une vérité scientifique.

Pour mon compte, je tiens pour absurde de prêter à la philosophie marxiste de l'histoire une vérité d'ordre scientifique, positif. Il n'y a pas de commune mesure entre la théorie selon laquelle les contradictions sociales mènent, par elles-mêmes, à une société sans classes et une proposition mathématique ou physique. Lorsque Marx opposait le socialisme scientifique au socialisme utopique, il songeait à deux manières d'aborder les problèmes sociaux ; le socialisme utopique était, à ses yeux, celui qui posait d'abord une fin, qui prétendait ensuite déterminer les moyens d'atteindre celle-ci, alors que le socialisme est scientifique, dans la mesure où il se borne à déchiffrer et à orienter le développement de l'histoire ; mais le socialisme scientifique selon lequel la réalité elle-même, par son mouvement spontané, tendrait à réaliser l'idéal, ne représente pas une science au sens d'une science naturelle, mathématique ou physique. Les marxistes, et je les comprends au moins d'un point de vue pragmatique, craignent de formuler explicitement ces distinctions : à partir du moment où l'on avouerait que la vérité du marxisme, si vérité il y a, ressortit à l'ordre philosophique et non scientifique, les partis qui se réclament du marxisme perdraient, avec le prestige de la science, la certitude de vaincre.

D'autre part, si l'on admettait cette version philosophiquement plus complexe et plus subtile du marxisme, sur deux points essentiels on se heurterait à des difficultés : le mouvement *nécessaire* par lequel la société sans classes doit s'accomplir à travers les contradictions de la société actuelle ; les relations entre l'infrastructure matérielle et l'ensemble des superstructures politiques et idéologiques. En effet, dans une version qui se donne pour scientifique du marxisme, la réalisation de la société sans classes est *nécessaire* en fonction des contradictions du capitalisme et en même temps *significative* ; ou encore le même mouvement est à la fois nécessaire au sens du déterminisme et rationnel historiquement : il répond au sens de l'histoire et il est inévitable. Si l'on adopte une version philosophique du marxisme, on devra consentir, comme j'essaierai de le montrer un peu plus loin, à une dissociation entre le déterminisme réel ou prétendu tel, qui conduit au but socialiste, et la signification de ce but ; le socialisme sera éventuellement nécessaire rationnellement sans être nécessaire sur le plan du déterminisme (socialisme *ou* barbarie). La coïncidence de l'un et de l'autre ne peut être donnée que par une mythologie scientiste.

En second lieu, lorsque les relations infrastructure-suprastructure sont interprétées de manière brutale, en style de détermination ou de reflet, il en résulte une simplification de la pratique politique ; on peut considérer comme essentielle et seule essentielle la réalisation de la base matérielle du socialisme : la socialisation des moyens de production. Si, au contraire, on retient une interprétation philosophiquement plus subtile des relations entre infrastructure et suprastructure, la socialisation des moyens de production n'exclura plus toutes les espèces de conflits ou d'aliénations ; par conséquent, on pourra moins aisément prévoir et justifier ce qui se passera après la révolution. Autrement dit, en acceptant un déterminisme intégral, d'ordre scientifique, on simplifie à la fois la détermination de la fin du socialisme, le mouvement vers cette fin et les relations entre la base matérielle et la suprastructure.

Enfin, l'existentialiste a beau s'affirmer révolutionnaire et aussi révolutionnaire que le communiste, il n'élimine pas une différence fondamentale : à la lecture de *L'Être et le Néant*, on respire une atmosphère pascalienne. Le thème essentiel de la philosophie, c'est la relation de l'individu seul, à Dieu, ou à l'absence de Dieu (dans le cas de Sartre, c'est le dialogue de l'homme seul avec l'absence de Dieu). Si ce dialogue définit l'essence de la condition humaine, il ne peut pas ne pas détourner de ce qui, aux yeux du marxiste, importe par-dessus tout, à savoir la révolution. Je ne vais pas jusqu'à dire qu'il y a incompatibilité entre l'angoisse de Pascal et l'impatience de la révolution. Considérer le problème révolutionnaire comme un des problèmes humains, ce n'est pas supprimer celui de Pascal, mais le révolutionnaire, soucieux de cela seul qui conduit à la révolution, en jugera autrement. Repenser le marxisme en fonction d'un dialogue de l'individu avec Dieu ou avec le néant, c'est distraire l'homme de la tâche urgente et par conséquent diminuer l'efficacité de la doctrine marxiste.

Jusqu'à présent, ces raisons de dire « non », je les ai développées sur le plan de l'idéologie ou de la psychologie. Je voudrais maintenant montrer que ces raisons de dire « non » peuvent être justifiées de manière philosophiquement plus rigoureuse et qu'effectivement, l'existentialisme ne peut jamais aller jusqu'au marxisme, à moins évidemment de cesser d'être existentialiste. Autrement dit, si l'on reste existentialiste, on ne sera jamais marxiste.

Un descendant de Kierkegaard ne peut pas, en même temps, être un descendant de Marx. Si la révolution donne la solution des problèmes philosophiques, comme le prétend le marxisme, on ne peut pas, en même temps, poser une dialectique, par définition inachevée, entre l'individu seul et Dieu ou le néant ; je reviendrai un peu plus loin sur ce point essentiel.

Repartons des éléments communs entre existentialisme et marxisme. Je pense effectivement que ces éléments : pensée en situation, dévoilement et dépassement, conscience insatisfaite, historicité des valeurs, appartiennent au marxisme comme à l'existentialisme. Après tout, ces idées, les unes comme les autres, ne sont guère que des résidus, plus ou moins formalisés, d'une anthropologie dérivée de Hegel. Existentialisme et marxisme ont, à coup sûr, en commun d'avoir pour origine une philosophie de type hégélien. Sartre et Merleau-Ponty mettent en lumière certains aspects de la condition humaine. Mais pour passer de cette anthropologie formelle à une anthropologie marxiste, il faut d'autres idées, dont les unes peuvent être à la rigueur assimilées par l'existentialisme (encore qu'elles n'y figurent pas jusqu'à présent) et dont les autres ne peuvent, à aucun degré, trouver place dans l'existentialisme, au moins dans celui qu'expose *L'Être et le Néant*.

En effet, pour arriver à une anthropologie marxiste, il ne suffit pas de dire que l'homme est en situation ou même que le porteur de l'histoire, c'est l'homme concret ; il convient d'abord, première proposition, banale mais fondamentale, d'affirmer que le travail est l'essence de l'homme, ou encore, que la relation de l'homme à la nature, relation par laquelle simultanément il apprend à maîtriser les forces naturelles et crée son propre milieu de vie, constitue la relation décisive. Cette définition de l'homme par la lutte avec la nature est-elle ou non existentialiste ? On en peut discuter ; ce qu'on peut dire en tout cas, c'est que l'idée du travail, essence de l'homme, ne joue strictement aucun rôle dans l'existentialisme de Sartre. On peut l'y ajouter à la rigueur, encore que, me semble-t-il, elle oriente la pensée tout autrement que ne le fait *L'Être et le Néant*.

Du fait que l'homme se définit essentiellement par la relation avec la nature ou le mode d'appropriation des forces naturelles, Marx passe à l'explication des relations entre les hommes. La relation des hommes entre eux, c'est-à-dire surtout leur lutte, est présente chez Sartre comme elle est présente chez Marx, mais, quand on lit *L'Être et le Néant*, on a l'impression que la lutte des consciences entre elles est éternelle, donnée telle quelle une fois pour toutes. Dès lors, se pose la question essentielle : ou bien cette lutte des consciences entre elles est un trait permanent de la condition humaine sans qu'on en conçoive même le dépassement, ou bien la lutte des consciences entre elles intervient dans l'histoire, dont elle est le ressort. Autrement dit : ou bien la conscience est enfermée dans la dialectique de *L'Être et le Néant*, ou bien la dialectique véritable de la conscience se déroule dans l'histoire et elle est créatrice. Certes, il n'est pas impossible, à partir de l'existentialisme, de réintroduire l'idée que la lutte des consciences entre elles, se déroulant à travers l'histoire, crée les œuvres et les régimes de civilisation. Malgré tout, *L'Être et le Néant* ne suggère pas que l'histoire soit un processus créateur, grâce auquel les hommes par la lutte — lutte avec la nature et lutte entre eux — accèdent à la liberté et, par conséquent, dépassent les contradictions. On a plutôt l'impression que « *éternellement chaque conscience veut la mort de l'autre* ».

Or, pour passer de l'existentialisme au marxisme, il faut que la dialectique de l'individu solitaire devienne dialectique proprement historique, il faut que l'histoire devienne l'histoire véritable de la conscience humaine ; il faut par conséquent que l'histoire ait un sens, progressif et créateur. Que l'on prenne, non pas peut-être les textes de Sartre lui-même, mais un roman de Simone de Beauvoir : l'histoire se réduit à une série d'échecs. L'accent est mis, dans les textes des existentialistes, beaucoup plutôt sur le caractère essentiel et inévitable des échecs dans toutes les entreprises humaines que sur l'idée d'une dialectique créatrice et sur la possibilité de réconciliation.

À supposer même que l'on arrive à intégrer dans l'existentialisme l'idée que les luttes des hommes ont un sens, que la progression des régimes sociaux a un sens, que l'on n'assiste pas indéfiniment à la répétition de la même entreprise vaincue, il faut encore, pour devenir marxiste, que l'on aboutisse à une solution dernière, que l'histoire réalise finalement la philosophie. Tout le monde connaît les formules célèbres de Marx : « *on ne peut surmonter la philosophie qu'en la réalisant* ». On ne cessera d'être prisonnier de l'abstraction philosophique qu'en créant, dans la réalité sociale elle-même, une situation conforme à l'idée que la philosophie se fait de la vocation humaine. L'histoire doit apporter la solution du problème philosophique par la révolution.

« *Ce communisme est un naturalisme achevé, et comme tel un humanisme ; en tant qu'humanisme achevé, il est un naturalisme ; il est la vraie solution du conflit de l'homme avec la nature, de l'homme avec l'homme, la vraie solution de la lutte entre l'existence et l'essence, entre l'objectification et l'affirmation de soi, entre la liberté et la nécessité, entre l'individu et l'espèce. Il est l'énigme de l'histoire résolue et il sait qu'il est cette solution*[1]. »

Le jeune Marx était convaincu — et il n'a probablement jamais varié — que la révolution n'est pas simplement un accident politique, économique et social. La révolution a une signification philosophique ; réalisation de la philosophie, elle révèle le mystère de l'histoire. Or, je me demande en vérité comment jamais, selon le sartrisme, la révolution communiste apporterait la solution de la dialectique de *L'Être et le Néant*. Rien n'interdit à un disciple de Sartre d'approuver la révolution communiste pour tel et tel motif de politique ou d'économie, mais on ne rejoindrait la formule de la révolution-solution du

1. *Ibid.*, p. 79.

problème philosophique qu'en renversant les propositions fondamentales de *L'Être et le Néant*. Opposition décisive, car, dans toute philosophie de l'histoire ou dans toute philosophie politique, il importe avant tout de déterminer la fin.

La détermination de la fin ne va pas sans difficultés dans le marxisme de Marx, mais elle devient plus difficile et presque impossible dans un marxisme existentialisé. Comment le jeune Marx en est-il venu à penser la révolution comme la solution du problème philosophique ? Reportons-nous aux textes antérieurs à 1845. Nous y trouverons un petit nombre de thèmes fondamentaux qui nous donnent la réponse à la question que nous venons de poser. Avant tout, deux thèmes principaux, l'unité du particulier et de l'universel et la théorie de l'aliénation.

Marx ne critique pas tant l'idée même que Hegel se fait de l'État, qu'il ne montre la non-réalisation de cette idée dans la société présente. Hegel observe d'une part l'individu de la « société civile », de l'économie politique, l'être particulier prisonnier de ses besoins, de ses appétits et de ses égoïsmes, et d'autre part, l'homme politique, celui qui participe à l'universalité de l'État. Mais, aux yeux de Marx, il subsiste un déchirement entre cet homme particulier et l'homme citoyen qui vit dans l'empyrée politique, sans que sa participation à l'État s'accomplisse dans l'existence concrète.

Que signifient ces formules abstraites ? L'homme qui travaille est enfermé dans sa particularité ; lié à un autre homme particulier, celui auquel il loue sa force de travail, et il ne participe pas à l'universel. Sans doute, en tant que citoyen, sujet politique abstrait, il participe à l'État, mais cette participation demeure étrangère à sa vie professionnelle. La révolution marxiste tend à supprimer cette dualité de la particularité enfermée en elle-même et de l'universalité fictive ; elle vise à surmonter cette aliénation, à faire que l'individu concret vive et travaille en participant directement à l'universalité, ce qui suppose une révolution et la socialisation des moyens de production : l'individu cesse de travailler pour d'autres particuliers, il travaille pour l'universalité de l'État. Ainsi se trouve plus ou moins déterminée la fin de l'histoire selon le marxisme.

Autrement dit, Marx interroge l'histoire à partir d'une certaine doctrine de l'homme et de l'État et demande à l'histoire le moyen de la réaliser. En fonction de cette doctrine vraie se définit le but vrai de l'histoire humaine.

L'autre thème, celui des aliénations, nous conduit à des conclusions analogues. Dans la société actuelle, l'homme est perpétuellement séparé de lui-même, jamais en possession ni de ses capacités, ni de ses œuvres qui lui échappent. Aliéné, l'ouvrier qui voit le produit de son travail appartenir à d'autres, aliéné même l'entrepreneur dont les produits, livrés sur le marché, sont emportés par un mouvement anonyme, celui des forces économiques que personne ne contrôle. Reprise des aliénations : l'homme doit accomplir en lui-même l'ensemble de ses créations. Aboutissement, l'homme total qui jouirait effectivement des richesses qu'il a créées pour lui-même à travers l'histoire. Là encore, c'est à partir d'une idée philosophique que l'on interroge l'histoire et que l'on en découvre le sens.

Envisageons le cas du prolétariat. La mission du prolétariat dans l'histoire ne découle pas de la situation du prolétaire. Marx comme Lénine ont expliqué que l'ouvrier ne découvrirait pas tout seul la vérité révolutionnaire ; c'est l'intellectuel, le philosophe qui dévoilent au prolétariat le rôle historique que celui-ci doit assumer. Le prolétariat, de moins en moins lié aux conditions locales, deviendra l'homme universel. Représentant par excellence de l'aliénation de la société présente, dépouillé de tout, il deviendra l'agent de l'histoire universelle, destiné à en réaliser la fin. Mais cette mission du prolétariat ne se comprend qu'à la lumière de la philosophie, philosophie hégélienne ou marxiste, qui, découvrant le sens total de l'histoire, peut et doit la révéler au prolétariat.

Une conception marxiste de cet ordre comporte deux difficultés principales. D'une part, cette conception de l'histoire part de la nécessité *rationnelle* du communisme. Or, que l'avènement du communisme soit nécessaire pour réaliser l'idée vraie de l'homme et de l'histoire, n'implique pas encore que cet avènement soit nécessaire au sens du déterminisme. Parfois les marxistes avouent cette dualité dans la formule : le communisme *ou* la barbarie. Puisqu'il existe une alternative, la nécessité rationnelle de la révolution dans la perspective philosophique, n'entraîne pas la nécessité causale. D'autre part, dans une philosophie de type hégélien, la vérité n'arrive à la conscience qu'après sa réalisation. La philosophie vraie de l'histoire est la philosophie de l'histoire passée. Une philosophie où la vérité du système coïncide avec celle de l'histoire suppose un achèvement de l'histoire à partir duquel apparaît la vérité du passé tout entier. Le marxisme veut conserver au but qu'il se propose, c'est-à-dire à l'avenir pourtant libre, le prestige de la vérité absolue, de la vérité rationnelle, totale, réservée à une histoire achevée. Comment affirmer une philosophie totale, vraie, de l'histoire avant que celle-ci ne soit achevée ?

Ces deux difficultés — la difficulté qui tient à la dissociation de la nécessité rationnelle et du déterminisme et celle qui tient à la vérité totale prêtée à une histoire à venir — se trouvent multipliées quand on aborde les problèmes de l'histoire à partir de l'existentialisme, c'est-à-dire uniquement à partir d'une anthropologie formelle, sans théorie ni de la société ni de l'État. Sans doute Merleau-Ponty a essayé de déterminer un sens de l'histoire dans l'histoire sans recourir, comme le marxisme, au système ou à la doctrine, mais il me semble qu'il confond toujours deux idées : l'une selon laquelle l'histoire a un sens, et l'autre selon laquelle le sens que le marxiste lui prête, est le seul valable, le seul rationnellement admissible. L'homme dans l'histoire aurait la possibilité de déterminer un sens, et un sens universellement valable, impératif pour tous. Il indique quelques critères de ce sens de l'histoire : la socialisation des moyens de production, la spontanéité croissante du prolétariat et la tendance vers l'internationalisme. Mais il suffit d'un coup d'œil sur la réalité actuelle pour voir que les trois critères ne concordent pas : tel événement répond aux exigences de l'un mais non pas de l'autre. À tout le moins, il subsiste une différence fondamentale entre une telle perspective et la perspective marxiste.

Merleau-Ponty, en intellectuel de Paris, veut que l'ouvrier soit le véritable révolutionnaire ; seul l'ouvrier, ayant l'expérience de l'oppression voudrait authentiquement le dépassement de l'oppression. Le marxiste, en revanche, aussi bien Marx que Lénine, tient que l'ouvrier seul, sans l'intellectuel, ne peut jamais déterminer le sens de sa mission. Abandonné à lui-même, il fera du *trade-unionisme* et n'ira pas au-delà. Pour qu'il devienne vraiment révolutionnaire, il faut, dit Lénine, des révolutionnaires professionnels, des philosophes révolutionnaires, qui fassent comprendre aux ouvriers que telle ou telle amélioration partielle de leur sort importe moins qu'une certaine volonté de dépassement global. Les philosophes convaincront le prolétariat que seul il accomplira ce dépassement et réalisera la philosophie. L'existentialisme, lui, n'a pas de philosophie à réaliser, il s'efforce donc de reconnaître le sens valable de l'histoire à partir d'une expérience de l'oppression ou de la situation ouvrière dans la société. Solution étrangement équivoque.

Qui veut se lier au prolétariat, adhérera, en France, au parti communiste et, en Angleterre, au parti travailliste. On ne saurait déterminer une fin historique en se référant uniquement au prolétariat et à sa prétendue expérience. Sur ce point, je serais plus marxiste et je reconnaîtrais que seule une doctrine philosophique permet de déterminer le sens de l'histoire. Pour déterminer un sens de l'histoire universellement valable, il faut que la révolution ne soit pas un accident entre d'autres, mais une solution du problème philosophique. Je reviens ainsi au thème fondamental. Ce qui empêchera toujours un existentialiste d'être à proprement parler marxiste, c'est que la révolution ne résoudra pas son problème philosophique, celui du dialogue de l'individu avec l'absence de Dieu dans l'existentialisme athée, avec Dieu dans l'existentialisme croyant. En dehors de ce dialogue, on peut rejoindre, pour telle ou telle raison, valable d'ailleurs, le parti révolutionnaire, on ne retrouvera jamais l'équivalent d'une philosophie marxiste.

Je crains que cette thèse soit au fond banale et en quelque sorte évidente. Merleau-Ponty a écrit : « *À un certain point, le "non" de Kierkegaard rejoint ou se rapproche du "non" de Marx à Hegel.* » Il y a cependant une différence radicale entre l'un et l'autre. À partir du *non* de Kierkegaard, on aboutit peut-être à Sartre, mais certainement pas au marxisme. On ne saurait être simultanément l'héritier de Hegel-Marx et celui de Kierkegaard.

Il me paraît donc compréhensible que les marxistes, et les communistes en particulier, rejettent l'existentialisme. Les marxistes peuvent parfaitement accepter certaines des analyses de Sartre, relatives au souci, à l'angoisse, mais ils leur donneront une place tout autre. Puisque la conscience se crée et s'accomplit dans l'histoire, la description ou la dialectique des sentiments fondamentaux, ne pourra jamais constituer l'essentiel de l'ontologie.

*

Le lecteur aura certainement remarqué à quel point ce dialogue reste strictement philosophique, métaphysique. Les existentialistes réclament l'abandon du matérialisme ; et les marxistes répondent qu'il faut choisir entre Kierkegaard et Marx, entre le prolétariat et la bourgeoisie. Mais, de la situation historique que vivent également existentialistes et marxistes, ils ne disent rien. Les existentialistes se déclarent d'accord avec les révolutionnaires, mais pour des raisons singulièrement abstraites. Ils invoquent la Révolution en soi, avec une certaine résonance romantique. Or, les existentialistes, à la différence des marxistes, ne devraient pas connaître de Révolution, mais seulement des révolutions. Sartre affirme « *l'esprit est du côté du prolétariat* », mais en quoi sa philosophie justifie-t-elle une affirmation de cette sorte ? L'existentialisme se présente comme doctrine révolutionnaire, mais en laissant le contenu propre, la nature de cette révolution dans un vague plus propice aux déclarations qu'à l'action. Il me paraît d'ailleurs facile d'indiquer pourquoi les existentialistes ne précisent pas la signification concrète de la révolution qu'ils font profession de désirer.

Depuis 1848, depuis les écrits de jeunesse de Marx, l'histoire a progressé. Le marxisme, en tant que volonté révolutionnaire, volonté de reprise des aliénations ou de dépassement de la société capitaliste actuelle, n'est pas réfuté par les faits nouveaux. En revanche, ceux-ci obligent à compliquer le schéma historique à l'aide duquel Marx expliquait le passage du capitalisme au socialisme. Ce schéma comportait l'aggravation des contradictions capitalistes, l'accroissement progressif du nombre des prolétaires, la paupérisation. On supposait un certain parallélisme entre les contradictions du capitalisme, le développement du prolétariat et les chances de révolution.

L'évolution réelle a été tout autre. L'expansion du capitalisme n'a pas entraîné une paupérisation de la classe ouvrière mais un relèvement de son niveau de vie. Dans le pays le plus capitaliste aujourd'hui, les États-Unis, la classe ouvrière a le niveau de vie le plus élevé et la volonté révolutionnaire la moins forte. Dans le seul pays où une révolution se recommandant du marxisme ait réussi, les conditions objectives, selon la doctrine marxiste, n'étaient pas données. Ce qui suggérerait que la révolution, même quand elle se réclame du marxisme, est souvent un phénomène politique plutôt que le résultat d'un mûrissement progressif des contradictions économiques. Enfin, la révolution ayant eu lieu dans un seul pays, le régime post-capitaliste se trouve lié à une société historiquement singulière, où ni l'État ni les inégalités n'ont disparu avec la révolution. Il en résulte une situation qui ne contredit peut-être pas la doctrine marxiste, mais qui, du moins, n'était pas prévue par elle : d'une part, un régime se donnant pour post-capitaliste mais établi dans un pays pauvre et, d'autre part, un régime capitaliste dans un pays riche.

Cette opposition de la richesse et du communisme représente, dans le marxisme le plus orthodoxe, une difficulté fondamentale et j'en prendrai pour preuve un texte très connu [1] où Marx explique qu'il n'y a de révolution possible qu'avec un développement suffisant des forces de production.

« ... *Ce développement des forces productives* (*qui implique déjà que l'existence empirique actuelle des hommes se déroule* sur le plan de l'histoire mondiale *au lieu de se dérouler sur celui de la vie locale*) *est une condition pratique préalable absolument indispensable, car sans lui c'est la pénurie qui deviendrait générale, et, avec le* besoin, *c'est aussi la lutte pour le nécessaire qui recommencerait et l'on retomberait fatalement dans la vieille ruineuse gadoue...* »

Je n'affirme pas que, dans le pays où la révolution s'est produite, on soit retombé dans l'« ancienne gadoue ». En revanche, si l'on veut aujourd'hui repenser le marxisme, il ne suffit pas de discuter sur le concept de matière ou d'aliénation, il convient surtout d'analyser la situation actuelle avec son caractère paradoxal par rapport aux anticipations de Marx. Aussi bien marxistes et communistes qu'existentialistes paraissent, dans leur dialogue, s'intéresser assez peu à ces problèmes que je viens d'esquisser et qui pourtant constituent, à mes yeux, l'essentiel. Ces problèmes n'auraient pas simplement une signification politique et pratique, ils obligeraient à reprendre certains thèmes philosophiques du marxisme, comme celui des aliénations ou de la société post-capitaliste.

Pourquoi ni les uns ni les autres ne paraissent-ils disposés à analyser et à interpréter cette situation historique paradoxale ? Chez les existentialistes, cette

1. *Idéologie allemande*, Éd. Sociales, p. 26.

résistance tient à l'ambiguïté de leur position : ils se veulent révolutionnaires, et, en France du moins, le seul parti révolutionnaire étant le parti communiste, leurs sympathies vont de ce côté. Mais, d'autre part, pour de multiples raisons, ils ne peuvent pas ou ne veulent pas adhérer au communisme, ils en viennent alors à invoquer, pour justifier leur refus, les insuffisances philosophiques du marxisme vulgaire. Je pense qu'il y a bien d'autres raisons, j'ai peur que l'équivoque, si frappante dans l'attitude politique des existentialistes, ne tienne pas simplement aux oppositions philosophiques que j'ai indiquées entre marxisme et existentialisme, mais à une certaine peine à rejoindre la conjoncture présente. J'ai toujours l'impression que l'existentialisme, au nom de l'engagement, ne parvient ni à s'engager ni à justifier une attitude, historique ou politique, concrète. Je ne trahirai pas un secret en disant que du temps où j'appartenais au comité de direction de la revue *Les Temps modernes*, un des membres de ce comité avait exprimé le désir de nous imposer à tous l'obligation de n'adhérer à aucun parti. Conséquence surprenante d'une philosophie de l'engagement.

En ce qui concerne les marxistes, le recours au mythe matérialiste ne me paraît pas avoir seulement les raisons que Sartre en donne. Le mythe matérialiste implique un déterminisme historique qui conduirait *nécessairement* au régime de la société sans classes. Les marxistes imaginent une nécessité historique qui réalise d'elle-même le sens de l'histoire. Dans une période comme la nôtre, un déterminisme conforme au sens de l'histoire apporte de singulières commodités. Faute de ce déterminisme rationnel, on devrait au moins mettre en discussion les différentes attitudes possibles en fonction du marxisme traditionnel : celle du stalinisme, qui considère la société russe actuelle comme une étape dans la voie de la réalisation de la société sans classes, celle du trotskisme selon lequel la voie qui mène à la société sans classes ne passerait pas par le régime soviétique, mais supposerait un nouvel élan révolutionnaire du prolétariat international. Il faudrait enfin discuter avec ceux qui affirment que la réalisation de la société post-capitaliste à la faveur de la prise du pouvoir par un parti unique, s'arrogeant une autorité absolue, loin de promouvoir le contenu essentiel de l'idée de la libération humaine par la socialisation des moyens de production, conduit à une tyrannie, pire que celle du capitalisme. Dès lors, il y aurait une troisième attitude possible, marxiste elle aussi, que j'appellerais celle du progressisme : l'effort pour réaliser, sans prise du pouvoir par la violence, sans dictature d'un parti unique, les fins matérielles et, par-delà, spirituelles du marxisme traditionnel.

Ces dernières indications n'ont qu'un seul but : montrer que le dialogue entre existentialisme et marxisme préfère les controverses métaphysiques aux études concrètes de la situation française ou mondiale, peut-être parce que l'un et l'autre n'en veulent pas voir les traits originaux et refusent d'en assumer les exigences.

AVENTURES ET MÉSAVENTURES DE LA DIALECTIQUE [1]

L'originalité du dernier livre de Maurice Merleau-Ponty, comme de celui qui l'avait précédé, est de joindre philosophie et politique.

À partir des procès de Moscou, *Humanisme et Terreur* avait analysé le problème de l'action dans l'histoire, l'ambiguïté propre à la condition de l'homme, à la fois innocent et coupable. L'Union soviétique ne représentait pas un régime économico-social entre d'autres, une tentative d'industrialisation accélérée en un pays, de traditions non occidentales, influencé par l'Occident, elle portait en elle les espoirs de l'humanité ; avec Lénine, Trotski et Staline, la Raison historique jouait sa dernière carte. *Les Aventures de la dialectique* se situent dans la même ligne de réflexion, mais avec un aboutissement opposé. En 1948, la philosophie servait à démontrer que l'expérience soviétique signifiait plus qu'elle-même puisqu'elle constituait un moment décisif de la dialectique historique. En 1955, la philosophie suggère que l'expérience

1. Article paru dans la revue *Preuves*, janvier 1956.

communiste ne signifie rien de plus qu'elle-même ; que cette expérience réussisse ou qu'elle échoue, la Raison historique ne sera pas affectée.

Bien que le mélange de philosophie et de politique donne des résultats tout autres en 1948 et en 1955, les deux livres présentent en commun un trait singulier : les arguments philosophiques y prennent la plus grande place. Bien plus, par une sorte de paradoxe, *Les Aventures de la dialectique*, qui concluent à la nécessité de connaître les différents régimes pour en mesurer objectivement avantages et inconvénients, comportent encore moins de précisions que *Humanisme et Terreur*. Sur 330 pages, on n'en trouverait, je pense, pas plus d'une demi-douzaine qui permettent au lecteur non philosophe de profession de saisir clairement l'objet de ces analyses subtiles ou l'enjeu de ce long débat.

On aperçoit sans peine, dans *Les Aventures de la dialectique*, trois thèmes ou plutôt trois critiques : la critique du *matérialisme dialectique*, c'est-à-dire du communisme orthodoxe, la critique de l'*ultra-bolchevisme* de Sartre, c'est-à-dire de la justification que Sartre apporte à la pratique communiste en fonction de sa propre philosophie, enfin, explicitée à la fin mais sous-tendant le livre d'un bout à l'autre, la critique des positions antérieures de Merleau-Ponty lui-même.

Les trois critiques ne se relient pas rigoureusement l'une à l'autre, en tout cas elles ne s'impliquent pas l'une l'autre. Je souscris sans peine à la critique de l'orthodoxie communiste, critique qui ressemble à celle qu'en faisait Sartre lui-même dans *Matérialisme et révolution*, je souscris également à la critique d'*Humanisme et Terreur* par Merleau-Ponty, d'autant plus qu'elle reprend des arguments que j'employais moi-même il y a sept ans. Mais, dans sa partie philosophique, le chapitre consacré à l'ultra-bolchevisme de Sartre me paraît contestable [1].

Les idées politiques des *Aventures* présentent en elles-mêmes peu d'originalité (elles n'y prétendent pas). Comme dirait Mme de Beauvoir, « elles traînent dans tous les livres d'Aron ». Mais peut-être n'est-il pas sans importance qu'elles soient aujourd'hui exprimées par un intellectuel dont la fidélité à la gauche ne prête pas à discussion et qui se refuse à l'anticommunisme. En ce sens, ce livre, dix ans après la fin de la guerre, marquerait le retour des philosophes au bon sens, la découverte que les Français ont une meilleure chance d'améliorer le sort des hommes en s'efforçant de réformer les institutions qu'en rêvant de Révolution universelle.

DE L'ATTENTISME MARXISTE À L'ACOMMUNISME

Merleau-Ponty, il y a sept ans, baptisait sa propre position « attentisme marxiste ». Il appelle sa position

1. Le ton sur lequel Mme de Beauvoir répond à Merleau-Ponty est déplaisant et, à plusieurs reprises, grossier. Mais le ton de Sartre dans *Les Communistes et la paix* n'était pas non plus de bonne compagnie.

présente « acommunisme ». Chacune de ces deux positions se justifie par une analyse de la situation présente et par une certaine lecture de l'histoire.

Il y a sept ans, l'idée centrale était la confusion du marxisme et de la Raison historique, d'où résultait le devoir de maintenir un préjugé favorable à l'égard de l'Union soviétique ou de lui accorder un délai de grâce [1].

Sur le plan politique, cet attentisme n'entraînait l'adhésion ni au camp soviétique, ni au camp américain, ni même au tiers parti, il tendait à favoriser dans la France et dans le monde, la *non-guerre* entre communistes et anticommunistes. Cette attitude, ajoutait Merleau-Ponty en une phrase trop peu remarquée, « *supposait que l'Union soviétique ne cherche pas à répandre au-dehors son régime par la force* »... « *Si, demain, l'U. R. S. S. menaçait d'envahir l'Europe et établissait dans tous les pays un régime de son choix, une autre question se poserait et il faudrait l'examiner. Elle*

1. La confusion du marxisme et de la Raison historique était acquise par le raisonnement suivant : l'humanité ne s'accomplit que dans la mesure où les hommes se reconnaissent mutuellement ; tant qu'il y a des maîtres et des esclaves, cette reconnaissance est exclue ; seul le prolétariat, inter-subjectivité authentique, peut surmonter l'alternative de la maîtrise et de l'esclavage ; il n'est pas démontré que l'Union soviétique, sous la direction du parti communiste, soit en train de créer une société homogène, que le prolétariat soit en train de se transformer en classe universelle et d'accomplir l'humanité. Mais comme aucune autre classe n'est capable de se substituer au prolétariat dans cette tâche, il faut garder à l'Union soviétique le bénéfice du doute, autrement dit témoigner d'indulgence à l'égard de la réalité soviétique présente, en fonction de l'avenir que le projet révolutionnaire s'efforce de créer.

ne se pose pas aujourd'hui[1]. » La guerre de Corée a posé le problème : dès lors la confusion du marxisme et de la Raison historique est démasquée ou dénoncée comme une survivance du kantisme.

Considérons d'abord la nouvelle prise de position politique. « *L'Union soviétique a mis fin à la guerre de Corée, elle pouvait sans doute l'empêcher, et, dès lors qu'elle ne l'empêchait pas et que l'on passait à l'action militaire, notre attitude de sympathie était déclassée parce qu'elle changeait de sens... Tout progrès de l'U. R. S. S. hors de ses frontières s'appuierait sur la lutte des prolétariats locaux et, si l'on décidait de ne voir chaque fois dans l'affaire qu'un épisode de la lutte des classes, on apportait à sa politique précisément le genre de caution qu'elle souhaitait*[2]. » Pour garder le droit de rejeter l'anti-communisme, il fallait critiquer aussi le crypto-communisme ou le progressisme. « *Il fallait, pour être net, que le refus du choix devînt choix d'un double refus*[3]. »

Je n'avais pas attaché d'importance à la formule selon laquelle la question (celle de l'extension de l'Union soviétique hors de ses frontières) ne se posait pas. Raisonnant sur les faits, sur la doctrine officielle, exprimée dans d'innombrables textes, du gouvernement soviétique, je jugeais évident que « la question se posait ». Annexion des États baltes, soviétisation des pays de l'Est européen, tous ces événements n'étaient légitimés que par la philosophie bolche-

1. *Humanisme et Terreur*, p. 202.
2. *Les Aventures de la dialectique*, p. 308.
3. *Ibid.*, p. 310.

vique, selon laquelle le parti qui incarne l'avant-garde du prolétariat mondial a le droit d'utiliser la force militaire du « bastion socialiste » pour favoriser la prise du pouvoir par les prolétariats des autres pays, autrement dit par les partis communistes.

La guerre de Corée représentait un fait nouveau *sur le plan diplomatique*, en ce sens que, pour la première fois, une armée régulière, équipée d'armes soviétiques, franchissait une ligne de démarcation tracée selon un accord entre les gouvernants de Washington et de Moscou. Du coup, se déchaînait une guerre locale qui, de proche en proche, intéressait les deux Corées, les États-Unis, la Chine, avec un risque, faible au début, croissant avec l'intervention chinoise, de généralisation des hostilités. Il ne me semble pourtant pas que l'événement ait posé au philosophe un problème qui ne fût déjà posé par l'annexion des États baltes ou la soviétisation de l'Est européen. Sans doute l'Armée Rouge était entrée en Pologne ou en Allemagne orientale pour chasser les troupes du IIIe Reich et pour « libérer » les peuples du fascisme. La signification *diplomatique* de cette avance n'avait rien de commun avec le franchissement du 38e parallèle, mais, si l'on reconnaît à l'Union soviétique le droit historique d'imposer son propre régime en Pologne ou en Roumanie, on n'a pas de raison de lui refuser le même droit en Corée du Sud [1].

1. Les plus « progressistes » des non-communistes ne mettent guère en doute que les communistes auraient perdu des élections libres en Tchécoslovaquie, en Roumanie et en Pologne : c'est

Merleau-Ponty objectera qu'au temps de l'attentisme marxiste il y avait « *ces zones neutres à travers le monde, en Tchécoslovaquie, en Corée, où les deux actions pactisaient* ». Je crains que les zones neutres n'aient pas existé *objectivement*, qu'elles aient été créées par une lecture des événements, dictée elle-même par la volonté de ne pas choisir. La Tchécoslovaquie aurait été zone neutre si les communistes y avaient accepté un partage durable du pouvoir avec les non-communistes, si Moscou avait toléré une diplomatie autonome de Prague, mais il n'y eut rien de pareil. Staline interdit au gouvernement tchèque d'accepter une participation au plan Marshall et les communistes prirent le pouvoir total lorsque approcha la date de nouvelles élections (ils risquaient de perdre des voix par rapport aux résultats des élections tenues au lendemain de la Libération). Peut-être la Tchécoslovaquie eût-elle évité la soviétisation si les non-communistes avaient été anti-communistes (s'ils avaient compris objectifs et méthodes des communistes).

En d'autres termes, Merleau-Ponty veut que son attentisme ait eu « ses conditions objectives » immédiatement après la guerre et que son attitude actuelle constitue une réponse à des conditions changées. Je pense, pour mon compte, qu'il se trompe, et qu'il confond ses propres incertitudes avec un changement des conditions. Par une nouvelle ironie de l'histoire,

---

donc bien l'occupation militaire par l'Armée Rouge qui a permis la soviétisation.

il publie ce livre et il expose sa réaction à la « période coréenne » de la guerre froide au moment où une période post-coréenne et post-stalinienne a déjà commencé. Pour la première fois, on discerne les zones neutres dont il rêvait en 1948, l'Union soviétique, pour une durée imprévisible, souhaite sincèrement la coexistence *pacifique* que les attentistes s'efforçaient vaillamment de favoriser alors que Staline [1] la tournait en dérision.

Heureusement, Merleau-Ponty, me semble-t-il, montre quelque injustice à l'égard de ses propres idées, dont la valeur n'est pas suspendue à une interprétation de la guerre de Corée. La critique qu'il esquisse du progressisme et du crypto-communisme suppose simplement qu'il y ait lutte de puissance entre les deux coalitions communiste et non communiste, ce qui, en Europe du moins, apparaît avec évidence à tous (sauf peut-être aux philosophes) depuis 1945. Le progressisme consiste à présenter des thèses proprement communistes comme si elles émanaient spontanément d'une réflexion indépendante. Il met une empreinte libérale sur une marchandise marxiste-léniniste. Or cette pratique ne contribue nullement à la coexistence qui exige un équilibre des forces. Comment Moscou prendra-t-il conscience d'une résistance avec laquelle il lui faut compter si, sous couleur de coexistence ou de sympathies marxistes, les progressistes se bornent à répercuter l'écho de la propa-

1. Staline souhaitait alors une coexistence *belliqueuse*, non la guerre totale.

gande de Moscou et à souscrire aux volontés soviétiques ?

Merleau-Ponty va plus loin et il met en doute la valeur exemplaire de la Révolution de type bolchevik ; pourquoi cette sorte de révolution, qui n'a réussi que dans les pays précapitalistes, offrirait-elle un modèle pour le postcapitalisme ? Suprême hérésie, il ne recule pas devant l'interrogation : « *Le prolétariat tchèque est-il plus heureux aujourd'hui qu'avant la guerre ?* » Et il répond lui-même : « *Que la question se pose suffit à attester que la grande politique historique qui avait pour devise le pouvoir du prolétariat de tous les pays est, elle-même, aussi en crise*[1]. » Ajoutons que l'unanimité avec laquelle la presse progressiste admet que des élections libres en Allemagne orientale donneraient la majorité aux partisans de Bonn constitue aussi une façon de réponse.

Il va de soi que Merleau-Ponty s'efforce de marquer une différence fondamentale entre l'*acommunisme* et l'*anticommunisme*. Avant d'analyser cette différence et au risque de la compromettre irrémédiablement, j'aimerais rappeler les points multiples et décisifs sur lesquels il a donné raison à ses

1. *Ibid.*, p. 301. « Parce qu'on a une certaine idée de la Révolution authentique, l'on constate que l'U. R. S. S. n'est pas une révolution en ce sens-là ; on se demande alors si la révolution authentique n'est pas un rêve ; au nom de ce doute, on conserve le nom de "révolutionnaire" à un régime qui peut-être se redressera ; mais, comme cet avenir est dans la brume, on dit seulement que ce sera un ordre social plus humain » (p. 223). Ce que Merleau-Ponty critique dans ces lignes ressemble à sa propre attitude en 1948.

contradicteurs d'hier. Il concède que « *présenter le communisme soviétique comme l'héritier du marxisme*[1] » est la meilleure manière de ne pas saisir la vérité de l'Union soviétique ; il concède qu'on devrait comparer les institutions soviétiques et les institutions capitalistes comme deux systèmes réels, imparfaits, historiques, et non transfigurer les institutions soviétiques en les rapportant à la fiction, au mythe de la lointaine société sans classes ; il concède que « *le Parlement est la seule institution connue qui garantisse un minimum d'opposition et de vérité*[2] » ; il concède que la Révolution a été trahie non par la faute de Staline, non par la faiblesse des hommes, mais par la contradiction interne de son projet : « *Le propre d'une révolution est de se croire absolue et de ne pas l'être justement parce qu'elle le croit*[3]. » Nous nous réjouissons que ces propositions, typiquement « réactionnaires » sous la plume d'un chroniqueur du *Figaro*, soient reprises par un homme de gauche.

Venons maintenant à la différence entre *acommunisme* et *anticommunisme*. « *Une politique fondée sur l'anticommunisme est, à terme, une politique de guerre, et, au comptant, une politique de régression ; il y a bien des manières de n'être pas communiste, et le problème commence à peine quand on a dit qu'on ne l'était pas*[4]. » La première partie de cette proposition est une affirmation sans preuve (anticommunisme =

1. *Ibid.*, p. 301.
2. *Ibid.*, p. 304.
3. *Ibid.*, p. 298.
4. *Ibid.*, p. 309.

politique de guerre), la deuxième partie une vérité de bon sens, qui, curieusement, contredit la première.

S'il y a bien des manières de n'être pas communiste, pourquoi l'anticommunisme serait-il défini en tant que tel et assimilé à une politique de guerre ? Prenons le cas de la France. Qu'est-ce qu'un anticommuniste ? Tout bonnement un Français qui, considérant que le parlement est la seule institution qui garantisse un minimum d'opposition et de vérité et sachant que le parti communiste au pouvoir supprimerait le parlement, s'oppose à la prise du pouvoir par le parti communiste. En ce sens, Merleau-Ponty accordera qu'il est anticommuniste. Peut-être répondra-t-il que la question ne se pose pas à l'heure présente et que l'on ne doit pas se situer historiquement par rapport à une question inactuelle. Les mésaventures de l'attentisme marxiste auraient dû instruire Merleau-Ponty sur les dangers de choisir son attitude par rapport aux seules questions dites actuelles. Mais il y a une autre réponse, plus directe. La question de la prise du pouvoir par le parti communiste ne se pose pas précisément parce qu'il y a, en France, un nombre suffisant d'anticommunistes, c'est-à-dire d'hommes qui disent *non* au projet communiste. Le philosophe peut s'offrir le luxe de la neutralité dès lors que d'autres, de simples citoyens renoncent au brevet de progressisme pour livrer la bataille de la propagande.

Il en est, à l'intérieur des nations, à peu près comme il en va dans l'ordre international : la neutralité est possible à condition que l'équilibre entre les coalitions soit établi. La Yougoslavie, l'Autriche peuvent se permettre de n'adhérer à aucun des deux blocs grâce aux États occidentaux, associés pour faire équilibre au bloc communiste. Les acommunistes de l'intérieur ressemblent aux neutres de la diplomatie. Ils rendent parfois service, parfois aussi ils irritent lorsqu'ils affectent une supériorité sur les combattants faute desquels ils n'auraient pas le loisir de manifester leur détachement.

Cela dit, dans la mesure où les combattants inclinent inévitablement vers un manichéisme grossier, les acommunistes ont le mérite de ramener les fanatiques des deux camps à la conscience d'eux-mêmes et au souci de la vérité. Il est bon que les intellectuels, dont l'engagement s'exprime par le refus de tous les liens, rappellent à l'ordre ceux que l'ardeur de la lutte risquerait d'entraîner à une clairvoyance ou à un moralisme à sens unique. On ne définit pas une politique en se déclarant anticommuniste. Les camps de concentration de Sibérie n'excusent pas les taudis de Billancourt. Les acommunistes n'en auraient pas moins tort d'imaginer qu'ils se situent à *égale* distance des uns et des autres. Ils occuperaient, à la rigueur, cette position médiane si l'on désignait, sous le nom d'anticommunistes, les seuls mccarthystes, pour qui la haine du rouge devient une névrose ou un thème d'exploitation démagogique. Ces cas extrêmes mis à part, l'anticommuniste ne traitera jamais l'acommuniste comme un ennemi, ce que faisait le communiste de l'ère stalinienne.

En décembre 1952, J. Nehru avait le choix, selon les fortes paroles de M. Vychinski, entre le rôle d'agent de l'impérialisme américain et celui de l'idéaliste, du naïf. Trois ans après, il devient un héros de la paix. Il y a quelques années, la politique stalinienne interdisait ou semblait interdire les refus d'alignement, les positions intermédiaires, les possibilités diverses d'abstention. Aujourd'hui, soit qu'elle espère désagréger l'alliance occidentale, soit qu'elle voie dans les États non engagés un facteur de paix, elle traite les neutres en amis, presque en alliés. Les mots d'ordre de l'Inde ou même de la Yougoslavie se rapprochent, en effet, à l'heure présente, des mots d'ordre soviétiques eux-mêmes — ce qui n'implique pas d'ailleurs qu'ils contredisent les intérêts occidentaux.

En sera-t-il de même à l'intérieur de la France ? Dans l'ère stalinienne, la réponse ne faisait guère de doute et la gauche non communiste de Merleau-Ponty style 1955 aurait été traitée en ennemie, comme l'avait été le R. D. R., style Jean-Paul Sartre 1948. En général, les communistes détestent une gauche non communiste bien plus qu'ils ne détestent les anticommunistes. L'acommuniste, aux yeux des communistes, ne diffère pas d'un anticommuniste. Le stalinien [1] veut maintenir le dogme selon lequel le capitalisme ne permet aucune amélioration du sort prolétarien. L'obsédé de l'anticommunisme devrait savoir gré à la gauche non communiste de ses efforts pour enlever le monopole du progressisme au parti communiste, pour répandre, dans la classe ouvrière, les mots d'ordre réformistes.

Une gauche non communiste n'adopte pas nécessairement l'attitude idéologique de l'acommunisme. En Angleterre, le travaillisme englobe une gauche

1. Même dans l'ère Boulganine-Khrouchtchev.

non communiste, semblable à celle dont rêvent Merleau-Ponty et *L'Express*, aussi bien que l'anticommunisme virulent des secrétaires de syndicats. Attlee, Bevan, Morrison, Gaitskell appartiennent au même parti. S'il existait un grand parti socialiste en France, l'auteur des *Aventures de la dialectique* y rejoindrait peut-être l'auteur de *L'Opium des intellectuels*.

La gauche non communiste ne pose pas de problème universel, elle pose un problème contingent, en France, à cause de la puissance du P. C. et de la faiblesse du parti socialiste. Quelles sont les données de ce problème, aujourd'hui, en 1955, trois ans après la mort de Staline, en plein climat de détente ? D'après les précédents, le parti communiste, en une phase comme celle-ci, devrait multiplier les efforts pour rentrer dans la communauté française, pour participer au jeu parlementaire. Il devrait donc marquer quelque indulgence à la gauche non communiste, tout en la dénonçant sans pitié sur le plan doctrinal.

Quoi qu'il en soit, l'anticommuniste souhaite bonne chance à l'acommuniste, en quête d'une gauche non communiste : la bonne chance exige que cette gauche recueille assez de voix pour n'être ni absorbée par le P. C., si celui-ci propose l'action commune, ni paralysée ou rejetée vers la droite, si le P. C. lui déclare la guerre. La bonne chance est parfois, en politique aussi, le tirage improbable [1].

1. Une des caractéristiques de l'acommunisme serait le refus de tout moyen de force contre le communisme. Personne n'a proposé, en France, de mettre le P. C. hors la loi. Mais nous nous refusons à poser en principe qu'un parti « qui refuse la règle du

LES ÉCHECS DE LA DIALECTIQUE

Le passage de l'attentisme marxiste à l'acommunisme, du préjugé favorable à l'égard de l'U. R. S. S. au double refus et à la double critique, de l'unité d'action ou du progressisme à la gauche non communiste, peut s'expliquer par une réflexion sur les exigences de la coexistence, par une analyse de la conjoncture française.

Merleau-Ponty ne s'en tient pas à cette auto-interprétation historique, parce qu'il a évolué, sans que l'on aperçoive la moindre commune mesure entre les événements — la guerre de Corée — et l'abandon des cadres mêmes de la philosophie de l'histoire, qui commandait les développements d'*Humanisme et Terreur*.

Le livre de 1948, pour employer le vocabulaire de notre auteur lui-même, mettait l'ensemble du passé humain en perspective sur la révolution prolétarienne, ce concept lui-même embrassant celui de la « classe universelle » ou de l'« intersubjectivité authentique » et celui d'une société homogène c'est-à-dire de la reconnaissance réciproque des hommes, de la disparition de l'opposition entre maîtres et esclaves. Pour juger de la conformité de la société soviétique à l'idée révolutionnaire, il utilisait trois cri-

---

jeu démocratique » a droit *toujours* aux mêmes privilèges qu'un parti qui la respecte. Le devoir de suicide n'appartient pas à l'essence de la démocratie parlementaire.

tères : base socialiste (ou propriété collective), internationalisme, spontanéité des masses.

Or, dans *Les Aventures de la dialectique*, tous ces concepts sont comme jetés par-dessus bord. En 1948, si le marxisme n'était pas vrai, si la dialectique ne conduisait pas à la société sans classes ou à la société homogène, l'histoire devenait un tumulte insensé. En 1955, la société sans classes, la notion même de fin de l'histoire ou de la préhistoire sont sacrifiées sans que Merleau-Ponty s'abandonne au désespoir. Il n'est plus question de privilèges du prolétariat, « seule inter-subjectivité authentique ». Après avoir fourni à « l'intelligentsia » de gauche sa caution philosophique, il apparaît soudain libéré des superstitions qu'il a tant contribué à nourrir.

Le prolétariat demeure une classe opprimée, exploitée et, de ce fait même, portée à la révolte. Mais cette révolte, si elle remporte la victoire, reconstituera une structure sociale, un régime économique, une hiérarchie politique. La société post-révolutionnaire sera-t-elle meilleure ou pire que la société pré-révolutionnaire ? On en peut discuter, et peut-être aucune proposition générale n'est-elle valable en cette matière. Ce qui importe, philosophiquement, c'est de comparer la société *post*-révolutionnaire à la société *pré*-révolutionnaire, et non cette dernière à la Révolution elle-même. Mais, est-on tenté de se demander, comment a-t-on pu comparer une société établie avec la Révolution ? Comment une telle erreur a-t-elle pu être commise par un philosophe aussi subtil ?

Dans l'ordre philosophique, cette erreur avait, semble-t-il, deux origines : la dignité unique prêtée au prolétariat, classe universelle (ou capable de devenir universelle), la dignité unique prêtée à la Révolution, « permanente critique au pouvoir », capable de se dépasser elle-même au lieu de se cristalliser en institutions. Pourquoi Merleau-Ponty accordait-il au prolétariat une singularité qu'il semble lui refuser aujourd'hui ou qu'il a comme oubliée ? Pourquoi rêve-t-il aujourd'hui de ce « point sublime » qui résoudrait les contradictions, « *d'où la matière et l'esprit seraient indiscernables, comme le sujet et l'objet, l'individu et l'histoire, le passé et l'avenir, la discipline et le jugement*[1] », tout en renonçant à croire que l'histoire puisse s'y maintenir ?

Le prolétariat est, selon Marx, la dernière classe opprimée qui surmontera l'oppression en même temps qu'elle-même. Pourquoi investi de cette mission historique ? Dans les textes de jeunesse, le motif invoqué semble philosophique. Le prolétariat détruira la société de classes parce qu'il est, en lui-même, la dissolution de toutes les classes ; il réalisera la société universelle parce qu'il est, en lui-même, l'effacement de toutes les particularités. Dans les textes postérieurs, à partir de l'*Idéologie allemande* et du *Manifeste communiste*, l'argument devient plus prosaïque, apparemment plus simple. Toutes les révolutions précédentes ont reconstitué une classe privilégiée parce qu'elles étaient faites par une minorité et, du même coup, créaient une nouvelle classe opprimée. La révolution prolétarienne, qui ne sera pas l'œuvre d'une minorité, ne créera pas une nou-

1. *Ibid.*, p. 99.

velle classe opprimée. En ce sens, avec la victoire prolétarienne, l'oppression se surmontera elle-même.

Merleau-Ponty affirmait naguère, plutôt qu'il ne démontrait, l'universalité du prolétariat. Il ne la mentionne plus aujourd'hui ; finalement, l'intersubjectivité prolétarienne, si authentique soit-elle, ne résout pas le problème historique. Que devient l'intersubjectivité prolétarienne dans un régime qui se réclame du prolétariat ? Pour démontrer qu'il n'y a plus de classe opprimée ou exploitée dans une société de type soviétique, il faudrait une analyse de l'économie fondée sur la propriété collective, analyse que Merleau-Ponty tiendrait probablement pour extérieure à la tâche proprement philosophique.

L'existentialisme apparaît, dans la pensée de Merleau-Ponty, description de l'existence humaine. L'histoire en constitue une des dimensions, et les deux livres apportent des contributions à une phénoménologie de la dimension historique de l'existence humaine. Les données de cette description sont, partiellement, celles que Marx avait dégagées : l'homme, dans l'histoire, à la fois sujet et objet, connaissant et agissant. Il ne saisit pas l'ensemble de l'histoire, mais il a la vue du passé que détermine sa volonté d'avenir ; jamais acteur pur parce qu'il subit toujours le poids des choses, jamais passivité pure parce qu'il retient toujours une parcelle de sa liberté.

Dans la mesure où il décrit la connaissance du passé par un homme historiquement situé, Merleau-Ponty retrouve le perspectivisme qu'il a analysé dans la *Phénoménologie de la perception* et que les philosophes critiques de l'histoire avaient reconnu. Ce perspectivisme de la connaissance semble entraîner un relativisme des valeurs et des projets. Ce relativisme serait surmonté si individu et collectivité se rejoignaient, c'est-à-dire si la société devenait intersubjectivité authentique, si l'action, au lieu d'être enfermée dans la particularité d'une personne ou d'une époque, était universalisée par l'universalité de son objectif. En d'autres termes, Merleau-Ponty demande à l'histoire-réalité d'être créatrice de la vérité qui, par essence, échappe à un être historiquement situé et, pour ainsi dire, constitué. L'histoire ne peut être créatrice de la vérité qu'à la condition d'être réalité humaine et non objet, échange entre « *situations objectives* » et « *discussions humaines* », autrement dit au point de jonction « *entre un sujet, de l'être et des autres sujets*[1] ». Si Merleau-Ponty éprouve tant de peine à définir la dialectique, c'est peut-être que celle-ci, telle qu'il la pressent, n'est qu'une fiction ou, si l'on préfère, la solution rêvée des contradictions dont l'homme ne pourrait sortir qu'en sortant de sa condition.

La distinction entre un sens formel et un sens matériel de la dialectique permettra d'éclairer le débat. Formellement, est dialectique l'histoire qui comporte l'insertion du sujet dans l'objet, la réponse créatrice de l'homme à une situation, elle-même cristallisation d'œuvres ou d'actes humains. L'essentiel de la dialectique, ce n'est donc « *ni l'idée de l'action réciproque, ni celle d'un développement qui se relance lui-même, ni la trans-croissance d'une qualité*

1. *Ibid.*, p. 273.

qui installe dans un ordre nouveau un changement quantitatif jusque-là[1] ». Ce sont là, dit-il, conséquences ou aspects de la dialectique. Effectivement, tous ces traits caractéristiques du devenir résultent de ce qui définit essentiellement l'action humaine, réponse créatrice à une situation, elle-même trace ou conséquence d'une réponse antérieure et qui pourtant se présente en dehors de chaque conscience individuelle.

La nature dialectique (au sens formel) de la réalité historique ne résout pas le problème que pose le perspectivisme de toute connaissance historique et, par suite, la particularité de toute action. Une philosophie critique (au sens kantien) s'efforce de déterminer ce que devrait être notre action en se référant à des critères abstraits ou à une idée morale. Une philosophie de tradition hégélienne prétend trouver dans la totalité historique le moyen de surmonter la contradiction entre l'incertitude de toute décision et l'effort vers la vérité.

Merleau-Ponty unit, dans le concept de dialectique, une description de l'homme dans l'histoire, acceptable pour tous les philosophes de l'historicité (Dilthey aussi bien que Hegel, Max Weber aussi bien que Scheler), et une recherche de la solution finale, qui surmonterait les contradictions elles-mêmes. Cette recherche se rattache à la pensée hégélienne ou marxiste, mais se concilie malaisément avec l'existentialisme.

Dans *Humanisme et Terreur*, Merleau-Ponty pos-

1. *Ibid.*, p. 273.

tulait un « état privilégié » qui fixe le sens de tout le passé parce qu'il est la condition nécessaire de la rationalité de l'histoire. Mais cet état privilégié — société homogène ou reconnaissance mutuelle — était à ce point formalisé, vide de déterminations, qu'on n'arrivait pas à le lier à une société particulière. Merleau-Ponty décrétait que seul le prolétariat était capable d'accomplir cet « état privilégié » grâce à la prise du pouvoir et à la construction d'une économie collective. Mais la précarité du lien entre les particularités historiques (prolétariat, prise du pouvoir, économie collective) et l'« état privilégié » ressortait du fait que le marxisme formalisé demeurait éternellement vrai, même si l'histoire ne l'accomplissait pas. Or, l'histoire, susceptible d'avoir tort, cessait d'être, en tant que telle, créatrice de vérité. Il ne s'agissait plus de Hegel, mais de Kant.

Dans *Les Aventures de la dialectique*, Merleau-Ponty emprunte une autre voie pour résoudre le même problème. L'histoire fera par elle-même la preuve de sa vérité au moment où sujet et objet, décision et situation, passé et avenir, individu et collectivité se rejoindront dans la Révolution en acte, le prolétariat reconnaissant le parti comme l'expression de sa volonté et sa propre action comme critique et autocritique à la fois. « *Il y a un dépassement du dilemme dans la pratique parce que la praxis n'est pas assujettie au postulat de la conscience théorique, à la rivalité des consciences*[1]. »

Merleau-Ponty n'a pas de peine à découvrir que ce

1. *Ibid.*, p. 69.

« dépassement du dilemme dans la pratique », ce « point sublime » par rapport auquel on met toute l'histoire en perspective n'est pas susceptible de durer et que les antinomies de la conscience théorique et de la pluralité des consciences reparaissent inévitablement.

Il semble bien, d'après notre auteur, que ces « moments parfaits » existent[1]. « *Il y a, certes, des moments, appelés justement révolution, où le mécanisme interne de l'histoire fait que les prolétaires vivent dans leur Parti, que les ouvriers et les paysans vivent la communauté de sort que la dialectique leur assigne sur le papier, que le gouvernement n'est rien d'autre que le commissaire du peuple : on est alors au point sublime dont nous avons parlé plusieurs fois. C'est toujours sur ces moments parfaits que Trotski met en perspective.* » Mais cet accord miraculeux se défait, le prolétariat se disperse, le parti devient ou redevient instrument d'encadrement et de contrainte, « *ce n'est donc, par principe, que dans quelques moments privilégiés que la négativité descend vraiment dans l'histoire, devient mode de vie. Le reste du temps, elle est représentée par des fonctionnaires*[2]. » Au-delà de ces moments parfaits, la vie quotidienne recommence — *Veralltäglichung der Revolution*, aurait dit Max Weber

1. Il est curieux que Merleau-Ponty emploie, p. 122, cette expression qui avait été employée, en un tout autre sens, par J.-P. Sartre dans *La Nausée*.

2. J.-P. Sartre a repris la même idée dans la *Critique de la raison dialectique.* Le groupe en fusion, l'acte pur sont condamnés à une cristallisation institutionnelle, à une retombée dans le pratico-inerte.

— une autre société, un autre régime naît qui ne saurait se prévaloir de l'absolu révolutionnaire, de la critique permanente, de la négativité en action.

Au reste, Marx lui-même n'a pu s'en tenir à la conciliation des contraires dans la praxis. Durant la deuxième partie de sa vie, il a comme oublié que la praxis dialectique n'était pas une simple action, au sens technique du terme, mais négativité, négation du donné et création de vérité, que le prolétariat ne devait mettre fin aux classes et à leurs luttes que dans la mesure où il était lui-même ce point de jonction du sujet et de l'objet, dépassement des antinomies parce que dépassement de soi-même. Or, à partir du moment où la dialectique est projetée dans les choses, où une pseudo-nature accomplit, selon la nécessité, les étapes de l'histoire, la dialectique s'évanouit ou, du moins, elle se dégrade en représentation demi-mythologique d'un déroulement objectif, qui accomplirait de lui-même dépassement et réconciliation.

Merleau-Ponty aboutit, ainsi, à une curieuse difficulté. Politiquement, à la fin du livre, il donne pour ainsi dire congé à la Révolution. « *La question se pose de savoir s'il n'y a pas plus d'avenir dans un régime qui ne prétend pas refaire l'histoire par la base, mais seulement la changer, et si ce n'est pas ce régime qu'il faut chercher au lieu d'entrer une fois de plus dans le cercle de la révolution*[1]. » Toute révolution est trahie, la retombée de la ferveur inévitable : une nouvelle élite se constitue, le parti devient une bureaucratie. Il n'y a pas de révolution permanente, critique au pouvoir ou

1. *Ibid.*, p. 279.

de prolétariat se dépassant lui-même. Mais, d'un autre côté, les moments parfaits, par rapport auxquels Trotski mettait tout le passé en perspective, sont les explosions révolutionnaires. Faut-il donc sacrifier, *politiquement*, les moments qui, *philosophiquement*, surmonteraient les contradictions ?

On dira que l'illusion était « *de précipiter dans un fait historique, la naissance et la croissance du prolétariat, la signification totale de l'histoire... C'était de croire que le prolétariat fût, à lui seul, la dialectique, et que l'entreprise de le mettre au pouvoir, soustraite provisoirement à toute appréciation dialectique, pût mettre la dialectique au pouvoir*[1] ». On a écarté le mythe d'une révolution qui serait par elle-même vérité parce qu'elle serait le pouvoir de l'interrogation et de la critique. On a ramené le communisme sur la terre, on a, avec grand bon sens, découvert qu'il fallait comparer les régimes entre eux. Mais alors que reste-t-il de la dialectique ? Très exactement ce que nous avons appelé la définition formelle : la réaction créatrice de la conscience à la situation, le dialogue, constitutif de la réalité historique, entre les consciences. La tentative pour trouver la vérité de l'histoire dans une révolution permanente ou dans la *praxis* prolétarienne a échoué, comme avait échoué la tentative de rapporter l'ensemble du passé à un « état privilégié », qui se confondait avec la société homogène.

Échecs non stériles ; ils liquident des mythes et ouvrent la voie à la pensée et à l'action raisonnables. Mais, philosophiquement, Merleau-Ponty a moins

1. *Ibid.*, p. 276.

dépassé le marxisme qu'il n'est revenu en deçà. L'histoire, selon lui, est bien lutte des consciences, reprise et négation de l'héritage, mais, à son étape actuelle, la philosophie ne nous apporte ni principe de valeurs, ni détermination des activités essentiellement humaines, ni connaissance de la structure du devenir, rien qui nous permettrait de nous orienter dans ce que l'on peut encore appeler dialectique, mais une dialectique ouverte et dispersée qui ne comporte de réconciliation ni dans une idée kantienne de la Raison (société homogène) ni dans une *praxis* prolétarienne.

N'avons-nous pas abouti à l'extrême du perspectivisme de la connaissance historique, à l'extrême du particularisme de l'action ?

L'INSUPPORTABLE DILEMME

Pourquoi cet aboutissement ? Personnellement, j'incline à croire que Merleau-Ponty se trompe sur la nature de sa pensée. Il la veut historique, concrète, mais il a tort de renier l'héritage kantien, dont elle ne peut se passer. L'erreur d'*Humanisme et Terreur* n'était pas de se référer à l'idée de la reconnaissance, mais de confondre cette idée avec une étape prochaine (ou finale) du mouvement historique. L'erreur consistait à lier indissolublement un terme particulier (le prolétariat, l'économie collective) à un terme universel supra-historique (la société sans classes). Mais si l'on rejette l'universel (la reconnaissance) en même temps que le particulier (prolétariat révolutionnaire, révolution permanente), que reste-t-il à l'homme pour s'orienter ?

Le jeune Marx, dont les écrits sont invoqués par Merleau-Ponty, ne se trouvait pas dans la même situation que lui. Partant du système hégélien, il disposait d'une anthropologie philosophique, par rapport à laquelle l'histoire prenait son unité à travers le temps, vers la synthèse finale. Il s'interrogeait sur la conformité de l'histoire réelle à l'histoire rationnelle. Probablement Marx avait-il le sentiment de ne pas adopter telle quelle l'anthropologie hégélienne, de modifier les relations du travail et de la guerre, de mettre au centre de la dialectique historique l'homme qui fabrique ses outils et, par son travail, crée son milieu. L'homme est aliéné dans la société présente, par le fait du salariat : le sens philosophique de la Révolution prolétarienne apparaissait donc immédiatement, et Marx s'est surtout demandé dans quelle mesure la société capitaliste, par ses contradictions et son développement, contribuait à rendre inévitable la révolte du prolétariat contre son asservissement, de l'homme même contre son aliénation.

Toute projection de la dialectique dans la quasi-nature sociale paraît à Merleau-Ponty méconnaissance de l'inspiration authentique du marxisme. Il confond, me semble-t-il, deux démarches, l'une légitime et l'autre illégitime. La conception dialectique de l'histoire se concilie mal avec la métaphysique matérialiste, et J.-P. Sartre, après beaucoup d'autres, a montré les équivoques du matérialisme, qui oscille entre le réalisme (primat de l'objet), une métaphysique sommaire (le cerveau produit la pensée) et une gnoséologie encore plus sommaire (pensée-reflet). Si le marxisme se définit comme une interprétation de la totalité significative de l'histoire, il n'est pas compatible avec une philosophie qui ne connaît que la matière, dispersée en atomes. Mais l'objectivation de la dialectique n'est pas contradictoire en elle-même. En effet, il importe que les données massives — forces de production, rapports de production, fonctionnement du capitalisme — créent les conditions dans lesquelles le prolétariat sera incité à accomplir sa tâche révolutionnaire. Si la quasi-nature économico-sociale ne tendait pas d'elle-même vers la situation révolutionnaire, la négation prolétarienne paraîtrait imprévisible, arbitraire. Pour que l'histoire reste comparable à un dialogue dans lequel la Raison garde le dernier mot, il faut que les questions soient aussi raisonnables que les réponses, les situations créées par les réponses passées ou les choses elles-mêmes aussi raisonnables que les décisions.

Sans doute Marx lui-même est-il à la limite de la contradiction : si la Révolution et la victoire prolétarienne sont inévitables, quelle place faire à la liberté ; s'il y a une part de liberté prolétarienne, comment dire l'aboutissement fatal ? Pourtant on discerne dans le marxisme une synthèse de la quasi-nécessité et de la liberté. Les forces et rapports de production évoluent d'eux-mêmes vers un état où le prolétariat ne s'accomplira lui-même que par la Révolution — ce qui laisse ouverte la possibilité que le prolétariat se trahisse tout en laissant à la révolte prolétarienne une sorte de rationalité.

Merleau-Ponty n'arrive à intégrer dans son interprétation de l'histoire ni l'analyse des structures sociales ni la détermination des faits essentiels par référence à une anthropologie. Tout se passe comme si ces deux démarches, pourtant décisives, demeuraient extérieures à la pensée philosophique, telle qu'il la conçoit.

D'où la curieuse mise en perspective du développement de la théorie marxiste elle-même, le marxisme de Lukacs étant baptisé marxisme occidental et jeunesse du marxisme. Le marxisme occidental, historiquement, a été celui de la IIe Internationale, celui dont Kautsky était le maître à penser, et le parti socialiste, surtout la social-démocratie allemande, l'agent d'exécution. Ce marxisme a été frappé en 1914 et, depuis lors, il n'a jamais repris vie. Il se définissait par la croyance à une dialectique objective qui n'interdisait pas à la classe organisée, au parti socialiste, de soutenir les revendications ouvrières et de s'installer dans la société capitaliste. Le marxisme, à cette époque, autorisait à croire que l'on prépare la Révolution pour une date imprévisible, tout en menant une action strictement réformiste.

Après 1914, l'hésitation entre réformes et révolution a pris la forme d'une alternative entre le communisme et la social-démocratie. Les intellectuels de tendance révolutionnaire ne pouvaient adhérer à la social-démocratie, dont l'embourgeoisement était visible, et ils avaient peine à souscrire à l'orthodoxie bolchevique, tant le matérialisme de Lénine et de ses compagnons rebutait les philosophes de qualité. Le livre de Lukacs, *Histoire et conscience de classe*, représente la première et peut-être la seule tentative pour élaborer une philosophie qui justifiât le communisme, sans se contenter des formules officielles (pensée-reflet, dialectique rigoureusement objective, inscrite dans le cours des événements, fondée sur une philosophie matérialiste et pourtant englobant la totalité, apportant la signification finale de l'histoire humaine). Lukacs publia son livre avant même que tous les ouvrages de jeunesse de Marx fussent connus. Mais il suffit de remonter à la *Phénoménologie* de Hegel pour pressentir l'interprétation dialectique (au sens de Lukacs et de Merleau-Ponty) de Marx, l'accent étant mis sur le rôle du prolétariat, à la fois sujet et objet, plutôt que sur les contradictions entre forces et rapports de production. Les Bolcheviks n'admirent d'ailleurs jamais les théories de Lukacs. Celui-ci vécut longtemps en Union soviétique sans rien publier. Depuis la fin de la Seconde Guerre mondiale, il vit en Hongrie, toléré avec indifférence dans les périodes libérales, contraint à l'autocritique à chaque accès de sévérité idéologique du parti ; fidèle au communisme, sur lequel il n'a guère d'illusions, il lui a donné, à l'usage des philosophes, une façade respectable, il a réussi à élaborer une de ces interprétations personnelles du communisme qui permettent de trouver un sens à l'orthodoxie et de vivre dédoublé, extérieurement homme d'Église, au fond de soi-même sceptique sur l'Église, mais non résigné à perdre la foi.

Ce marxisme hégélianisé, tiré des ouvrages de jeunesse de Marx, n'aboutit pas nécessairement à un bolchevisme honteux. D'autres, à partir des mêmes textes, ont penché vers la social-démocratie. D'autres encore, à la manière de Merleau-Ponty, demeurent en marge des deux partis, oscillant entre la sympathie marxiste (alliance avec le communisme) et la gauche non communiste. Depuis dix ans, Merleau-Ponty et les existentialistes ont vécu, une deuxième fois, la crise spirituelle des philosophes ou des lettrés européens, que la révolte contre le milieu social incline vers le marxisme et que la grossièreté du dogme léniniste ou stalinien détourne de l'adhésion. Bien loin de représenter le « marxisme occidental », Lukacs, à la faveur de subtilités idéologiques, aide les intellectuels occidentaux à rallier le marxisme soviétique.

Depuis les événements de 1914 et de 1917, la décomposition de la IIe Internationale en partis nationaux et la prise du pouvoir par le parti communiste, il n'y a eu, historiquement, que deux voies entre lesquelles il a fallu choisir : celle de la révolution, en liaison avec l'Union soviétique ; celle des réformes social-démocrates dans le cadre national. Dans la plupart des pays occidentaux, intellectuels et ouvriers, en majorité, ont choisi la deuxième. Entre les deux guerres l'Allemagne, après la deuxième guerre l'Italie et la France, ont vécu le drame du choix, nécessaire et impossible. La subordination à l'Union soviétique équivaut à une caricature de l'internationalisme véritable ; que reste-t-il de celui-ci dans le réformisme social-démocrate ? La conscience de classe disparaît dans le culte bolchevique du parti, presque autant que dans le prosaïsme des syndicats ou des partis voués à l'amélioration, *hic et nunc*, du sort de leurs troupes.

Le retour au jeune Marx, politiquement, n'apporte aucun secours. On retrouve les thèmes philosophiques qui, avant 1848, surtout avant 1846, ont incliné l'esprit de Marx vers le prolétariat, classe dépouillée de tout, qui ne peut se surmonter elle-même sans surmonter en même temps toute exploitation. Marx, le reste de sa vie, a paru se désintéresser des fondements philosophiques et des raisons éthiques de sa volonté révolutionnaire ; il s'efforçait de tracer, dans le réel, le chemin que suivrait la Raison. Si la dialectique, contradictions et synthèse finale, n'était pas inscrite dans la quasi-nature sociale, la mission historique du prolétariat, classe universelle, ou le caractère unique de la révolution prolétarienne devenaient des idéologies. C'est la réalité historique elle-même qui devait décider si la dialectique anthropologique, conçue par Marx, représentait un rêve de jeune homme ou une anticipation géniale du devenir. Un siècle après la rédaction du manuscrit *Économie et philosophie*, celui-ci n'offre à personne le moyen de s'orienter dans la conjoncture présente. Les éléments qui étaient combinés dans le schéma historique de Marx sont aujourd'hui dissociés et les textes philosophiques peuvent justifier une adhésion réticente au bolchevisme aussi bien qu'une adhésion résignée à la social-démocratie.

Merleau-Ponty vient de parcourir à son tour l'itinéraire qui part de la situation révolutionnaire, remonte aux textes de jeunesse de Marx pour revenir au présent. Mais il n'a pas trouvé la réponse aux questions qu'il se posait. Politiquement, il aboutit à une gauche non communiste qui jouerait le jeu parlementaire, modalité, entre d'autres, du choix de la social-démocratie. Ce choix, comme tout autre, appelle une discussion mais une discussion politique, historique : que signifie cette gauche, à une date, en un pays déterminés ? Philosophiquement, il arrive au terme de son périple, convaincu que Marx lui-même a été, lui aussi, le premier traître à la dialectique. C'est Marx qui, dès 1848, a projeté la dialectique dans l'objet et créé le monstre de la « dialectique matérialiste ».

À n'en pas douter, on trouve, sous la plume de Marx et d'Engels, de nombreux textes qui justifient cette critique. Marx semble bien, dans sa maturité ou sa vieillesse, avoir confondu la lutte de classes avec une variété de la lutte pour la vie, caractéristique de l'ordre biologique. Il s'est exprimé comme si les contradictions économiques produisaient leurs conséquences à la manière d'un déterminisme naturel. La dialectique, interprétée en termes matérialistes, cesse effectivement d'être ce que Merleau-Ponty veut qu'elle soit — le déroulement significatif des événements grâce à l'action humaine, qui surmonte, en fait, les contradictions entre l'objet et le sujet, les individus et la collectivité, le passé et l'avenir — ; elle se décompose en décisions parcellaires et en actions particulières, si l'on ne parvient pas à saisir la structure du réel et les activités majeures du sujet historique. Le devenir doit présenter l'articulation que lui prête l'objectivation de la dialectique (unité structurée de chaque régime ou de chaque période, contradictions à l'intérieur de la structure dont la lutte de classes est l'expression, contradictions surmontées dans le régime suivant, etc.). Faute de cette structure, expression de la nature humaine ou de la nature sociale, on risque de déboucher sur la pure et simple inter-subjectivité qu'avait décrite la phénoménologie au point de départ.

Tel est, me semble-t-il, le point d'arrivée actuel de Merleau-Ponty. Renonçant à l'ivresse révolutionnaire, il renonce du même coup aux « points sublimes » où l'action réconcilie les contraires. L'histoire, lue sous la dictée de Max Weber, lui offre des ensembles, des totalités partielles. Mais Max Weber, néo-kantien ou nietzschéen, savait que sa décision dépassait toute rationalité. Merleau-Ponty n'ayant, au cours de ses aventures, découvert ni les principes d'une anthropologie, ni la structure du devenir, ayant jeté par-dessus bord le formalisme de la reconnaissance mutuelle et de la société sans classes, ayant perdu la foi dans les « moments parfaits » de l'action révolutionnaire, demande finalement à l'économiste d'élaborer une économie générale et de l'aider à choisir sa voie.

L'ÊTRE ET LE NÉANT ET L'ULTRABOLCHEVISME

La polémique de Merleau-Ponty 1955 contre Merleau-Ponty 1948, le passage de l'« attentisme marxiste » à l'« acommunisme » n'auraient probablement pas soulevé tant de commentaires si *Les Aventures de la dialectique* ne comprenaient un chapitre d'une centaine de pages, consacré à *Sartre et l'ultra-bolchevisme. Merleau-Ponty contre Sartre*, la gauche philosophique déchirée entre ses deux maîtres et ravie par son déchirement. La curiosité malsaine à l'égard de la vie privée des écrivains ajoutait à l'intérêt d'un dialogue pathétique [1].

Sartre, depuis quelques années, sans adhérer au P. C., s'est associé à l'action de celui-ci, alors que Merleau-Ponty suivait une autre route : d'où une critique de la position sartrienne d'alliance dans l'action sans ralliement au parti. Cette discussion proprement politique occupe peu de place dans le chapitre. Pour l'essentiel, celui-ci se consacre à une double démonstration : Sartre fait une théorie exacte du bolchevisme actuel ou de l'ultra-bolchevisme, mais l'accord de la philosophie de Sartre et de la pratique communiste porte condamnation et de cette pratique et de cette philosophie ; l'une et l'autre auraient sacrifié la suprême richesse : la dialectique.

Cette démonstration, au premier abord, surprend. La position politique de Sartre a maintes fois changé : les idées philosophiques qui, à en croire Merleau-Ponty, lui serviraient de fondement, remontent loin. On a du mal à croire que l'ontologie de *L'Être et le*

1. Que, dans notre génération, aucune amitié n'ait résisté aux divergences d'opinion politique, que les amis aient dû politiquement changer ensemble pour ne pas se quitter, est à la fois explicable et triste.

Néant conduise nécessairement aux articles sur *Les Communistes et la paix*. Sans doute n'est-ce pas exactement la thèse de Merleau-Ponty qui insiste sur l'originalité de chaque ouvrage de Sartre par rapport aux précédents. Malgré tout, il y aurait harmonie préétablie entre l'ontologie sartrienne de la volonté pure, de la conscience insulaire et la pratique bolchevique du parti-acte pur faisant surgir de la masse dispersée, par un *fiat* mystérieux et injustifiable, le parti. L'ontologie ne menait pas nécessairement Sartre à l'alliance avec le communisme, mais, une fois allié des communistes, il trouvait dans son ontologie le moyen d'intégrer le communisme à son propre projet, d'interpréter l'action communiste dans les cadres d'une philosophie qui oppose, irréductibles, le sujet à l'Autre, la classe informe au parti un, les choses aux hommes, mais ignore la dialectique où se joignent les termes apparemment opposés.

Reprenons notre distinction entre la *dialectique formelle* et la *dialectique matérielle*, autrement dit entre, d'une part, le caractère dialectique (ou dialogué) des relations entre les consciences et, d'autre part, la totalisation possible de ce devenir des consciences aux prises les unes avec les autres et avec les choses humanisées. Le monde humain, vu par Sartre, est-il formellement dialectique, au sens que Merleau-Ponty lui-même donne à ce mot ? La réponse me paraît, de toute évidence, positive.

Il me paraît excessif d'affirmer que Sartre ignore « *entre les hommes et les choses, cet intermonde que nous appelons histoire, symbolisme, vérité à faire*[1] ». Il est facile de citer, comme le fait Mme de Beauvoir, de multiples textes où Sartre reconnaît explicitement cet intermonde, objectif, présent aux hommes presque comme un en-soi, bien qu'il soit chargé de significations humaines. Par exemple : « *Nous dominons la matière à force de travail, mais le milieu nous domine à son tour par le foisonnement figé des pensées que nous y avons inscrites* (cité par Mme de Beauvoir, p. 2078 [2]). »

De même, je doute que, selon Sartre, tous les sens soient décrétés par la conscience, que « *la prise de conscience soit un absolu et donne le sens*[3] ». Sartre aperçoit partout les significations équivoques, mêlées inextricablement aux faits, que la conscience ne crée ni ne construit, que les sujets découvrent et dans lesquelles ils se situent.

De même encore, Sartre reconnaît entre le Je et l'Autre une relation différente de celle du regard qui laisserait les individus face à face, sans communication. Il ne songe pas à nier « *l'existence de ces régions médiatrices entre les divers sujets qu'on appelle culture, littérature*[4] » et que Hegel appelait « esprit objectif ». Certes, le social ne détermine jamais la conscience à la manière dont le milieu détermine l'œuvre dans la conception de Taine. En fait, Sartre et Merleau-Ponty interprètent exactement de la même manière la

1. *Ibid.*, p. 269.
2. Les citations se réfèrent au numéro de juin-juillet 1955 des *Temps modernes*.
3. *Les Aventures de la dialectique*, p. 156.
4. Mme de Beauvoir, p. 2082.

relation entre situation et écrivain (ou philosophe ou homme politique). « *Le champ social apparaît à la fois devant et derrière elle* (*la conscience*) *et il ne saurait en être autrement puisque chez Sartre passé et avenir sont inextricablement mêlés*[1]. »

Si les sens objectifs existent, s'il y a non pas seulement pluralité des sujets mais intersubjectivité, s'il y a un intermonde, on ne voit pas pourquoi Sartre nierait l'histoire. Il n'a jamais méconnu ni que l'historien est lui-même historique, ni qu'il y a un devenir du sens dans les institutions, ni que les ensembles historiques sont réels et que le moi se constitue dans les cadres tracés par la conjoncture où nous naissons : « *L'ensemble historique décide à chaque moment de nos pouvoirs, il prescrit leurs limites à notre champ d'action et à notre avenir réel, il conditionne notre attitude vis-à-vis du possible et de l'impossible, du réel et de l'imaginaire, de l'être et du devoir-être, du temps et de l'espace ; à partir de là, nous décidons à notre tour de nos rapports avec les autres, c'est-à-dire du sens de notre vie et de la valeur de notre mort ; c'est dans ce cadre qu'apparaît enfin notre* Moi. *C'est l'histoire qui montre aux uns des issues et qui fait piétiner les autres devant les portes closes*[2]. »

S'il en va ainsi, si l'histoire, telle que l'interprète J.-P. Sartre, comporte exactement, comme dans l'interprétation de Merleau-Ponty, le sens objectif des choses, le devenir des sens dans les institutions, l'intersubjectivité, les régions intermédiaires de la

1. Mme de Beauvoir, p. 2083.
2. Mme de Beauvoir, p. 2089.

culture, la réalité de la socialité, pourquoi Merleau-Ponty, dont la bonne foi ne prête pas au doute, a-t-il méconnu cet aspect de la pensée sartrienne ?

Mme de Beauvoir, à la fin de son article, en donne une première raison. Certaines des propositions que Merleau-Ponty attribue à Sartre en les appliquant au *Moi*, à la *personne*, au sujet historique, seraient vraies, prises au niveau de l'ontologie, comme se référant au Pour-Soi ou à la conscience, pure présence à soi. Le Pour-Soi, originellement, est le principe de tout dévoilement et le monde, en ce sens, lui est coextensif. La conscience — *Erlebnis* — est toute translucidité et ne découvre l'Autre que sous le regard qui l'objective elle-même. À certains égards, la description ontologique de la conscience s'oppose à la description ontique des hommes engagés dans l'histoire. Tout s'est passé comme si Merleau-Ponty avait cru trouver, dans la description ontologique de *L'Être et le Néant*, l'explication de certaines prises de positions historico-politiques qui lui paraissaient étranges. Mais, au lieu de donner ces références à l'ontologie comme une possible explication (plus psychologique que philosophique) de la théorie du parti et de l'action, il a reconstruit une ontique sartrienne de la condition humaine d'après ces fragments d'ontologie — ontique que Sartre est en droit de récuser.

Dans les articles de Sartre, *Les Communistes et la paix*, la classe n'existe pas en dehors du parti ; le prolétariat ne peut désavouer le parti parce que le prolétariat n'existe comme classe qu'unifié dans et par le parti. Seul un autre parti que le P. C. pourrait signifier à celui-ci le congé du prolétariat. À la limite, il semble que le parti soit acte pur qui, à la façon de la liberté, fond sur la masse informe pour transformer la passivité ou la dispersion en volonté créatrice. De plus, l'action communiste paraît révolutionnaire, sans lien visible avec un mouvement global de l'histoire, négation du donné et de la société présente sans être, avec certitude, affirmation de la société sans classes. Relations de la classe au parti, de l'action révolutionnaire à la vérité historique, telles sont les deux thèses à propos desquelles Merleau-Ponty aperçoit une parenté entre la pratique bolchevique et l'ontologie sartrienne.

Sur le premier point — *classe et parti* — certains textes des *Communistes et la paix* se rapprochent de ce que Mme de Beauvoir appelle le pseudo-Sartre. Celui-ci interdit au prolétariat de désavouer le parti à moins d'être uni en un autre parti — ce qui réduit au minimum l'être de la classe non organisée en parti. Mais, fondamentalement, il veut que « *l'unité de la classe ne soit ni passivement reçue ni spontanément produite*[1] ». Autrement dit, il veut que la relation des ouvriers et du parti, des masses et des chefs, soit dialectique : les chefs ne sont rien si les masses ne les suivent pas, les masses ne constituent pas une unité s'il n'y a un parti pour les coaguler.

Nous en venons au dernier point et, à n'en pas douter, le plus important : l'histoire créatrice de vérité ? Si la vérité de l'histoire disparaît, alors la constitution du prolétariat en classe grâce au parti,

1. Mme de Beauvoir, p. 2097.

même préparée par les événements, demeure décision arbitraire et l'histoire elle-même devient « *pour ce qu'elle a de connaissable, le résultat immédiat de nos volontés et, pour le reste, une opacité impénétrable*[1] ».

Dans quelle mesure Merleau-Ponty lui-même donne-t-il réponse à la question qu'il pose à son ami, autrement dit en quel sens l'histoire, telle qu'il l'interprète, est-elle créatrice de vérité ? Comment l'événement se juge-t-il lui-même ? Nous l'avons vu, la réponse de Merleau-Ponty oscille entre la référence à une idée formelle — reconnaissance mutuelle — et la référence aux « moments parfaits » où les doutes disparaissent parce que les antinomies sont surmontées. Merleau-Ponty 1955 a abandonné l'idée formelle en tant qu'entachée de kantisme ; il avoue que les moments parfaits sont finalement trompeurs puisque, une fois suspendue l'« extase révolutionnaire », le moi cesse de se confondre avec l'Autre, la classe avec le parti, le dévoilement avec l'action, le Pouvoir avec la critique. Dès lors, il conserve bien la dialectique, au sens formel du terme, mais il a perdu non seulement, comme il l'avoue explicitement, toute notion de fin de la dialectique — les contradictions surmontées — mais tout moyen d'échapper au perspectivisme du dévoilement et à la particularité de l'action.

Sartre a-t-il, lui aussi, renoncé à l'accomplissement de l'homme dans et par la Révolution ? À cet égard, il a toujours existé une différence majeure entre l'un et l'autre. Le marxisme de Sartre était « ontique »,

1. *Les Aventures de la dialectique*, p. 134.

non « ontologique ». On comprenait mal comment la quête de la société sans classes (sur le plan ontique) s'accordait avec la thèse ontologique de l'homme, passion inutile. Sartre connaît *un* sens que chacun, librement, donne à sa vie et à sa mort, il ne connaît pas *le* sens de *l'histoire totale*, moins encore un sens, confondu avec un état privilégié, qui marquerait la fin de l'histoire ou de la préhistoire. Or, il ne l'ignore pas, fin de l'histoire ou de la préhistoire, dans le marxisme, signifie bien plus qu'une fin voulue par moi, par quelques-uns ou même par une classe, elle marque une rupture dans le train des choses humaines, le passage d'un type de société à un autre. Sartre met-il en perspective le passé et son action par rapport à cet événement grandiose, sans précédent ?

Hier comme aujourd'hui, Sartre a toujours été plutôt un *conquérant* qu'un *Romain*[1], il n'a jamais douté que sa place fût parmi les exploités qui se révoltent contre leur condition, il n'a jamais affiché de certitude en ce qui concerne la conformité de la société future à l'idée d'une société sans classes. En ce sens, il adhère à la négativité révolutionnaire plutôt qu'aux affirmations impliquées par l'action négatrice.

Est-ce à dire que Sartre, comme le lui reproche Merleau-Ponty, choisisse la révolution sans savoir ce qu'il choisit, sans justification sinon le fait de l'oppression présente ?

Les trois livraisons des *Communistes et la paix* demeurent, il est vrai, étrangement vagues sur les points qui devraient être éclaircis pour que le rallie-

1. Selon l'alternative d'André Malraux, dans *Les Conquérants*.

ment (même sans adhésion) au communisme devînt philosophiquement et politiquement intelligible. Dans quelle mesure le régime soviétique reste-t-il fidèle à l'idée révolutionnaire ? Dans quelle mesure l'action du parti communiste français s'oriente-t-elle vers la Révolution au sens que Marx donnait à ce mot ?

Tant que le parti communiste français se veut au service de l'Union soviétique, il ne peut servir à la fois la Révolution et la coexistence. La coexistence pacifique entre pays non communistes et pays communistes, c'est la paix entre catholiques et protestants, les uns et les autres renonçant à se convertir par la force.

Pas davantage, Sartre ne se pose la question : le régime soviétique, imposé d'en haut à la Pologne et à la Roumanie, imposé à la France le jour où elle serait gouvernée par le P. C., marque-t-il l'accomplissement de l'idée révolutionnaire ?

Que le choix révolutionnaire de Sartre paraisse politiquement équivoque, sans fondement assuré, soit. Mais l'interprétation qu'en donne Merleau-Ponty, par référence à l'ontologie de la liberté, ne me convainc pas. La volonté organisée du parti compte plus que la volonté spontanée des masses ? La volonté du parti se définit par une négation du réel sans détermination concrète de la société post-révolutionnaire ? Certes, mais on retrouve, chez tous les théoriciens bolcheviques, depuis Lénine jusqu'à J.-P. Sartre, ces deux traits, pour la simple raison que ces théoriciens ont toujours eu des doutes sur la spontanéité révolutionnaire des masses.

Sur un point seulement, je suivrais Merleau-Ponty et j'expliquerais une opinion politique de Sartre par l'ontologie de *L'Être et le Néant.* Sartre, à différentes reprises, souligne que la signification d'un événement historique dépend de l'*intention* de l'acteur. Pour montrer que la politique de l'U. R. S. S. et celle du P. C. ne sont pas révolutionnaires, il faudrait, écrit-il, « *démontrer que les dirigeants soviétiques ne croient plus à la révolution russe ou qu'ils pensent que l'expérience s'est soldée par un échec* ». Quand on lit une telle phrase, on se demande, en effet, pourquoi les intentions des chefs soviétiques détermineraient souverainement le sens de la réalité. On hésite, malgré tout, à croire que Sartre ignore la distinction élémentaire du sens objectif et du sens subjectif ou tienne ce dernier pour inconditionnellement valable.

À force d'insister sur l'incertitude des jugements historiques, Sartre cherche finalement une certitude dans la subjectivité (ou le projet). Puisque l'on peut tout dire sur l'Union soviétique, puisque simultanément le parti prolétarien exerce le pouvoir mais qu'il maintient des camps de concentration, où trouver une signification incontestable ? Si les révolutionnaires ne croyaient plus à la Révolution, alors les jeux seraient faits et il ne resterait plus en Russie qu'un régime entre d'autres.

Le même phénomène, inversé, apparaît dans les jugements que porte Sartre sur ses adversaires. Si un anticommuniste traitait Sartre de « salaud » en lui reprochant de *vouloir* les camps de concentration, il protesterait — à bon droit — qu'il *veut* la Révolution, la libération prolétarienne et que les camps ne constituent l'objet ni de sa volonté ni de la volonté communiste dont il se déclare partiellement solidaire. Mais il n'hésite pas à accuser les anticommunistes de *vouloir* Makronissos, la répression coloniale, la violence policière. Le recours à l'*intention* ou au *projet*, pour interpréter la conduite des uns et des autres, n'appartient ni à la manière communiste ni à la manière marxiste de penser. Nos actes s'insèrent dans le tissu des événements et ne prennent leur sens que dans la conscience d'autrui, sans pourtant que la perception de l'*autre* fixe le sens définitif. Cette perception vaut, dès le premier moment, autant que l'intention de l'acteur et, au fur et à mesure que la compréhension du spectateur s'élargit, embrassant une durée plus étendue, elle l'emporte *relativement* sur le projet initial de l'acteur. De telles remarques sont à tel point le bien commun de Sartre et de Merleau-Ponty (et de beaucoup d'autres) qu'on n'imagine pas que Sartre les oublie pour accorder un privilège à l'intention de la conscience.

On peut dire que nous retrouvons, à ce niveau de la politique, l'oscillation sartrienne entre ontologie et ontique : le *Pour-Soi* radicalement libre, la personne à chaque instant engagée dans le monde. Peut-être Sartre cède-t-il parfois à la tentation de surmonter l'équivoque des significations historiques en remontant à l'absolu de la conscience. Mais il commettrait là une faute contre sa propre philosophie [1]. Pour mon compte, j'inclinerais à expliquer la référence à l'inten-

1. Sur ce point, j'avais tort. Il continue à commettre cette erreur dans la *Critique de la raison dialectique*.

tion pour sauver les uns et damner les autres par la passion de l'individu Sartre plutôt que par la pensée du philosophe. Le moralisme spontané, le kantisme inconscient de Sartre éclatent soudain dans des formules qui ne s'accordent pas avec ses actuelles sympathies.

La théorie politique de Sartre me paraît vulnérable, pour des raisons simples, très inférieures à celle qu'invoque son contradicteur.

Sartre oscille entre un ralliement, sans adhésion, au parti communiste *hic et nunc* et une adhésion de principe à la technique d'action du parti communiste en tant que telle. Explicitement, il affirme qu'il s'en tient à une décision actuelle mais, en fait, les arguments par lesquels il veut démontrer la nécessité du parti pour faire accéder la classe à la *praxis* et à la conscience ne se rattachent pas nécessairement à la conjoncture française. S'ils valent, ils valent partout. Mais comment les appliquer aux pays de capitalisme développé où les ouvriers et leurs chefs élus refusent obstinément et l'action de style bolchevique et la doctrine de la prise du pouvoir par un parti monolithique ? Le tort de Sartre n'est pas, comme le veut Merleau-Ponty, de donner un sens sartrien à l'action communiste [1] — la justification sartrienne du parti, langage mis à part, ne diffère pas tant de celle de Lénine — le tort de Sartre est de reprendre la justification léniniste de 1903 sans se soucier de ce qui est intervenu depuis lors, autrement dit la construction

1. Il continue de le faire dans la *Critique de la raison dialectique*, mais avec la nostalgie du *Groupe en fusion*.

de la société soviétique sous la direction du parti communiste et le rejet des méthodes bolcheviques et même, plus largement, des méthodes révolutionnaires par la plupart des prolétariats du monde occidental.

Que peut faire un parti communiste dans la partie du Vieux Continent à l'ouest du rideau de fer ? Veut-on le renforcer afin qu'il puisse paralyser plus efficacement le gouvernement français ? Ou espère-t-on qu'il s'empare du pouvoir ? Et quelles seraient les conséquences d'une victoire communiste en France sur la coexistence des deux mondes ? À ces questions non métaphysiques mais concrètes, datées, il faut répondre si l'on veut prendre une décision raisonnable en 1955.

Tant que Merleau-Ponty s'en tient à des objections simples, non philosophiques pour ainsi dire, il fait mouche. Comment justifier le ralliement au parti communiste tant que l'on n'a pas expliqué la nature et le sens du régime soviétique [1] ? Comment travailler à la coexistence si, au lieu de critiquer les deux camps, on donne systématiquement raison à l'un ? Combien de temps le parti communiste acceptera-t-il la coopération sans adhésion ? Dans la mesure même où Sartre, emporté par sa logique torrentielle, donne raison au parti qui refuse l'opposition, ne se donne-t-il pas tort à lui-même ? « *Qui*

1. Mme de Beauvoir, dans sa réponse à Merleau-Ponty, s'écrie vertueusement : « *Que vient faire l'Union soviétique dans cette histoire ?* » On ne peut rester insensible au comique involontaire.

s'associe au parti sans adhésion, coopère à l'action sans souscrire à la pensée[1]. »

En revanche, dès que Merleau-Ponty critique philosophiquement l'attitude de Sartre, il cesse de convaincre, parce que le lecteur sans préjugé a le sentiment que l'auteur se frappe lui-même tout autant que son interlocuteur. Il écrit par exemple : « *Il n'y a peut-être pas grand sens à traiter par la pure pensée le communisme qui est une action.* » Mais tout philosophe de la politique pense l'action des autres, donc traite par la pensée une action, et cette pensée, même si elle n'aboutit pas à un engagement, est, par elle-même, action : en interprétant une action, on en modifie la signification aux yeux des autres et, par cela même, on change la réalité humaine, c'est-à-dire on agit.

« *Le faible de la position de Sartre,* écrit Merleau-Ponty, *est qu'elle est une position pour qui vit dans le monde capitaliste, non pour qui vit dans le communisme, dont il s'agit pourtant.* » Mais l'acommunisme de Merleau-Ponty tombe sous le coup du même reproche : s'il vivait de l'autre côté du rideau de fer, il n'aurait pas la liberté de mettre les deux blocs sur le même plan. Mais pourquoi l'un et l'autre n'useraient-ils pas du droit que leur laisse la société capitaliste ?

Merleau-Ponty écrit la moitié de son livre comme s'il était encore marxiste, l'autre moitié comme s'il ne l'était plus : « *Lénine n'a jamais sacrifié la spontanéité à la conscience, il a postulé leur accord dans le travail en*

1. *Les Aventures de la dialectique*, p. 237.

commun du Parti, parce qu'il était marxiste, c'est-à-dire parce qu'il croyait à une politique qui atteste sa vérité en devenant celle des prolétaires[1]. » Mais, en ce sens, Merleau-Ponty lui-même est-il encore marxiste ? « *L'histoire n'est pas le déroulement d'une vérité toute faite mais elle a, de temps à autre, rendez-vous avec une vérité qui se fait et qui se reconnaît à ce que la classe révolutionnaire, du moins, fonctionne comme un tout et qu'en elle les rapports sociaux ne sont pas opaques comme ceux de la société sans classes.* » Rendez-vous avec la vérité qui se fait, reconnaissance de la vérité par les prolétaires : nous retrouvons les moments parfaits où les antinomies sont surmontées. Or Merleau-Ponty nous a donné deux raisons de ne pas nous fier à ces « moments parfaits » : ils ne durent pas et la volonté du prolétariat n'est jamais inscrite, en caractères univoques, dans les prolétaires de chair et d'os. Même quand ils se reconnaissent en l'action que le parti leur suggère, ils ont été sollicités, influencés, parfois contraints par l'*autre*, les intellectuels, les révolutionnaires professionnels, l'organisation elle-même. Le philosophe ne perd jamais la liberté d'en appeler du prolétariat empirique au prolétariat fidèle à sa vocation.

Ayant renoncé à ériger la coïncidence entre prolétariat et parti en critère de la vérité, de quel droit Merleau-Ponty reproche-t-il à Sartre de faire comme lui ? Une fois cette coïncidence abandonnée ou tenue pour précaire, deux voies s'offrent : celle du bolchevisme — souscrire à l'autorité du parti —, celle de la

1. *Ibid.*, p. 173.

démocratie — n'accorder foi ni à la classe ni au parti mais, selon les circonstances, invoquer l'un ou l'autre. Encore faut-il, si l'on emprunte cette dernière voie, que l'on maintienne le schéma historique de Marx (contradictions du capitalisme aboutissant à la Révolution). On ne sait si Sartre le conserve, mais Merleau-Ponty le conserve-t-il davantage ?

Je ne lui en fais pas grief, je lui reproche d'utiliser contre Sartre une philosophie qu'il a lui-même abandonnée et de ne pas utiliser les résultats actuels de sa recherche, la découverte que la dialectique du dévoilement et de l'action comporte un moment du savoir objectif. Le perspectivisme de l'interprétation historique, les équivoques de la compréhension débouchent sur l'arbitraire pur s'ils ne sont limités et contrôlés par la saisie du réel selon les méthodes positives. Merleau-Ponty s'éveille à cette humble nécessité de l'enquête empirique entre la révolte spontanée et l'action consciente. Il entrevoit « *une économie généralisée dont communisme et capitalisme seraient des cas particuliers* [1] ».

L'enquête scientifique ne nous proposerait pas de conclusion d'une ampleur comparable à celle de la pseudo-science marxiste. Elle ne révélerait ni le secret de l'histoire totale ni la coïncidence nécessaire du souhaitable et du fatal. Elle permettrait cette comparaison des régimes économiques dont Merleau-Ponty

1. Il veut dire théorie générale de l'économie qui interpréterait les deux régimes comme espèces d'un genre ou variations sur un thème.

aperçoit la fonction dans une délibération raisonnable.

Simone de Beauvoir, en revanche, ne se laisse pas entraîner vers ces subtilités de la pensée bourgeoise « pluraliste ». (« *La vérité est une* », dit-elle avec une certitude tranquille.) La société occidentale est tout entière corrompue par l'exploitation qu'elle inflige à la classe ouvrière ; à supposer qu'elle accomplisse certaines valeurs, elle en est d'autant plus coupable. La pensée synthétique, celle de Marx, celle de Sartre, saisit l'essence de l'ordre capitaliste dans l'exploitaion. Péguy, lui aussi, disait qu'une seule injustice suffit à pourrir une société entière. Du moins ne prétendait-il pas parler le langage du « socialisme scientifique ».

Cette sorte de pensée synthétique laisse rêveur. On attribue volontiers à Dieu la capacité, au primitif l'habitude d'appréhender globalement la société, de porter sur elle un jugement sans analyse préalable. On se demande à quelle autre catégorie peuvent appartenir les esprits capables de saisir le tout social sans analyser les éléments.

LE FANATISME, LA PRUDENCE ET LA FOI

Quand on se rappelle les attitudes politiques de Sartre et de Merleau-Ponty [1] depuis 1945, on a le sentiment d'une sorte de ballet ou de chassé-croisé. La « gauche nouvelle » de Merleau-Ponty 1955 ressemble au *Rassemblement démocratique révolutionnaire* de Jean-Paul Sartre 1948. L'attentisme marxiste du premier se rapprochait du procommunisme actuel du second plus que de l'acommunisme exposé dans *Les Aventures de la dialectique.*

Philosophes de profession, l'un et l'autre justifient leurs opinions de chaque jour par des arguments qui, valables, résisteraient à l'usure des siècles, d'autant plus enclins à élever jusqu'au niveau de l'éternel les épisodes de leur existence qu'ils sont obsédés par l'exemple de Marx et de Lénine. Mais l'existentialisme, celui de Sartre comme celui de Merleau-Ponty, n'est pas une philosophie *essentiellement* historique.

1. Paru dans la revue *Preuves*, février 1956.

DE L'EXISTENTIALISME AU DOCTRINARISME

Sartre et Merleau-Ponty, dans leurs travaux antérieurs aux spéculations politiques, appartiennent à la tradition de Kierkegaard et de Nietzsche, de la révolte contre l'hégélianisme. L'individu et son destin constituent le thème central de leur réflexion. Ils ignorent la totalité dont la prise de conscience par le philosophe marque l'avènement de la sagesse. L'histoire inachevée n'impose pas de vérité. La liberté de l'homme est capacité d'autocréation, sans que l'on aperçoive, au moins dans L'*Être et le Néant*, à quelle loi devrait obéir ou vers quel objectif devrait tendre cette création.

Chacun doit trouver la réponse à la situation sans la déduire des livres ni la recevoir des autres, et pourtant cette réponse s'impose à l'acteur, solitaire et responsable. *Authenticité* — autrement dit le courage de s'assumer soi-même, son héritage et les siens — *et réciprocité* — reconnaissance de l'autre, souci de le respecter et de l'aider à s'accomplir — telles paraissent les deux vertus cardinales de l'*homo existentialis.*

Les existentialistes décrivent l'existence humaine telle qu'elle est vécue, sans que cette description se rapporte à une particularité historique. Certes, cette description surgit d'une expérience originelle, liée à celle-ci comme l'œuvre à l'artiste. Qu'il s'agisse de la liberté ou de l'authenticité, il reste vrai, pour tous les hommes, à travers les siècles, que la conscience s'accomplit en se libérant et se libère en s'assumant.

M. de Wahelens écarte comme « une mauvaise plaisanterie » l'objection de M. Löwith, citant le mot d'un étudiant : « *Je suis résolu, seulement j'ignore à quoi.* » Il écrit : « *La philosophie, qu'elle soit existentiale ou existentielle, se détruirait elle-même si, renonçant à former les consciences, elle prétendait fournir à chacun des recettes qui, en toute occasion, pourraient résoudre les problèmes de sa vie. Le* Sein-zum-Tode, *quoi qu'on en doive penser par ailleurs, ne peut être qu'une inspiration, une lumière, sous laquelle chacun, placé face à sa situation, aura le devoir et le privilège de décider librement, sans cesser de courir le risque de se tromper ou même d'être infidèle*[1]. » L'objection me paraît un peu plus qu'une mauvaise plaisanterie. Aucune philosophie ne saurait fournir de « recettes » pour résoudre les problèmes que posent les circonstances. Mais une philosophie qui se réfère à un idéal de vertu ou de sagesse, à l'impératif catégorique ou à la bonne volonté, offre « une inspiration, une lumière » autres qu'une philosophie qui met l'accent sur la liberté, le choix, l'invention. Si le philosophe se contente d'enjoindre aux disciples de s'assumer, ceux-ci ont-ils tellement tort d'en conclure que la résolution importe plus que le contenu de celle-ci ?

Ayant exclu une loi morale qui commanderait aux intentions, résolus à ignorer les vertus ou le perfectionnement intérieur que les Grecs ou les chrétiens proposaient comme idéal, les existentialistes suggèrent à chacun de faire son salut selon sa loi propre et ne se sauvent de l'anarchie que par l'idée d'une

1. *Une philosophie de l'ambiguïté*, p. 306, note.

communauté où les individus se reconnaîtraient réciproquement dans leur humanité.

L'idée de la communauté authentique en une philosophie qui met l'accent sur la création des valeurs et de son destin même par chacun, semble un appel à la concorde contre la réalité de la lutte des consciences, un rêve d'universalité dans une phénoménologie des fatalités particulières. En tout cas, cette idée toute formelle demeure une idée de la Raison (pour employer le vocabulaire kantien), elle n'est pas et ne peut pas être l'objet d'une volonté singulière ou le terme prochain du mouvement historique.

À partir de cette philosophie, les philosophes devraient-ils être favorables à une démocratie de style occidental ou à une démocratie de style soviétique ? En tout cas, ils ne devraient prêter de valeur absolue ni à l'une ni à l'autre. Aucune des deux, en effet, n'accomplit intégralement la reconnaissance réciproque des individus. Quant à savoir laquelle des deux s'en rapproche le plus ou s'en écarte le moins, c'est là une interrogation, politique ou historique, à laquelle ni *L'Être et le Néant* ni la *Phénoménologie de la perception* n'aident à répondre. Quand il s'agit du statut de propriété, du fonctionnement de l'économie, de parti unique ou de partis multiples, la description sociologique apporte plus d'enseignements que la phénoménologie transcendantale.

Le marxisme des deux philosophes a une origine partiellement accidentelle. L'un et l'autre, vivant à l'ouest du rideau de fer, se trouvent hostiles à la démocratie bourgeoise et incapables d'adhérer au communisme dont ils refusent l'orthodoxie. Mais cette préférence politique ne se serait pas exprimée en textes philosophiques si la tentation du marxisme ne s'était exercée sur les arrière-neveux de Kierkegaard, si les existentialistes, partis de la conscience transcendantale, de l'angoisse et du souci, n'avaient éprouvé le besoin de réintégrer dans une philosophie du non-système des fragments de la totalité historique hégéliano-marxiste.

Dans *Droit naturel et Histoire*, au terme du chapitre consacré à Burke, Léon Strauss écrit :

« *La théorie politique devint l'intelligence de ce qu'a engendré la pratique, l'intelligence de l'actuel, et cessa d'être la recherche de ce qui devrait être ; la théorie pratique cessa d'être "théoriquement pratique"* (*c'est-à-dire délibération au second degré*)*, pour revenir purement théorique au sens où la métaphysique* (*et la physique*) *étaient traditionnellement comprises comme purement théoriques. C'est alors qu'apparut un nouveau type de théorie, de métaphysique, ayant pour thème suprême l'activité humaine et ce qu'elle engendre plutôt que la totalité, qui n'est nullement l'objet de l'activité humaine. Au sein de la totalité et de la métaphysique, qui est fondée sur elle, l'activité humaine occupe une place élevée mais secondaire. Lorsque la métaphysique en vint, comme elle le fit dès lors, à considérer les actions humaines et leurs résultats comme la fin vers laquelle tendent tous les êtres ou tous les processus, la métaphysique devint la philosophie de l'histoire. La philosophie de l'histoire était essentiellement théorie, c'est-à-dire contemplation de la pratique des hommes et nécessairement, par la suite, de la pratique humaine totale et révolue ; elle présupposait que l'action humaine privilé-*

giée, l'Histoire, était révolue. En devenant le thème suprême de la philosophie, la pratique cessa d'être pratique proprement dite, c'est-à-dire souci des agenda. *Les révoltes contre l'hégélianisme de la part de Kierkegaard et de Nietzsche, dans la mesure où elles exercent aujourd'hui une forte influence sur l'opinion, se présentent donc comme des tentatives pour rétablir la possibilité d'une pratique, c'est-à-dire d'une vie humaine qui a devant elle un avenir significatif et indéterminé. Mais ces tentatives accrurent la confusion, puisqu'elles détruisirent autant qu'elles le purent la possibilité même de la théorie. Le "doctrinarisme" et l'"existentialisme" nous apparaissent comme deux extrêmes également entachés d'erreur.* »

Sartre et Merleau-Ponty combinent, de curieuse manière, les deux attitudes que Léo Strauss appelle les « extrêmes ». À la manière des doctrinaires, Merleau-Ponty (en 1948) et J.-P. Sartre (aujourd'hui) inclinent vers l'unique vérité (ou l'universel) de la reconnaissance mutuelle ou de la société sans classes, ils exaltent la révolution à la manière des théoriciens dénoncés par Burke parce qu'ils semblent ignorer les diversités historiques, les lentes créations, les imprévisibles accidents, les innombrables variations sur les mêmes thèmes. Mais, simultanément, ils appartiennent à la postérité de Kierkegaard et non pas à celle de Hegel, puisqu'ils prennent la conscience individuelle pour la réalité primaire, l'origine de toute philosophie, et que la totalité historique — la pratique humaine totale et achevée — semble incompatible avec le mode de leur pensée. Marx et Nietzsche sont, à certains égards, « extrêmes opposés » : par de multiples chemins, leurs descendants se rejoignent.

Marx avait restitué le souci des *agenda*, c'est-à-dire un « avenir significatif », sans renoncer aux avantages qu'apporte « *une pratique humaine totale et révolue* ». Il lui suffisait d'affirmer tout à la fois que l'avenir échappe à la prévision, puisque l'action négatrice est l'essence de l'humanité, et que la Révolution prolétarienne marquera une rupture fondamentale dans le train des choses humaines. On ne sait ce que sera la société communiste, mais on sait que l'avènement du prolétariat au rang de classe dirigeante équivaudra à la fin de la préhistoire. Ainsi Marx se situe tout à la fois avant et après que la « pratique humaine » soit révolue.

Il suit encore Hegel quand il considère « *les actions humaines et leurs résultats comme la fin vers laquelle tendent tous les êtres et tous les processus* ». Non qu'il tienne l'histoire humaine pour la fin vers laquelle tend le cosmos, ou le communisme pour le terme auquel aspiraient les sociétés antérieures. Marx, surtout dans la deuxième partie de sa vie, prétend saisir un strict déterminisme ; mais, si l'on se réfère à la dialectique de la nature d'Engels, il apparaît clairement que les niveaux du réel se disposent selon une hiérarchie qualitative. De même, les moments de l'histoire sont orientés vers l'accomplissement de la nature humaine, vers l'humanisation de la société, bien que ce résultat n'ait pas été voulu par un esprit, individuel ou collectif, et n'ait pas éveillé, dans la conscience des hommes, le désir qui a finalement trouvé satisfaction.

Que l'histoire soit créatrice de vérité, bien qu'elle n'ait été conçue à l'avance par personne, ne constitue pas l'originalité de la philosophie de Marx. L'idée que le bien collectif puisse être le résultat, nécessaire encore que non intentionnel, de conduites non vertueuses, appartient à la plupart des théoriciens modernes de la politique et de l'économie. Essentielle à la philosophie de Machiavel, elle sert de fondement à l'économie politique. Les libéraux ou les classiques ne l'adoptent pas avec moins de conviction que les marxistes. Aussi bien les uns et les autres sont-ils guettés par des « doctrinarismes », frères bien qu'ennemis.

En effet, les uns et les autres ont mis au jour un mécanisme des conduites humaines qui conduirait infailliblement à la prospérité et à la paix. Le mécanisme que décrivent les libéraux est celui des prix : aussi certains des libéraux n'hésitent-ils pas à annoncer la prochaine servitude si les interventions de l'État compromettent le fonctionnement de ce mécanisme. Ce même mécanisme — de la propriété individuelle et de la concurrence — conduit infailliblement, selon Marx, à sa propre paralysie. Il suffit d'ajouter que le passage inévitable d'un régime à un autre obéit à un déterminisme, comparable à celui de l'équilibre (selon les classiques) ou à celui de la paralysie progressive (selon les marxistes), pour aboutir à la dialectique de l'autodestruction du capitalisme.

La connaissance des lois de fonctionnement et de transformation du capitalisme permet au marxisme de revendiquer simultanément les privilèges de l'histoire faite et les obligations de l'histoire à faire. L'avenir des marxistes est significatif, puisqu'il amènera la solution des conflits, partiellement indéterminé en ce sens que le moment et les modalités de l'accomplissement ne sont pas prévisibles et peut-être ne sont pas rigoureusement déterminés.

Cette philosophie, par son équivoque, prête à de multiples interprétations, dont certaines ne sont pas inacceptables aux existentialistes. Ceux-ci ignorent une théorie, aux sens d'une métaphysique contemplative qui embrasserait l'ensemble du cosmos et de l'humanité, mais, au moins dans l'école française, ils se rapprochent des marxistes dans leurs conceptions anthropologiques. Ils détestent la pensée contemplative et la vie intérieure, ils voient en l'homme essentiellement l'être qui travaille, qui transforme le milieu et domestique les forces naturelles. Pourquoi n'accepteraient-ils pas la vision marxiste d'un déroulement historique, commandé par l'accroissement des forces productives et aboutissant à la maîtrise de l'homme sur la nature ?

Marxistes et existentialistes se heurtent sur le point où la tradition de Kierkegaard ne peut se réconcilier avec celle de Hegel : aucun régime social ou économique ne saurait résoudre le mystère de l'histoire ; le destin individuel transcende la vie collective[1]. La conscience de chacun demeure toujours seule face au mystère de la vie et de la mort, si bien organisée que puisse être l'exploitation en commun de la planète.

1. Cette formule incontestable pour l'auteur de *L'Être et le Néant* ne s'applique pas sans réserve à l'auteur de la *Phénoménologie de la perception.*

Le sens ultime de l'aventure humaine n'est pas donné par la société sans classes, même si cette dernière doit s'accomplir inévitablement.

Les existentialistes se rapprochèrent du marxisme par l'intermédiaire des ouvrages de jeunesse de Marx. Ils reprirent la dialectique de l'aliénation et de la reconquête de soi ; le prolétariat, totalement aliéné, réalisant, pour cette raison même, une intersubjectivité authentique. Mais, du même coup, ils tombèrent, sans en avoir conscience, dans le « doctrinarisme » : ils rapportaient les sociétés particulières à un modèle universel et, par un double décret arbitraire, ils condamnaient certaines sociétés et en exaltaient d'autres, sous prétexte que ces dernières se réclamaient du modèle promu à une vérité supra-historique.

Le marxisme porte en lui des virtualités de doctrinarisme. Baptisant la Révolution future fin de la préhistoire, Marx confère à une action, chargée des incertitudes propres à la condition de l'homme dans le devenir, la dignité d'une vérité théorique, celle qui s'offre au regard du philosophe embrassant l'ensemble, cosmos et histoire révolue. Comme il attribue à une classe particulière la fonction de mettre fin à la division en classes, il autorise à transfigurer un groupe d'hommes en agents du salut commun. Seule la violence permet de résoudre les contradictions immanentes au capitalisme. Ainsi en vient-on à une étrange philosophie où la paix sortira de la guerre poussée à son terme, où l'exaspération de la lutte de classes sert de préface à la réconciliation ou même à l'effacement des classes.

La pensée de Marx prêtait à une interprétation qui équivaudrait à une erreur radicale : ramener toutes les aliénations à une origine unique et postuler que la fin de l'aliénation économique entraînerait la fin de toutes les aliénations. Dans *La Question juive* [1], Marx opposait justement à la liberté et à l'égalité, dont le citoyen jouit dans l'empyrée politique, l'asservissement dont il souffre dans la société bourgeoise (*bürgerliche Gesellschaft*), c'est-à-dire dans l'activité professionnelle. Que les droits formels du citoyen deviennent illusoires, pour un prolétaire acculé à un salaire de famine, est vérité profonde. Mais cette vérité profonde se transforme en illusion redoutable si l'on suppose que la libération du travail implique les libertés politiques et se confond avec un certain statut de la propriété.

Ce qui refoulait les virtualités de doctrinarisme que recelait le marxisme, c'était le déterminisme de l'histoire, tel que l'affirmaient les penseurs de la IIe Internationale. Tant que l'on admettait une correspondance entre développement des forces productives, état des rapports de production, capacité révolutionnaire du prolétariat, l'action restait accordée à des circonstances non arbitraires, à un déroulement prédéterminé. Un pays sous-développé ne pouvait accéder au socialisme, le socialisme sans la démocratie n'était pas socialisme.

Les existentialistes français n'ont pas repris ce « déterminisme objectif » de l'histoire. Du coup, ils ont amplifié *le doctrinarisme* et multiplié les confu-

1. *Œuvres philosophiques*, trad. Molitor, t. I. p. 187.

sions entre universel et particulier, péché majeur de la pensée politique.

Nous entendons par doctrinarisme l'attribution à une doctrine particulière d'une valeur universelle. Le doctrinarisme comporte aujourd'hui deux modalités. Dans la première, on confond les principes de l'ordre idéal avec certaines institutions. Par exemple, on décrète que le principe démocratique — la légitimité des gouvernants suppose le consentement volontaire des gouvernés — se confond avec les libres élections, selon les procédures britannique ou française, et, au lieu d'examiner *hic et nunc* si ou selon quelles modalités on peut introduire les élections en Côte-de-l'Or ou en Nouvelle-Guinée, on exige dogmatiquement que les habitudes électorales ou parlementaires d'un pays soient reproduites partout, sans tenir compte des circonstances de temps ou de lieu.

Le doctrinarisme comporte en ce cas deux erreurs : le principe démocratique du consentement est érigé en principe unique de l'ordre politique, la traduction institutionnelle en *une* civilisation — les institutions électorales et parlementaires de l'Occident — est prise pour équivalent du principe lui-même et reçoit une validité égale à ce dernier.

La deuxième modalité du doctrinarisme est la modalité historiciste. L'ordre idéal de la cité ne dépend plus tant de la raison ou de la volonté des hommes que du déroulement nécessaire de l'histoire. Le mouvement des idées et des événements réalisera de lui-même la communauté humaine. Or le philosophe ne peut affirmer ce caractère providentiel de l'histoire s'il ne connaît ou ne pressent les traits distinctifs du régime qui en constituerait la fin. Mais comment savoir que le terme prochain de l'histoire en sera la fin, si l'on ne prend conscience de la vérité historique que rétrospectivement ? Ou encore de quel droit annoncer l'achèvement prochain de l'histoire, si, par définition, l'avenir nous reste imprévisible ? Cette contradiction est atténuée, sinon supprimée, dans la philosophie de Hegel en raison de la circularité du système : le fait que la fin renvoie au commencement et qu'à la fin les contradictions qui ont mis le système en mouvement sont dépassées, donne un sens à l'achèvement de l'histoire, sinon une preuve de celui-ci.

La vulgarisation des thèmes hégéliens aggrave le doctrinarisme implicite dans cette manière de penser. Si la fin de l'histoire se confond avec l'État universel et homogène, la négation des particularités, des droits des collectivités en résulte ou risque d'en résulter. Le régime économique et politique, assimilé par décret à l'État universel et homogène, est revêtu d'une dignité universelle. La sagesse de Montesquieu — les mêmes lois ne sont pas bonnes partout — disparaît, parce que la contingence historique se soumet à la prétendue logique du devenir. Une telle philosophie de l'histoire, que je propose d'appeler *le doctrinarisme historiciste*, présente des caractères apparemment contradictoires. En tant qu'historiciste, elle constate la diversité des mœurs, des régimes politiques, des valeurs ; elle nie que l'on puisse déterminer, par réflexion, une vérité politique ou rapporter les coutumes à une norme valable en tout temps et en tous lieux. Mais, simultanément, elle pose que la contingence historique obéit à une loi rationnelle et aboutit d'elle-même à la solution des problèmes posés à l'humanité.

Les démocraties occidentales penchent vers un doctrinarisme moralisateur, limité à la politique. Les régimes valent dans la mesure où ils participent ou se rapprochent du seul régime conforme à l'idéal, la démocratie (élections libres et institutions représentatives), doctrinarisme, le plus souvent, moins explicitement affirmé que confusément ressenti, qu'accompagne le rejet explicite de toute hiérarchie de valeurs entre la manière de vivre des Hottentots et des Pygmées et celle des Américains ou des Français d'aujourd'hui. Le doctrinarisme soviétique est historiciste : la dialectique historique accomplira le régime idéal, promis à une diffusion universelle.

Les deux doctrinarismes retiennent implicitement une philosophie du progrès : à un certain moment de l'histoire, l'homme a été capable de saisir la vérité de lui-même et de maîtriser les forces naturelles. Le moralisme ne fixe pas rigoureusement les étapes de cette découverte et de cette prise de possession, alors que l'historicisme en précise la succession, quitte, en cas de besoin, à sauter une étape ou à en ajouter une. Le moralisme ne recherche pas les conditions indispensables à ce moment absolu, toujours possible. L'historicisme, en théorie, fait dépendre des circonstances la rupture bénéfique, mais, en fait, les deux doctrinarismes sont animés par la même confiance dans la puissance de la volonté humaine, dans les ressources illimitées de la technique.

Le doctrinarisme des existentialistes, particulièrement révélateur, présente, grossies jusqu'à la caricature, les erreurs intellectuelles qui paralysent la réflexion politique. Les existentialistes commencent par une négation, proche du nihilisme, de toute constance humaine ou sociale, ils finissent par une affirmation dogmatique d'« une vérité unique », en une matière où la vérité ne peut pas être une. La critique du dogmatisme est en même temps celle du nihilisme. Tout au moins, tel était l'objectif du livre [1] où l'on n'a voulu voir qu'un témoignage de scepticisme.

PROGRÈS ÉCONOMIQUE ET CONSTANCE POLITIQUE

Beaucoup de critiques, même parmi ceux qui montrèrent de la sympathie au livre, ont reproché à *L'Opium des intellectuels* d'être négatif, de multiplier les réfutations sans rien apporter de constructif. J'ai mérité ce reproche en écrivant la dernière phrase : « *Appelons de nos vœux la venue des sceptiques s'ils doivent éteindre le fanatisme* », encore que l'ensemble de la dernière page signifie exactement le contraire de ce que les lecteurs pressés y ont lu. En fait, j'exprimais la crainte, et non l'espoir, que la perte des vérités dites absolues n'inclinât les intellectuels au scepticisme : « *Pourtant l'homme, qui n'attend de changement*

1. *L'Opium des intellectuels.*

miraculeux ni d'une révolution ni d'un plan, n'est pas tenu de se résigner à l'injustifiable. Il ne donne pas son âme à une humanité abstraite, à un parti tyrannique, à une scolastique absurde, parce qu'il aime des personnes, participe à des communautés vivantes, respecte la vérité. »

Beaucoup des écrits que l'on baptiste « constructifs » me paraissent aussi futiles que les plans d'un État universel ou d'un statut nouveau des entreprises. On appelle constructifs les projets même irréalisables, négatives les analyses qui tendent à cerner le possible et à former le jugement politique — jugement par essence historique et qui doit viser le réel ou fixer un objectif accessible. On est tenté parfois de renverser la hiérarchie des valeurs et de tenir le terme *négatif* pour flatteur.

Mériterait seule d'être appelée négative la critique qui, tout en écartant les illusions, n'aiderait pas à découvrir, à juger la réalité actuelle ou permanente.

Aucun marxiste [1], avant 1917, ne tenait une révolution socialiste pour possible en un pays où le prolétariat industriel ne comptait que trois millions d'ouvriers et ne représentait qu'une dérisoire minorité. Sans doute peut-on toujours rétablir l'accord entre une interprétation et la réalité, en introduisant une hypothèse supplémentaire : la Russie, parce que

1. Il ne manque pas de textes où Marx avait prévu que la Révolution éclaterait en Russie, dont la structure sociale et politique était plus fragile que celle de l'Occident. Mais l'idée s'accorde mal avec le schéma classique de l'introduction de la *Contribution à la critique de l'économie politique.*

le développement économique y avait été retardé, constituait le maillon le plus faible de la chaîne capitaliste ; l'industrie y était concentrée, largement financée par le capital étranger, et, de ce fait, elle suscitait la révolte des masses plus que l'industrie nationale, même arrivée à une phase ultérieure, des pays d'Europe occidentale.

Toutes ces hypothèses ne suppriment pas les faits majeurs qu'il ne vaudrait pas la peine de rappeler si des intellectuels de gauche ne s'ingéniaient à les oublier : les révolutions, qui se réclament du marxisme, n'ont réussi que dans les pays où le développement typique du capitalisme ne s'est pas produit ; la force des partis communistes en Occident semble en raison inverse du développement capitaliste ; ce n'est pas le dynamisme capitaliste qui, en France ou en Italie, grossit les rangs des partis révolutionnaires, mais la paralysie de ce dynamisme.

De ces faits majeurs, deux conclusions se déduisent immédiatement. La première, d'ordre théorique, concerne une des versions classiques du matérialisme historique, celle que l'on trouve dans l'*Introduction* de la *Contribution à la critique de l'économie politique.* Il est manifestement faux que l'humanité se pose les seuls problèmes qu'elle est capable de résoudre, faux que les rapports de production correspondent au développement de la force productive, faux que les statuts de propriété correspondent à l'état des forces productives, faux que le mouvement économique soit autonome ou obéisse à un déterminisme propre. La puissance du parti bolchevik prit de l'avance sur l'expansion du prolétariat et du capitalisme, grâce à des circonstances exceptionnelles (guerre, difficultés de ravitaillement, effondrement du régime traditionnel). Lénine et les siens parvinrent à s'emparer du pouvoir et à donner la preuve que la forme de l'État et les conceptions des gouvernants pouvaient aussi bien déterminer l'organisation économique que la refléter.

Deuxième conclusion, d'ordre historique ; il n'y a pas de parallélisme ou de correspondance entre développement des forces productives et passage du capitalisme au socialisme. On ne saurait décréter dogmatiquement que les pays de régime dit capitaliste (propriété individuelle des moyens de production, mécanismes du marché) n'arriveront pas quelque jour à un régime dit socialiste (propriété collective, restriction ou suppression des mécanismes du marché). En ce sens, un marxiste non stalinien pourrait dire que la *General Motors* ne représente plus la propriété individuelle, puisque les actions sont dispersées entre des centaines de milliers de personnes. Il suffirait de soumettre l'oligarchie des directeurs à l'État ou à une assemblée mixte d'actionnaires, d'ouvriers et d'employés, pour arriver à un statut que certains marxistes n'hésiteraient pas à baptiser socialiste. Des remarques de même sorte pourraient être faites à propos des mécanismes du marché, dont la zone d'action se rétrécit, et de la planification, qui gagne de proche en proche.

Quoi qu'il en soit de ces perspectives à long terme, si l'on entend par socialisme le régime soviétique et par capitalisme le régime des pays occidentaux, la rivalité actuelle entre socialisme et capitalisme n'a rien de commun avec la lutte entre l'avenir et le passé, entre deux étapes du développement de la société industrielle. Pour l'instant, il s'agit de la rivalité entre deux méthodes d'industrialisation, et l'on ne voit pas pourquoi la méthode la plus efficace pour gérer l'économie américaine serait nécessairement la meilleure pour mettre en train ou accélérer l'industrialisation de l'Inde ou de la Chine.

En d'autres termes, rien n'empêche de critiquer, selon une méthode marxiste, l'interprétation stalinienne de la conjoncture mondiale. Si l'on se réfère aux phases de la croissance économique, la planification de type soviétique serait un procédé grossier pour rejoindre les pays plus avancés, quitte à imposer aux populations des sacrifices plus rudes encore que ceux qu'imposa l'industrialisation en Europe occidentale au cours de la première moitié du XIXe siècle.

Une telle critique, reprenant le primat des forces de production, mettrait les divers régimes économico-sociaux en une perspective qui aboutirait au régime de style occidental, le libéralisme du XIXe siècle européen et le soviétisme du XXe siècle étant deux modalités d'une étape dépassée. Même si l'on ne souscrit pas à cette critique, il reste en tout cas que l'on ne peut traiter d'un socialisme qui a bâti une énorme industrie en réduisant le niveau de vie des masses, et d'un capitalisme qui a élevé le niveau de vie, réduit la durée du travail et permis la consolidation des syndicats, comme s'il s'agissait des mêmes réalités que considérait Marx il y a un siècle ou qu'il imaginait à l'avance selon un schéma désormais réfuté par les événements.

Il convient donc de distinguer l'alternative socialisme-capitalisme et l'alternative soviétisme-société de type occidental, de poser séparément la question des réformes à apporter aux sociétés occidentales à expansion rapide (États-Unis), aux sociétés à expansion ralentie (France), aux diverses sociétés sous-développées. Faire rentrer les régimes chinois, russe, nord-coréen et tchèque dans la même catégorie du socialisme, les régimes français, américain, égyptien et indien dans la même catégorie du capitalisme, c'est s'assurer que l'on ne comprendra rien et que l'on mêlera tout. L'utilisation de la théorie de la croissance économique et des phases de la croissance permet au moins d'éviter l'erreur que nous autres, que d'aucuns appellent réactionnaires, dénonçons depuis dix ans, que Merleau-Ponty condamne aujourd'hui : définir l'Union soviétique par l'entreprise publique et les États-Unis par la libre entreprise.

En critiquant cette erreur historique, nous écartons du même coup l'erreur philosophique qui consistait à donner une valeur supra-historique à la dialectique marxiste de l'aliénation, confondue avec la dialectique capitalisme-socialisme. Non qu'il n'y ait une vérité supra-historique de la dialectique de l'aliénation. L'homme crée des institutions et se perd dans ses créations. La mise en question des institutions par l'homme, qui se sent étranger à lui-même dans sa propre existence, constitue le ressort du mouvement historique. Le doctrinarisme naît de l'affirmation, implicite ou explicite, que l'aliénation économique porte la responsabilité de toutes les aliénations et la propriété individuelle des moyens de production la responsabilité de toutes les aliénations économiques. Une fois ce monisme écarté, la comparaison raisonnable s'impose entre avantages et inconvénients — économiques, sociaux, politiques — des divers régimes, en eux-mêmes et selon les phases de la croissance.

L'opinion se réfère le plus communément à deux objectifs ou à deux valeurs, d'une part l'accroissement du produit national, d'autre part la répartition égalitaire des revenus. Le souci de la croissance inspire-t-il les mêmes mesures que le souci de l'égalité ? Les sociétés industrielles permettent-elles la même mesure d'égalisation des revenus aux diverses phases de leur développement ? En quelles circonstances l'élargissement de l'éventail des salaires favorise-t-il la productivité ? On peut dire, en gros, que les deux objectifs — richesse et justice égalitaire — ne s'excluent pas, puisque les faits suggèrent une réduction des inégalités avec l'accroissement de la richesse. Mais, à chaque instant, ces deux références peuvent obliger non à un choix radical, mais à un compromis équivoque.

Les deux critères que nous venons d'indiquer ne sont pas les seuls. La limitation des pouvoirs attribués aux gestionnaires du travail collectif semble conforme à une exigence fondamentale d'ordre politique. Mais la rigueur de la discipline et l'autorité des chefs favorisent éventuellement la productivité. Les rendements respectifs de la propriété privée et de la propriété collective, de la propriété publique où règne un pouvoir absolu et de la propriété publique démocratisée révèlent peut-être les contradictions entre l'efficacité et un idéal humain.

Cette manière de poser les problèmes résulte clairement d'une double critique, *critique sociologique* d'un monisme causal selon lequel un élément (régime de propriété, procédé pour l'établissement de l'équilibre) déterminerait les traits principaux d'un régime économique, *critique philosophique* de l'usage fait par les existentialistes de la dialectique de l'aliénation, dialectique qui prend une valeur concrète dans la traduction sociologique qu'en a donnée Marx, mais qui, faute de cette traduction, demeure formelle, applicable à tous les régimes.

Cette pluralité de considérations n'interdit pas de saisir des ensembles, d'embrasser un régime politico-économique, le régime soviétique ou le régime américain, en son unité ou son essence. Démarche scientifiquement légitime, si précaire soit-elle, et politiquement inévitable. Elle ne doit intervenir qu'après l'analyse qui a mis en lumière les traits communs à tous les régimes et les avantages ou inconvénients propres à chacun d'eux.

Tout régime économique moderne compte des millions de travailleurs dans les usines, et la proportion des ouvriers qualifiés et des ouvriers non qualifiés dépend plus de la technique que du statut de propriété. Les travailleurs sont intégrés dans une organisation collective, d'administration et de travail, sans être toujours capables de saisir pleinement le sens de la tâche qu'ils accomplissent. La condition ouvrière n'en varie pas moins grandement, selon l'importance des rétributions, l'ouverture de l'éventail des salaires, les relations à l'intérieur de l'atelier ou de l'entreprise, les relations entre syndicats ouvriers et dirigeants, privés ou publics, selon le sentiment de participation ou d'aliénation, sentiment déterminé, entre autres causes, par l'idéologie à laquelle les travailleurs souscrivent et l'idée qu'ils se font de la société. Décréter que l'ouvrier d'une usine capitaliste, en France et aux États-Unis, est, en tant que tel, exploité, que l'ouvrier d'une usine soviétique ne l'est plus, ne ressortit pas à la pensée synthétique, mais à la niaiserie. Manière commode de substituer à l'ingrate enquête sur le réel le coup de force verbal.

DE LA CRITIQUE À L'ACTION RAISONNABLE

La politique est action, la théorie politique est ou compréhension de l'action cristallisée en événements, ou détermination de l'action possible ou opportune en une conjoncture définie. Si l'action achevée n'a pas obéi à des lois ou à une dialectique, je ne puis apporter l'équivalent de la doctrine marxiste où passé et avenir, connaissance et pratique s'unissent en un seul système. Puisque la situation actuelle du monde, pensée dans les cadres d'une interprétation économique, suscite des problèmes différents en pays sous-développés, en pays occidental à croissance retardée, en pays occidental à croissance accélérée [1], la doctrine

1. Il va de soi que ces trois types de pays ne sont pas les seuls : il s'agit d'une typologie simplifiée.

vraie montre et doit montrer la diversité des solutions.

Je n'ai explicitement indiqué, il est vrai, ni les objectifs à viser ni la hiérarchie à établir entre les objectifs (je me suis volontairement abstenu de discuter les objectifs), mais ceux-ci, en fait, sont impérativement suggérés par la civilisation moderne : objectifs de la gauche, désormais victorieuse, qui risque d'être vaincue par sa victoire. Je n'ai pas mis en cause les valeurs de la gauche, il suffit de dégager clairement *toutes* ces valeurs pour en faire ressortir la possible contradiction et, du même coup, la partielle vérité des doctrines de droite.

Le fait majeur de notre époque, ce n'est ni le socialisme, ni le capitalisme, ni l'intervention de l'État, ni la libre entreprise : c'est le développement gigantesque de la technique et de l'industrie, dont les rassemblements ouvriers de Detroit, de Billancourt, de Moscou, de Coventry offrent le symbole. La société industrielle constitue le genre dont les sociétés soviétique et occidentale représentent les espèces.

Aucune nation, aucun parti ne refuse et ne peut refuser consciemment la civilisation industrielle, condition non pas seulement du niveau de vie des masses, mais de la force militaire. À la rigueur, les classes dirigeantes de certains pays islamiques ou asiatiques s'accommoderaient de la misère des peuples (même avec la technique occidentale, ils n'ont pas l'assurance d'y porter remède, si le taux de la natalité demeure trop élevé), elles ne veulent pas s'accommoder d'une servitude à laquelle les condamnerait l'absence d'industrie. Dans la patrie de Gandhi, l'exemple soviétique impressionne et parfois fascine les gouvernants — exemple de puissance bien plus que d'abondance.

L'impératif du progrès économique oblige la pensée de droite à accepter l'instabilité des conditions d'existence, d'une génération à une autre [1]. Ce même impératif oblige la pensée de gauche à réfléchir sur la compatibilité ou l'incompatibilité de ses diverses fins.

Le niveau de vie des travailleurs dépend plus de la productivité du travail que du statut de propriété des entreprises ; la répartition des revenus n'est pas nécessairement plus inégalitaire dans un régime de propriété privée et de concurrence que dans un régime de planification. La gauche se donne deux buts principaux, d'ordre économique : production accrue, répartition équitable ; ni la propriété publique ni la planification n'en constituent les moyens nécessaires. Le doctrinarisme socialiste naît d'un attachement à des idéologies anachroniques. La critique des mythes débouche directement non sur un choix, mais sur une considération raisonnable des régimes dans lesquels les nations ont à vivre.

Pourquoi, d'ailleurs, aurais-je discuté du choix à faire ? Ni les Américains, ni les Britanniques, ni les Français, ni les Soviétiques n'ont à choisir entre des régimes. Américains et Britanniques se satisfont du leur et le modifient en fonction des événements. Si une crise survient, ils n'hésiteront pas à intervenir, quitte à passer, sans le dire ou en affirmant le

1. Il vaudrait la peine de réfléchir sur la signification du conservatisme en une société économiquement progressive.

contraire, à une sorte de planification. Il suffit de montrer que les objectifs économiques de la gauche peuvent être atteints dans le cadre des régimes occidentaux pour dissiper le prestige de la mythologie révolutionnaire et inciter les hommes à résoudre raisonnablement des problèmes plus techniques qu'idéologiques.

Le cas de la France est particulier. L'économie française souffrait d'une insuffisance de dynamisme. La situation géographique, les sentiments des Français excluent l'imitation ou l'importation du régime soviétique, sans parler de la répulsion qu'éprouveraient l'immense majorité des Français (y compris la plupart de ceux qui votent pour le parti communiste) à l'égard des pratiques soviétiques, le jour où ils en auraient l'expérience. Dès lors, la critique, qui dissipe la nostalgie du bouleversement bénéfique, fraie la voie à l'effort de construction.

Il n'y a pas tant de différences, en France, entre un économiste dit de gauche comme M. Sauvy et un économiste dit de droite comme moi-même. Certes, M. Sauvy suggère parfois qu'aux féodaux incombe la responsabilité principale de la stagnation. Il n'ignore pas que les résistances au changement viennent des petits au moins autant que des gros et que les syndicats ouvriers ou les syndicats de fonctionnaires ou de producteurs agricoles inclinent au malthusianisme autant que les syndicats patronaux. Il favorise parfois la légende d'une gauche expansionniste contre une droite malthusienne, encore qu'il ait montré mieux que personne à quel point le gouvernement du Front populaire de 1936 avait été, par ignorance, malthusien.

Le ralliement à un parti n'a jamais été, pour moi, une décision de portée essentielle. S'inscrire au parti communiste, c'est adhérer à un système du monde et de l'histoire. S'inscrire au parti socialiste ou au M. R. P., c'est témoigner de fidélité ou au moins de sympathie à une représentation de la société, à une famille spirituelle. Je ne crois pas à la validité d'un système comparable à celui des communistes ; je me sens détaché des préférences, ou de la *Weltanschauung*, de la gauche ou de la droite, des socialistes ou des radicaux, du M. R. P. ou des indépendants. Selon les circonstances, je me sens en accord ou en désaccord avec l'action de tel mouvement ou de tel parti : je n'aimais pas, en 1941 ou en 1942, la passion avec laquelle les gaullistes, de l'extérieur, dénonçaient la « trahison » de Vichy. Je jugeais souhaitable, en 1947, une révision de la Constitution ou de la pratique constitutionnelle que le R. P. F. faisait profession de vouloir. Quand la tentative du R. P. F. eut échoué, les républicains sociaux aggravèrent les défauts du régime, et je ne pouvais ni m'associer à leur action ni en taire les funestes effets. Peut-être une telle attitude est-elle contraire à la moralité (ou à l'immoralité) de l'action politique. Elle ne l'est pas aux obligations de l'écrivain.

La gauche, issue du mouvement des Lumières, met au-dessus de tout la liberté intellectuelle, elle veut abattre les Bastilles, elle compte sur l'épanouissement simultané de la richesse, grâce à l'exploitation des ressources naturelles, et de la justice, grâce à l'effacement des superstitions et au règne de la Raison. Le préjugé favorable à l'égard de la tyrannie d'un parti unique, qui érige une superstition pseudo-rationaliste en idéologie officielle, déshonore, à mes yeux, les intellectuels de gauche. Non seulement ils sacrifient le meilleur de l'héritage des Lumières — respect de la Raison, libéralisme — mais ils le sacrifient à une époque où rien ne justifie le sacrifice, au moins en Occident, puisque l'expansion économique n'y requiert nullement la suppression du parlement, des partis ou de la libre discussion des idées.

Là encore, la critique des mythes a directement une fonction positive. Comment les intellectuels se laissent-ils entraîner vers ce reniement [1] ? Par l'erreur *moniste* : le marxisme finit par ignorer la politique ; il décrète que la classe économiquement dominante détient, en tant que telle, le pouvoir. L'avènement du prolétariat au rang de classe dirigeante équivaudrait à la libération de la masse. Comme on a mis l'origine de l'aliénation économique dans la propriété privée des instruments de production, on arrive à ce résultat burlesque que la propriété publique des instruments

1. Nous laissons de côté les raisons psychologiques, conscientes ou inconscientes, auxquelles nous avons fait allusion dans *L'Opium* et qu'on nous a tant reproché d'avoir mentionnées. Un intellectuel de gauche a le droit de tenir tous les hommes d'affaires, tous les écrivains de droite, pour des esclavagistes ou des cyniques. On commet un crime de lèse-majesté si l'on suggère que les « intérêts » ne sont pas d'un seul côté, et M. Duverger n'hésite pas à dessiner l'image d'Épinal de l'intellectuel uniquement soucieux de défendre les opprimés et de combattre l'injustice. Littérature édifiante.

de production et la toute-puissance d'un parti équivalent à la société sans classes, par une série d'égalités verbales (pouvoir du parti = pouvoir du prolétariat = suppression de la propriété privée = suppression des classes = libération humaine).

L'expansion économique, qu'elle se poursuive avec la méthode soviétique ou avec la méthode occidentale, ne garantit jamais le respect des valeurs politiques. L'accroissement de la richesse globale ou même la réduction des inégalités économiques n'impliquent ni la sauvegarde de la liberté personnelle ou intellectuelle, ni le maintien des institutions représentatives. Bien plus, comme Tocqueville ou Burckhardt l'avaient vu clairement il y a un siècle, les sociétés sans aristocratie, animées par l'esprit de négoce et le désir illimité de richesse, sont guettées par la tyrannie conformiste des majorités et par la concentration du pouvoir dans un État gigantesque. Quelles que soient les tensions que crée le retard du progrès économique en France, la tâche la plus malaisée, en une perspective historique à long terme, n'est pas d'assurer l'accroissement des ressources collectives, mais d'éviter le glissement à la tyrannie des sociétés de masse.

Je ne m'oppose pas aux intellectuels de gauche qui réclament l'accélération de la croissance économique en France. Peut-être plus sensible au coût de la croissance, je m'accorde avec eux sur l'essentiel, tant qu'ils ne succombent pas à la fascination du modèle soviétique. Je leur reproche la partialité qui les incite à prendre toujours parti contre les Occidentaux : prêts à accepter le communisme dans les pays sous-développés pour favoriser l'industrialisation, ils n'en restent pas moins hostiles aux États-Unis, qui peuvent donner des leçons d'industrialisation à tous. Quand il s'agit de l'Union soviétique, le progrès économique justifie la destruction des indépendances nationales, en Asie ou même en Europe. Quand il s'agit des colonies européennes, le droit des peuples à disposer d'eux-mêmes s'applique en toute sa rigueur. Ils dénoncent impitoyablement la répression demi-violente qu'exercent les Occidentaux à Chypre ou en Afrique, ils ignorent ou pardonnent la répression radicale en Union soviétique, avec transferts de populations. Ils invoquent les libertés démocratiques contre les gouvernements démocratiques d'Occident, ils en excusent la disparition imputable à un régime qui se proclame prolétarien.

LE SCEPTICISME ET LA FOI

Ai-je entièrement expliqué pourquoi *L'Opium des intellectuels* passe pour un livre négatif ? Certainement non, et j'aperçois moi-même d'autres raisons.

Beaucoup de lecteurs s'irritent de ce qu'un de mes contradicteurs, au *Centre des Intellectuels catholiques*, a baptisé « ma dramatique sécheresse ». Il me faut confesser une répugnance extrême à répondre à ce genre d'arguments. Ceux qui laissent entendre que leurs propres sentiments sont nobles et ceux de leurs adversaires égoïstes ou bas me font l'effet d'exhibitionnistes. Je n'ai jamais jugé qu'il y eût mérite ou difficulté à souffrir ni que la sympathie pour la douleur des autres appartînt en propre aux rédacteurs du *Monde* ou des *Temps modernes*, d'*Esprit* ou de *La Vie intellectuelle*. L'analyse politique gagne à se dépouiller de toute sentimentalité. La lucidité ne va pas sans peine : la passion reviendra d'elle-même au galop.

Je reproche à Merleau-Ponty, dont je me sens si proche, d'avoir écrit contre Sartre qu'« *on n'est pas quitte de la misère pour avoir salué la Révolution de loin* ». Bien sûr, on n'en est pas quitte à si bon compte, mais comment nous acquitter de notre dette, nous autres privilégiés ? Je n'ai jamais connu qu'une seule personne que la misère des autres empêchât de vivre : Simone Weil. Elle a suivi sa voie, finalement en quête de la sainteté. Nous, que la misère des hommes n'empêche pas de vivre, qu'elle ne nous empêche pas du moins de penser. Ne nous croyons pas tenus de déraisonner pour témoigner de nos bons sentiments.

Aussi je me refuse à porter ces condamnations sommaires auxquelles tant de mes adversaires et même de mes amis m'invitent. Je me refuse à dire, comme le voudrait M. Duverger, que « la gauche est le parti des faibles, des opprimés et des victimes », car ce parti-là, celui de Simone Weil, ni à droite ni à gauche, demeure en permanence, du côté des vaincus, et, comme chacun sait, M. Duverger ne lui appartient pas. Je me refuse à dire que « le marxisme fournit à l'heure actuelle la seule théorie d'ensemble de l'injustice sociale », ou alors les biologistes devraient dire que le darwinisme tel que l'exposa

Darwin fournit la seule théorie d'ensemble de l'évolution des espèces. Je me refuse à dénoncer le capitalisme en tant que tel, ou la bourgeoisie en tant que telle, à attribuer aux « féodaux » (lesquels ?) la responsabilité des erreurs commises en France depuis un demi-siècle. Toute société comporte une classe dirigeante, et le parti qui s'offre aujourd'hui à prendre la relève amène avec lui une société pire que la société présente. Je consens à dénoncer *les* injustices sociales, non *l'*injustice sociale, dont la propriété privée serait la cause majeure et le marxisme la théorie.

Je sais bien qu'Étienne Borne, qui ne me veut que du bien, me reproche amicalement de « déployer un immense talent à expliquer par raisons irréfutables que les choses ne peuvent être autrement qu'elles ne sont ». Je plaide contre l'utopie plus souvent que contre le conservatisme. Mais la critique des idéologies me semble, en France, à l'heure actuelle, un moyen de hâter les réformes. Sur le plan de la philosophie, non du journal quotidien, Étienne Borne et aussi le Père Leblond me reprochent de ne pas laisser apercevoir, à l'horizon de l'histoire, la conciliation des valeurs provisoirement incompatibles. Étrange reproche de la part de catholiques qui croient le monde corrompu par le péché.

Il me paraît essentiel de mettre en lumière la pluralité de considérations à laquelle doit se soumettre l'action politique ou économique. Je ne tiens pas cette pluralité pour incohérente. Dans l'ordre économique, le souci de production et le souci de répartition équitable ne sont en permanence ni contradictoires ni accordés. La conciliation de la justice et de la croissance exige un compromis entre une certaine égalité et une certaine proportionnalité de la rétribution au mérite. L'objectif économique du mieux-être s'oppose souvent à l'objectif de la puissance.

Dans l'ordre politique, comment parvenir à composer la participation de tous les hommes à la communauté avec la diversité des tâches ? Les hommes ont cherché la solution de cette antinomie dans deux directions.

Première voie : ils ont proclamé l'égalité sociale et politique des individus, en dépit de l'inégal prestige des fonctions remplies par chacun. Les sociétés modernes vont jusqu'au bout de cette voie. Elles étendent universellement le principe d'égalité que les cités antiques limitaient aux seuls citoyens et que l'Empire romain lui-même n'appliquait ni aux esclaves ni à tous les peuples conquis. Mais plus la démocratie cherche à restaurer, dans les sociétés complexes l'égalité économique et sociale que les populations sans écriture, peu nombreuses, maintenaient avec peine, plus éclate le contraste entre le droit et le fait. Sociétés démocratiques et sociétés soviétiques se condamnent elles-mêmes, encore que dans des mesures différentes, à l'hypocrisie, parce que la pesanteur des choses ne leur permet pas de réaliser effectivement leurs idées.

Deuxième solution : consacrer l'inégalité des conditions et la rendre acceptable, en convainquant tous les non-privilégiés que la hiérarchie reproduit un ordre supérieur, cosmique ou religieux, et qu'elle laisse intactes la dignité ou la chance de chacun. Le régime des castes représente la forme extrême de la solution inégalitaire, qui a suscité, en se dégradant, des phénomènes horribles, mais dont le principe n'était pas, en tant que tel, haïssable. Ou, du moins, si la solution inégalitaire est, en tant que telle, imparfaite, l'autre solution l'est aussi, au moins tant que les circonstances ne permettent pas de la réaliser effectivement.

La religion de salut elle-même, à travers l'histoire, a oscillé entre deux extrêmes ; ou bien elle a consacré ou accepté les inégalités temporelles en les dévalorisant : par rapport à cela seul qui compte, le salut de l'âme, qu'importent les biens de ce monde, richesse, puissance ? Ou bien elle a, au nom de la vérité évangélique, dénoncé les inégalités sociales et économiques et adjuré les hommes de réorganiser les institutions, conformément aux préceptes du Christ et de l'Église. Chacune de ces deux attitudes comporte un péril pour l'authenticité de la religion. La première risque d'incliner à une sorte de quiétisme, à l'acceptation complaisante des injustices, voire à la sanctification de l'ordre établi. La seconde, poussée à son terme, entretiendrait la volonté révolutionnaire, tant les sociétés ont été, jusqu'à ce jour, incapables de donner aux citoyens l'égalité de condition ou de chance, solennellement reconnue aux âmes.

Les socialistes chrétiens (et, par l'inspiration, les progressistes appartiennent à cette tradition) ont souvent la conviction qu'eux seuls sauvent l'Église de la compromission avec l'injustice établie, fidèles, et eux seuls, à l'enseignement du Christ. Les Églises, même de salut, n'évitent jamais entièrement la retombée dans ce que Bergson appelait la religion statique.

Elles inclinent à justifier les pouvoirs qui leur reconnaissent le monopole (ou, à notre époque, certains privilèges) en fait d'administration des sacrements ou d'éducation de la jeunesse. Le chrétien, dont les opinions politiques tendent au conservatisme, le clergé, soucieux des écoles ou des couvents, rappellent parfois, pour excuser une demi-indifférence à l'égard des inégalités sociales, que la vraie partie ne se joue pas dans les luttes du Forum. À l'autre extrémité, le progressiste va jusqu'au bout de l'espoir historique, c'est-à-dire temporel, au double sens de ce mot.

Je me garderai de prendre parti entre les deux attitudes : l'une et l'autre, en leur expression authentique, peuvent légitimement se dire chrétiennes. Peut-être le politique le plus profondément chrétien vivrait-il, à chaque instant, la tension entre ces deux exigences ; il n'aurait jamais le sentiment d'avoir assez œuvré pour la justice humaine et jugerait pourtant dérisoires les résultats de cet effort infatigable — dérisoires auprès de l'unique enjeu — ni résigné à la misère ni oublieux du péché.

À notre époque, en France, le pendule penche du côté du socialisme évangélique, au moins dans les milieux intellectuels catholiques de la capitale. On reproche à la « hiérarchie » de se soucier exagérément des écoles et de se compromettre avec le « désordre établi », pour reprendre la formule d'E. Mounier, dans le vain souci de recueillir quelques subventions de l'État. Je n'ai pas pris parti dans le débat et je n'avais pas à le faire. Il ne m'importe pas que les catholiques votent pour la gauche ou pour la droite.

Ce qui m'intéresse, c'est le fait que quelques catholiques subissent l'attraction des partis qui promettent le royaume de Dieu sur la terre au point de leur pardonner les persécutions infligées aux chrétiens en Asie ou en Europe orientale.

Je ne fus pas peu surpris, au *Centre des intellectuels catholiques*, d'entendre un Père jésuite, aussi éloigné que possible du progressisme, me présenter l'attente du royaume de Dieu sur la terre comme un espoir, sinon une croyance nécessaire. Quelle est donc la définition de ce royaume de Dieu ? Je m'étonne de la facilité avec laquelle des penseurs catholiques reprennent à leur compte l'optimisme de l'âge des Lumières, amplifié et vulgarisé par le marxisme. La tentative pour déborder les communistes sur la gauche me paraît politiquement vaine, et, par rapport à la doctrine, sinon au dogme, discutable. Au reste, cet optimisme technologique appartient à l'avant-garde d'hier plutôt qu'à celle d'aujourd'hui.

Je n'ai même pas critiqué cet optimisme en tant que tel, je me suis borné à suivre les démarches par lesquelles on passe de la société sans classes — version matérialiste du royaume de Dieu sur la terre — à un schème du devenir historique, à une classe, puis à un parti, agent du salut.

Finalement, on confond les étapes de l'histoire profane — succession des régimes sociaux — avec les moments de l'histoire sacrée, dialogue des hommes (et de chaque homme) avec Dieu. Ne convient-il pas de marquer la séparation entre l'une et l'autre histoire et de rappeler que celui qui croit totalement à la première cesse, par là même, de croire à la seconde.

Mon ami, le Père Dubarle, en un article nuancé, commence par me donner raison, au point de juger la démonstration presque superflue à force d'évidence. « *À coup sûr, enfin, l'histoire, la réelle et concrète histoire, qui se laisse reconnaître à hauteur d'expérience et de raison humaines, n'est pas ce substitut séculier de la divinité qui a fasciné de son rêve tant d'âmes contemporaines. Toutes ces choses sont fort bien dites, et c'est, du reste, à réfléchir, une certaine surprise (qui est aussi celle de M. Aron) de s'apercevoir qu'elles aient tant besoin d'être dites à notre époque...* » Puis il suggère, par des questions subtiles, que les séparations rigoureuses entre temporel et éternel, entre profane et sacré apportent peut-être plus d'apparente clarté que de vraie lumière. Tâchons, pourtant, de répondre à ces questions que nous ne sommes pas sûrs de bien comprendre.

« *Un chrétien, écrit-il, poserait donc à M. Aron la question de savoir s'il peut accepter qu'une prédication religieuse de l'éternité veuille conférer du même coup, bien entendu de façon subalterne et relative, une signification humainement importante au devenir temporel du genre humain.* » Je n'ai jamais songé à refuser « une signification humainement importante au devenir temporel du genre humain ». N'étant pas croyant, au sens ordinaire du terme, comment aurais-je pu nier cette importance sans tomber dans un nihilisme pur et simple ? Le débat ne porte pas sur « l'importance du devenir temporel » ; le débat porte sur la vérité d'une interprétation de l'histoire qui montre l'humanité cheminant vers la société sans classes, une classe et un parti jouant, dans cette aventure, le rôle de sauveur. Une fois cette mythologie écartée, le devenir temporel demeure important, mais il n'obéit ni à un déterminisme à l'avance écrit ni à une dialectique ; il impose aux hommes des tâches, à chaque instant renouvelées et, en leur fond, permanentes. Jamais les hommes n'auront fini de soumettre la pesanteur des institutions à la volonté de justice.

Laissons le problème du cléricalisme ou de la place de l'Église dans des sociétés qui refusent une religion d'État : je n'ai pas abordé ce problème auquel le Père Dubarle fait, je ne sais pourquoi, allusion. Au XXe siècle, en France, l'Église accepte que l'État déclare la religion « affaire privée ». Elle ne lui demande plus d'imposer par la force la vérité universelle à laquelle elle continue, légitimement de son point de vue, à prétendre ; elle consent l'égalité civique et politique aux non-croyants. Je ne pense pas que le Père Dubarle soit moins partisan de la laïcité que moi.

Le laïcisme ne réduit pas l'Église à l'administration des sacrements et ne la condamne pas au silence en fait de politique ou d'économie. L'Église veut pénétrer l'organisation de la Cité d'esprit chrétien. En ce sens, tous les chrétiens, et non pas les seuls chrétiens progressistes, veulent « insérer l'éternel dans le temporel ». Mais ils ne pensent pas tous que cette insertion aboutisse, selon un ordre déterministe ou dialectique, au royaume de Dieu sur la terre. Or, quand je nie que le devenir soit ordonné ou l'insertion jamais totale, immédiatement on me soupçonne de refuser toute signification au devenir et tout commerce entre l'éternel et le temporel. Étrange malentendu, ou plutôt malentendu combien révélateur ! Qui a compris la nature des hommes et des sociétés sait que le « christianisme » comporte un effort séculier et, à ce niveau, l'acceptation d'une partie historique. Il sait aussi que cette partie n'est jamais entièrement gagnée, ou, en tout cas, que l'histoire profane, l'histoire économique ou sociale, n'aura pas d'accomplissement final. Ni le chrétien ni le rationaliste ne se désintéressent pour autant du devenir temporel, car, s'ils ignorent l'avenir, ils n'ignorent pas les principes d'une société humaine. Si tant de catholiques craignent de renoncer à la dialectique historique, c'est que, eux aussi, ils ont perdu les principes et, à la manière des existentialistes, ils demandent aux mythes les certitudes qui leur manquent.

Les chrétiens progressistes tiennent, parmi les croyants, un rôle analogue à celui des existentialistes parmi les incroyants. Ceux-ci intègrent à une philosophie d'extrême individualisme et de quasi-nihilisme des fragments de marxisme, parce que, niant toute permanence de la nature humaine, ils oscillent entre un volontarisme sans loi et un doctrinarisme fondé sur des mythes. Les chrétiens progressistes qui se refusent à juger les régimes selon les conditions faites aux Églises, inclinent à donner une valeur quasi sacrée à une technique économique, à la lutte des classes ou à une méthode d'action. Quand je dénonce la conversion au doctrinarisme de la postérité de Kierkegaard ou l'oscillation des progressistes entre le « révolutionnarisme » contre les sociétés libérales et le « cléricalisme séculier » au profit des sociétés communistes, on m'accuse de scepticisme, comme si celui-ci visait la foi authentique, alors qu'il vise les schèmes, les modèles et les utopies.

Scepticisme utile ou nuisible selon que le fanatisme ou l'indifférence semblent plus à redouter, en tout cas philosophiquement nécessaire dans la mesure où il mettra un terme aux ravages des passions abstraites et rappellera aux hommes la distinction élémentaire des principes et des jugements d'opportunité. Faute de principes, existentialistes et chrétiens progressistes comptent sur une classe ou sur une dialectique historique pour leur donner une certitude. Dogmatiques quand ils devraient être sages, les existentialistes ont d'abord nié ce qu'ils auraient dû affirmer. Ils ignorent la prudence, « le dieu de ce monde inférieur », ils mettent la raison dans le devenir après en avoir dépouillé l'homme. Les progressistes prêtent à la Révolution le sacré qu'ils craignent de ne plus trouver dans la vie de l'Église et dans les aventures des âmes.

J'en ai moins aux fanatismes qu'au nihilisme qui s'exprime en eux.

Deuxième partie

LA LECTURE EXISTENTIALISTE DE MARX

À propos de la *Critique de la raison dialectique.*

Sartre, dans la *Critique de la raison dialectique*, ne cesse d'affirmer la vérité du marxisme, vérité indépassable au moins pour notre temps. « *Il y a le "moment" de Descartes et de Locke, celui de Kant et de Hegel, enfin celui de Marx. Ces trois philosophies deviennent, chacune à son tour, l'humus de toute pensée particulière et l'horizon de toute culture, elles sont indépassables tant que le moment historique dont elles sont l'expression n'a pas été dépassé. Je l'ai souvent constaté : un argument "antimarxiste" n'est que le rajeunissement apparent d'une idée pré-marxiste. Un prétendu "dépassement" du marxisme ne sera au pis qu'un retour au pré-marxisme, au mieux que la redécouverte d'une pensée déjà contenue dans la philosophie qu'on a cru dépasser* (p. 17) [1]. De pareilles déclarations, tout aussi solennelles, se multiplient au long des pages. « *J'ai dit et je répète que la seule interprétation valable de l'Histoire humaine était le matérialisme dialectique* » (p. 134). Je tiens « *pour*

1. Les citations sont toutes empruntées à la *Critique de la raison dialectique.*

acquise la théorie marxiste de la valeur et des prix » (formule qu'un marxiste non soviétique, pourvu qu'il ait un minimum de culture économique, hésiterait à prendre à son compte). Ailleurs encore, après une analyse de la rareté qui risque de paraître peu conforme à l'orthodoxie marxiste, il se hâte d'ajouter en note : « *Il faut bien entendre ici que la redécouverte de la rareté dans l'expérience ne prétend absolument pas s'opposer à la théorie marxiste ni la compléter. Elle est d'un autre ordre. La découverte essentielle du marxisme c'est que le travail comme réalité historique et comme utilisation d'outils déterminés dans un milieu social et matériel déjà déterminé est le fondement réel de l'organisation des relations sociales* » (p. 225).

À quelle doctrine s'adressent ces déclarations de fidélité ? Selon la citation précédente, la découverte essentielle du marxisme serait que le travail est le « *fondement réel de l'organisation des relations sociales* ». La notion de « fondement réel » souffrant des mêmes équivoques que celle de « en dernière analyse », chère à Engels, je serais, personnellement, tout disposé à tenir pour vraie cette découverte essentielle, sans pour autant aspirer à l'honneur d'être marxiste. De même, je ne ferais aucune difficulté pour suivre l'exemple de Sartre et « *accepter sans réserves les thèses exposées par Engels dans sa lettre à Marx* ». « *Les hommes font leur histoire eux-mêmes mais dans un milieu donné qui les conditionne* » (p. 60). J'ajouterais volontiers, avec Sartre, que ce texte n'est pas des plus clairs et qu'il reste susceptible de nombreuses interprétations. Une autre formule d'adhésion, encore plus solennelle (p. 31) ne bouleverse pas les non-marxistes. « *Nous adhérons sans réserves à cette formule du* Capital *par laquelle Marx entend définir son "matérialisme" : "Le mode de production de la vie matérielle* domine en général *le développement de la vie sociale, politique et intellectuelle."* » Les deux termes *domine* et *en général* échappent à une définition précise de telle sorte que la primauté du mode de production de la vie matérielle, présentée sous cette forme, gagne en fait de vérité ce qu'elle perd en force percutante.

Les propositions abstraites et vagues qui semblent constituer le marxisme auquel Sartre se rallie impressionnent d'autant moins le lecteur que tout l'effort de l'étude, baptisée *Question de méthode*, tend à sauvegarder contre les mauvais marxistes *l'irréductibilité* (le mot revient à de multiples reprises) de chacune des sphères de l'existence humaine. À propos de Sade et de sa pensée, il écrit qu'« *un système idéologique est un irréductible* » (p. 76), qu'il faut étudier l'idée dans tous ses développements, « *découvrir sa signification* subjective (*c'est-à-dire pour celui qui l'exprime*) *et son intentionnalité pour en comprendre ensuite les déviations et passer enfin à sa réalisation objective* ». Si l'on suit cette méthode, on s'apercevra que l'on peut rarement « situer » les ouvrages de l'esprit par rapport à une seule idéologie de classe. Pas davantage, il n'hésite (p. 81) à « *reconnaître l'originalité irréductible des groupes socio-politiques ainsi formés* » et à les « *définir dans leur complexité même, à travers leur incomplet développement et leur objectivation déviée* ». De même, « *l'existentialisme ne peut qu'affirmer la spécificité de* l'événement *historique ; il cherche à lui restituer sa fonction et ses multiples dimensions* » (p. 81).

Enfin, à propos de Flaubert, la thèse de l'irréductibilité des significations vécues aux schèmes d'interprétation est affirmée avec la même force : « *À travers* Madame Bovary, *nous devons et pouvons entrevoir le mouvement de la rente foncière, l'évolution des classes montantes et la lente maturation du prolétariat. Tout est là, mais les significations les plus concrètes sont radicalement irréductibles aux significations les plus abstraites.* »

Ainsi donc, d'un côté Sartre fait acte d'allégeance inconditionnelle au marxisme, mais à un marxisme réduit à un contenu appauvri. D'un autre côté, il réintègre dans l'histoire, l'événement, l'individu « *dont le rôle n'est pas défini une fois pour toutes : c'est la structure des groupes considérés qui la détermine en chaque circonstance* » (p. 84), l'autonomie des groupes socio-politiques, l'irréductibilité des œuvres de l'esprit. Certes, à en croire Sartre, il s'agit d'un retour aux sources. Si les marxistes ne savent pas lire (p. 35), la faute en incombe aux marxistes non à Marx. Surtout à l'époque du stalinisme, les marxistes auraient sacrifié à une sorte d'idéalisme volontariste. Au lieu de déchiffrer péniblement la réalité complexe de l'histoire humaine, ils auraient procédé par décret : ils auraient appliqué mécaniquement une grille d'interprétation sans même se soucier de connaître les faits. Ils auraient ignoré les médiations multiples entre le procès de production et les expériences vécues. Le marxisme, philosophie indépassable de notre époque, est devenu entièrement stérile en notre siècle. Sartre accorde à Garaudy (p. 30) que « *le marxisme forme aujourd'hui en fait le système de coordonnées qui permet seul de situer et de définir une pensée en quelque domaine que ce soit, de l'économie politique à la physique, de l'histoire à la morale* », mais cette concession faite, il se désintéresse des marxistes et revient à son problème propre : rendre la vie au marxisme, le rénover et il espère y parvenir non par une interprétation originale de notre époque mais en cherchant au marxisme un fondement philosophique qui ne soit pas le matérialisme mais l'existentialisme.

L'entreprise sartrienne, telle qu'elle se définit elle-même, tend à réintégrer l'homme dans le savoir marxiste. « *Il n'oppose pas, comme Kierkegaard à Hegel, la singularité irrationnelle de l'individu au savoir universel. Mais il veut dans le savoir même et dans l'universalité des concepts réintroduire l'indépassable singularité de l'existence humaine.* » Ce texte éclaire le sens de l'effort philosophique de Sartre depuis que les événements ont incité l'auteur de *L'Être et le Néant* à passer de l'ontologie à l'ontique, de l'homme « passion inutile » à l'homme historique, en quête de lui-même et de la Vérité. Avant 1940, Sartre semblait appartenir à la postérité de Kierkegaard ou de Nietzsche (il a beaucoup lu ce dernier quand il était à l'École Normale), non à celle de Hegel. Husserl l'avait aidé à prendre conscience de lui-même et de sa méthode, Heidegger lui avait fourni l'appareil conceptuel à l'aide duquel il mit en forme une vision du monde, déjà la sienne avant son séjour à Berlin en 1933-1934. Ni les ouvrages philosophiques ni les œuvres littéraires antérieures à 1945 ne suggéraient une réconciliation possible entre les consciences, chacune objectivée par l'autre, donc vouée à ressentir la simple existence de l'autre comme une agression.

Désormais, il n'en va plus ainsi : « *Il n'est pas vrai que chaque conscience poursuive la mort de l'autre, ni non plus sa vie. C'est l'ensemble des circonstances matérielles qui décide* » (p. 371).

*

Le marxisme, en notre siècle, a été interprété selon deux modes principaux. Le marxisme de la IIe Internationale comme celui de la IIIe a pour origine quatre textes principaux, le *Manifeste communiste* (qui contient presque toutes les idées historiquement efficaces), la *Contribution à la critique de l'économie* et *Le Capital* (dont le premier tome, seul paru du vivant de Marx, avec la théorie de la valeur-travail, du salaire et de l'exploitation a mis en forme rigoureuse la dénonciation du capitalisme) et l'*Anti-Dühring*, rédigé par Engels (sauf un chapitre) mais lu et approuvé par Marx.

La philosophie officielle des marxistes des deux Internationales s'inspire essentiellement de ce dernier livre. Les exposés, aujourd'hui encore courants en Union soviétique, de la philosophie dite marxiste, dérivent du « matérialisme dialectique » (*Diamat*) tel que le concevait Engels : primat de la matière, théorie de la connaissance-reflet, lois objectives du devenir aussi bien cosmique que social, lois dont les plus générales présentent un caractère dialectique (loi du renversement de la quantité en qualité, loi de l'interprétation des contraires, loi de la négation de la négation). Cette sorte de philosophie matérialiste, incompatible avec son existentialisme, Sartre l'a toujours, et sans ménagements, rejetée (ainsi dans l'article des *Temps modernes*, « Matérialisme et Révolution »). Philosophe, il montre une tout autre intransigeance que dans l'action politique. À l'égard des événements, il manifeste une sévérité intermittente, mais il n'hésite jamais à condamner le matérialisme, le scientisme, le positivisme d'Engels et de ses disciples. Tout au plus fait-il cette fois une concession. Il ne nie pas purement et simplement l'existence de liaison dialectique au sein de la nature inanimée. Nous ne pourrions, dans l'état actuel de nos connaissances, affirmer ou nier catégoriquement ces liaisons. Mais, s'il en va ainsi, il y aurait quelque absurdité à partir de l'incertain — la dialectique de la nature — au lieu de partir de ce qui est donné avec évidence : la dialectique de la conscience individuelle et de l'histoire.

Que Marx, à la fin de sa vie, ait été gagné par le scientisme de son temps, le fait me paraît probable. L'historien, au sens modeste du terme, s'en tiendra aux textes. Aucun ne permet d'opposer radicalement Marx à Engels ou de supposer que le premier s'opposait radicalement aux idées philosophiques du second. L'interprétation objectiviste des lois de l'histoire naturelle et humaine remonte à Marx autant qu'à Engels. Mais laissons ce point d'histoire qui prête inévitablement à contestation.

Depuis une trentaine d'années, les ouvrages de jeunesse de Marx, désormais connus intégralement, en particulier la *Critique de la philosophie de l'État de Hegel*, le *Manuscrit économico-philosophique*, *L'Idéolo-*

gie allemande (ce dernier ouvrage abandonné par leurs auteurs à la « critique rongeuse des souris ») ont été exhumés et indéfiniment commentés. Les marxistes-léninistes d'Union soviétique ont toujours refusé d'y voir autre chose que les étapes de l'itinéraire parcouru par Marx de l'hégélianisme de gauche au marxisme. En revanche, les textes de jeunesse ont rendu un inappréciable service aux révolutionnaires ou aux compagnons de route que rebutait la pauvreté de la philosophie officiellement baptisée marxiste en Union soviétique et qui souhaitaient ne pas se séparer du mouvement, seule incarnation, à leurs yeux, du prolétariat et de l'avenir.

Là encore, l'historien, au sens modeste du terme, formulerait volontiers quelques réserves. La théorie de l'*aliénation* qui figure au centre du marxisme hégélianisé, ne tient plus la même place dans les textes postérieurs à 1846. Le mot même d'*aliénation* (*Entfremdung*) revient plusieurs fois dans *Le Capital*. Il n'est plus jamais question d'*homme générique* (*Gattungsmensch*) et, dès *L'Idéologie allemande*, Marx et Engels se moquent des Allemands qui substituent ces mots vagues et prétentieux à l'analyse historico-sociologique.

Certes, l'inspiration critique et humaniste du jeune Marx se retrouve dans les œuvres de la maturité. *Le Capital* constitue une critique de l'économie politique bourgeoise et Marx a bien pour objet aussi de montrer la condition aliénée de l'homme dans le régime capitaliste. Mais il veut d'abord et avant tout comprendre scientifiquement le fonctionnement du capitalisme et en prévoir l'évolution inévitable.

Découvrir dans *Le Capital* avant tout une analyse existentielle, c'est peut-être sauver ce qui, aujourd'hui, nous intéresse le plus, mais c'est, à coup sûr, méconnaître l'intention de Marx lui-même.

Une proposition analogue vaut pour la sociologie et pour l'histoire. Une fois posé que la philosophie est achevée et qu'il importe désormais de la réaliser. Marx a œuvré en économiste, sociologue et historien, avec une volonté de science, au sens que les savants de son époque donnaient à ce terme. Philosophe encore si l'on veut, parce qu'une décision philosophique orientait et animait sa volonté scientifique. Peut-être aurait-il dit qu'en réfléchissant sur la société et l'histoire le philosophe accomplit aujourd'hui sa vocation. Mais il n'aurait pas admis que l'on renvoyât à la philosophie l'interprétation économico-historique qui lui paraissait à la fois totale et scientifiquement démontrée.

Au reste, la marxisme de la IIe Internationale, élaboré par des hommes qui avaient connu Engels, se présentait essentiellement comme une interprétation sociologico-historique du capitalisme ou de la société moderne, avec les thèses bien connues de la contradiction entre les forces et les rapports de production, de la paupérisation, de la lutte des classes, etc. La discussion du marxisme, avant 1917, portait sur la thèse de la valeur-travail ou de la paupérisation, elle impliquait une comparaison entre le devenir effectif du capitalisme et les prévisions de Marx.

Les textes du jeune Marx ont pris une importance soudaine en Allemagne entre 1921 et 1933, en France après 1945 lorsque des intellectuels qui se voulaient socialistes, progressistes ou communistes, ont parcouru, en sens inverse, l'itinéraire de Marx. Celui-ci, parti d'une sorte d'existentialisme hégélien, avait abouti à une socio-économie. Ceux-là remontèrent de cette socio-économie à l'existentialisme. Parce qu'ils ignoraient l'économie, parce que l'économie marxiste avait vieilli (selon le destin de toutes les œuvres scientifiques), parce que l'histoire suivait un cours imprévu, parce que le déterminisme objectif les rebutait, ils trouvèrent dans les spéculations du jeune Marx le secret d'un marxisme « indépassable » que Marx croyait avoir « dépassé » dès sa trentième année.

Comment décider, dès lors, si quelqu'un doit être dit ou non marxiste ? Quand on évoque la contribution de Marx aux sciences sociales, on incline à dire que nous sommes tous un peu marxistes. S'il faut, pour mériter ce qualificatif, sacré ou maudit, prendre au sérieux la pensée philosophique de Lénine ou de Staline, quel philosophe, digne de ce nom, le mérite ? S'il faut tenir *Le Capital* pour le dernier mot de la science économique, accepter les théories de la valeur-travail et de l'exploitation, on compte, sur les doigts d'une main, les économistes qui, en 1966, appartiennent au nombre des élus.

*

L'attitude de Sartre à l'égard du marxisme s'exprime en quatre sortes de jugements :

1) En ce qui concerne la métaphysique matérialiste ou la dialectique objective, il est explicite, catégorique et négatif. Jamais, quel qu'ait été son désir de coopé-

rer avec les staliniens, il n'a fait de concessions sur les principes de sa propre philosophie.

2) En ce qui concerne la sociologie économico-historique de Marx, Sartre affirme le plus souvent qu'il s'agit de vérités acquises ou évidentes. Par exemple, il écrit : « *Toutes ces remarques formelles ne prétendent pas, bien entendu, ajouter* quoi que ce soit *à l'évidence de la reconstruction synthétique que Marx a réalisée dans* Le Capital *; elles ne veulent même pas en être le commentaire marginal ; cette reconstruction, en effet, par son évidence, rejette tout commentaire* » (p. 276). Cette formule (qui manque d'indulgence à l'égard des innombrables commentateurs) illustre la légèreté avec laquelle Sartre accepte, de la pensée marxiste, tout ce qui personnellement ne l'intéresse pas mais constituait l'essentiel pour Marx lui-même, par exemple « la reconstruction synthétique du capitalisme ».

3) Sur le plan de l'action, si l'on convient d'appeler marxistes ceux qui militent dans les partis communistes, Sartre apparaît le plus souvent, depuis 1945, comme un para-marxiste. Mis à part le bref épisode du *Rassemblement démocratique révolutionnaire*, il a été un typique « compagnon de route », il n'a jamais aliéné, si peu que ce soit, sa liberté de pensée, mais il s'est exprimé en partisan et parfois de manière d'autant plus irritante qu'il se défendait d'être un militant. Critique de l'Union soviétique à l'occasion (par exemple au moment de la révolution hongroise), il a consciemment appliqué le principe « deux poids deux mesures »). Torture ou camps de concentration revêtaient une signification différente selon la couleur

du régime ou du parti au pouvoir. On aurait aimé que ce philosophe de la liberté dénonçât le culte de la personnalité avant M. Khrouchtchev. Le non-conformiste n'a pas échappé à quelque conformisme gauchiste.

4) Nous en venons ainsi au dernier aspect du problème, le plus difficile. La *Critique de la raison dialectique* se situe en deçà du matérialisme historique, de la lutte de classes ou du *Capital*. Un deuxième tome est annoncé. Le premier a seulement pour objet de fonder le marxisme en y réintroduisant l'existence, en prenant pour point de départ la conscience individuelle. « *Si l'on se refuse à voir le mouvement dialectique originel dans l'individu et dans son entreprise de produire sa vie, de s'objectiver, il faudra renoncer à la dialectique ou en faire la loi immanente de l'Histoire* » (p. 101). La critique sartrienne veut être au marxisme ce que la critique kantienne, selon les formules que l'on nous apprenait à l'école, était à la physique de Newton. Sartre veut montrer la possibilité d'*une* Histoire qui sera la réalisation progressive de la Vérité.

*

Sartre, désormais, emploie volontiers le concept de *praxis* pour désigner l'action individuelle et il consacre même quelques pages à l'être biologique et au besoin. Mais le changement de vocabulaire ne devrait pas nous induire en erreur : entre ce qu'il appelle aujourd'hui *praxis* individuelle ou dialectique constituante et le Pour-soi de l'*Être* et du *Néant*, il n'y a pas de différence essentielle. La *praxis* individuelle, comme la conscience, est pro-jet, rétention du passé et transcendance vers l'avenir, translucide à elle-même, saisie globale de la situation et du but. L'histoire serait parfaitement dialectique, c'est-à-dire parfaitement compréhensible, si elle se confondait avec celle d'un seul homme ; intelligible parce qu'elle est constituée par des actions humaines dont chacune demeure compréhensible en tant que *praxis* individuelle ou conscience translucide.

La dialectique sartrienne ne commence pas avec le dialogue, avec la rencontre du je et de l'autre. Tout au contraire, la rencontre de l'autre crée une menace pour la liberté de chacun : non que spontanément l'autre m'asservisse et me traite en objet de son entreprise, mais comme la conscience, devenue *praxis*, est conscience travailleuse, rapport de l'homme avec la nature et avec d'autres hommes par l'intermédiaire de la matière ouvrée (outils), le risque d'aliénation devient immanent aux relations interindividuelles. La seule relation *humaine* entre les individus comporterait réciprocité ou égalité (les deux expressions figurent dans la *Critique de la raison dialectique*). En une philosophie qui nie l'existence d'une nature humaine, il faut trouver un critère de substitution à l'aide duquel déterminer ce que l'on décrétera *inhumain*. Ce critère (p. 207) est la réciprocité « ... *La* praxis *de l'un, dans sa structure pratique et pour l'accomplissement de son projet,* reconnaît *la* praxis *de l'autre, c'est-à-dire au fond qu'elle juge la dualité des activités comme un caractère inessentiel et l'unité des* praxis *en tant que telles comme un caractère essentiel.* » Or, dans l'histoire réelle des hommes, cette réciprocité n'est jamais présente et la faute en incombe à la rareté qui transforme l'*autre* en ennemi. Quelle espèce animale pourrait être plus dangereuse pour l'homme qu'une espèce industrieuse, intelligente, déployant tous ses soins à lui arracher les moyens de vivre ? Or, cette espèce animale, c'est l'espèce humaine, victime et prisonnière de la rareté qui fait de chacun l'ennemi de l'autre. Ainsi la rareté, chère aux économistes classiques mais non à Marx et à Engels (qui s'intéressaient davantage au surplus ou à la *part maudite*) nous restitue la vision de Hobbes, celle de l'*homo homini lupus.*

L'Histoire n'est donc pas *nécessaire*, elle a pour origine et pour fondement intelligible un fait contingent, mais coextensif à la vie de notre espèce sur cette planète, le manque de ressources par rapport au nombre de bouches à nourrir. Ce manque condamne toutes les sociétés à éliminer une partie de leurs membres, réels ou possibles, avant qu'ils soient nés ou alors qu'ils ont déjà vu le jour. Ce manque obscurément éprouvé est intériorisé par les consciences et crée le climat de la rareté, climat de violence dans lequel se déroule toute l'histoire humaine.

Ce premier moment de l'expérience critique est évidemment étranger à la pensée non pas seulement des marxistes, mais d'Engels ou de Marx. L'un et l'autre ne remontent pas au-delà des sociétés archaïques, de l'homme socialisé. La division du travail ou la violence, de préférence la première, leur apparaissait l'origine de la lutte de classes qu'ils n'attribuaient explicitement ni à la nature humaine (à la façon de Hobbes) ni à la dialectique hégélienne du maître et de l'esclave. Le mécanisme historique de la lutte des classes les intéressait plus que la déduction transcendantale, si l'on peut dire, de la lutte des classes. Si la conception sartrienne de la rareté est incontestablement étrangère au marxisme de Marx (toute la théorie du *Capital* implique une sorte d'indifférence au rôle de la rareté relative dans la formation des prix et, aujourd'hui encore, seuls les plus audacieux des révisionnistes soviétiques osent recommander la formation des prix en fonction de la rareté telle qu'elle se manifeste sur le marché), elle ne me paraît pourtant pas, au niveau où elle se situe, incompatible avec l'inspiration marxiste. En tout cas, elle rend à Sartre un double service. Elle lui permet de sortir du monde sans espoir de *L'Être et le Néant* et de *Huis clos*. L'inhumanité de l'homme pour l'homme a une cause *historiquement permanente*, la rareté, mais *ontologiquement accidentelle*. Le deuxième tome de la *Critique de la raison dialectique*, s'il voit jamais le jour, devrait nous découvrir, au-delà de la rareté, l'aube de l'abondance et de la réciprocité des consciences.

La rareté marque d'inhumanité toutes les relations entre les hommes, elle met en route la dialectique de l'histoire, mais elle ne développerait pas de telles conséquences si la *praxis* individuelle n'était pas immédiatement menacée, en sa liberté, par la *praxis* des autres. Ou encore, en un autre vocabulaire, chacun de nous est projet, saisie globale de l'environnement en fonction de la situation perçue et de la fin voulue. Comment des libertés innombrables peuvent-elles coexister sans s'asservir réciproquement ? Effectivement, au moins dans le milieu de la rareté, elles ne le peuvent pas : les consciences s'objectivent dans leurs œuvres et cette objectivation devient aliénation parce que les autres leur en dérobent ou en faussent la signification. Toutes ensemble sont finalement engluées dans ce que Sartre appelle le *pratico-inerte*, l'organisation sociale devenue chose, à laquelle les individus sont soumis comme à une nécessité matérielle, nécessité qui demeure intelligible parce qu'elle a pour origine la libre *praxis* mais qui constitue en quelque sorte l'*anti-praxis* ou l'*anti-dialectique.* L'homme est né libre et partout il est dans les fers, écrivait Rousseau. L'homme est libre par nature ou il n'a pas de nature parce qu'étant libre il se crée lui-même, écrit Sartre, mais partout l'homme est l'outil de l'homme, partout solitaire dans les foules ; nulle part il n'accomplit sa liberté sans dérober celle des autres.

La notion de *série*, illustrée par l'exemple fameux de la file des voyageurs qui attendent l'autobus devant Saint-Germain-des-Prés, caractérise les rapports interindividuels dans la servitude du pratico-inerte. Ces gens sont ensemble et ils ne se voient pas. Ils sont l'un derrière l'autre et seul l'ordre accidentel d'arrivée (et non l'urgence) détermine l'ordre dans lequel ils monteront dans la voiture. Chacun va à ses propres affaires, ignorant les affaires du voisin. Ils n'ont rien d'autre en commun que le même besoin d'un moyen de transport et la rareté (il n'y aura pas de place pour tous) les fait ennemis.

Certes, les collectifs que Sartre analyse l'un après

l'autre ne présentent pas tous la même simplicité, presque caricaturale. Il reste que la classe elle-même n'est en dernière analyse qu'un collectif du type sériel. Le prolétariat au repos, comme être objectif, n'est lui aussi que pluralité, dispersion, conflits internes, asservissement des libres *praxis* non pas seulement au patronat mais à l'ensemble pratico-inerte dans lequel s'insèrent inévitablement les innombrables individus qui le composent. Comment pourrait-il en être autrement ? Chaque prolétaire naît dans une condition qu'il n'a pas choisie et il se fait lui-même prolétaire, il intériorise sa condition objective non parce qu'il a perdu son être de liberté mais parce qu'il ne peut exercer autrement cette liberté. Tant qu'ils restent à l'intérieur des cadres existants, les prolétaires ont partiellement un être commun mais ils sont divisés par les divisions mêmes de la société, entre les branches de l'industrie ou entre les unités de production.

Ce n'est que dans une entreprise commune que les *praxis* individuelles parviennent à surmonter leur isolement, leurs rivalités, leur asservissement les unes aux autres et à l'ensemble du pratico-inerte. L'entreprise commune, c'est le projet collectif, le but unique auquel tendent les consciences unies en une même volonté. La queue des voyageurs à une station d'autobus symbolise les *collectifs* sériels, la foule qui prend la Bastille les *groupes*. D'un coup, les significations se renversent : le nombre qui, dans les collectifs, provoquait dispersion, solitude et servitude, devient facteur de confiance, dynamisme d'action. La foule qui prend la Bastille n'a qu'une âme, une foi et pour ainsi dire *une* conscience. Le prolétariat se réduit à une manière d'être, une *exis*, dans laquelle les consciences sont aliénées ; le groupe d'action, le premier dans l'expérience critique, la foule qui prend la Bastille restitue aux *praxis* individuelles, à un niveau supérieur, la liberté perdue. Ainsi la fusion des individus dans une foule révolutionnaire devient le symbole de la libération collective. Une telle analyse aurait laissé stupides les philosophes classiques de l'Occident.

On ne peut pas prendre tous les jours la Bastille. Si je m'engage aujourd'hui aux côtés de mes compagnons de lutte, je n'aliène pas pour autant ma liberté. Demain je trahirai peut-être ou, du moins, je ne puis pas être assuré de ne pas trahir : ma propre liberté m'interdit de disposer de mon avenir. Je ne puis pas ne pas douter de moi-même et c'est pourquoi le groupe ne se constitue comme tel que par le serment de chacun accordant aux autres le droit de le punir s'il manque à son engagement. Le groupe exige le serment et appelle la terreur. Guetté par ses ennemis extérieurs et plus encore par la décomposition interne, il dure comme volonté et comme action grâce à la soumission de tous, cette fois librement consentie, à la loi de l'entreprise commune.

Le prolétariat-groupe naît de la classe-collectif par et dans l'action. Mais, une fois né, le groupe connaît à son tour les servitudes de l'existence sociale. Lui aussi risque de se dégrader dans l'inertie contre laquelle il s'est révolté. Lui aussi doit se donner des institutions et devenir un quasi-organisme, c'est-à-dire perdre la translucidité des deux *praxis* pleinement compréhensibles, celle de l'individu seul et celle du groupe en fusion (la foule qui prend la Bastille).

À ce moment-là, en quoi le groupe institutionnalisé se distingue-t-il encore des collectifs qui peuplaient le champ du pratico-inerte ? Il s'en distingue dans la mesure où il garde en lui quelque chose de la volonté *une* dont sortit l'entreprise, dans la mesure où les membres du groupe n'ont pas oublié le serment de fidélité par lequel ils se sont liés à jamais.

Cette dialectique de la *série* et du *groupe*, du *pratico-inerte* et de la *praxis* révolutionnaire, appartient évidemment à Sartre et non à Marx. Elle suppose que l'action individuelle soit la seule réalité pratique et dialectique, le moteur du tout, que la révolte soit pour ainsi dire « *le commencement de l'humanité* » (p. 453).

Or, bien qu'elle se défende d'être en concurrence avec la vision marxiste du devenir historique, une telle dialectique suggère plutôt l'alternance sans terme d'aliénation et de révolution, les individus se laissant peu à peu emprisonner en un ordre social de plus en plus comparable à une nécessité matérielle, puis réassumant leur humanité par la révolte, organisant une révolution qui, à son tour, institutionnalisée, retombera dans l'inertie et se videra de la volonté *une* par laquelle seule elle différait du pratico-inerte.

La théorie du groupe, il est vrai, l'opposition entre la classe ouvrière-être collectif et le groupe-*praxis* révolutionnaire, peut passer pour une justification philosophique de la pratique bolchevique, de la substitution du parti à la classe en tant que sujet de l'histoire. Je ne crois pas que cette sorte de justification rassure les idéologues de Moscou et de Pékin.

Rétrospectivement, Sartre reconnaît la fatalité du stalinisme : « *L'expérience historique a révélé indéniablement que le premier moment de la société socialiste en construction ne pouvait être, à le considérer sur le plan encore abstrait du pouvoir, que l'indissoluble agrégation de la bureaucratie, de la terreur et du culte de la personnalité* » (p. 630). Cette phrase, que certains liront avec indignation parce qu'elle marque après coup du sceau de la nécessité une histoire encore toute ruisselante de sang, me paraît surtout candide. Je m'avoue peu sensible à la démonstration rétrospective que ce qui s'est passé ne pouvait pas se passer autrement : n'importe quel philosophe doué réussit de telles démonstrations, à condition, bien entendu, qu'on ne lui demande pas de répéter cet exploit à propos de l'avenir. Quant aux orthodoxes de Moscou ou de Pékin, ils accepteront mal l'idée hérétique qui introduit la démonstration que nous venons de résumer. « *La raison qui fait que la dictature du prolétariat n'est à aucun moment apparue* (*comme exercice réel du pouvoir par la totalisation de la classe ouvrière*), *c'est que l'idée même en est absurde comme compromis bâtard entre le groupe actif et souverain et la sérialité passive.* »

Quelle chance de rénovation la *Critique de la raison dialectique* apporte-t-elle au marxisme ? L'opposition radicale entre raison analytique et raison dialectique, entre les sciences de la nature et les sciences humaines, entre la non-intelligibilité des phénomènes naturels et l'intelligibilité intrinsèque de l'histoire, marque une rupture avec le marxisme de

Lénine ou d'Engels, mais aussi avec celui de Marx. L'affirmation répétée que la *praxis* individuelle est la condition ultime de l'intelligibilité, la seule réalité pratique et dialectique, impose à une philosophie qui tend à une interprétation totale de l'histoire une tâche que Sartre lui-même, en dépit de tout, ne peut mener à bonne fin. Comment réintégrer dans le savoir marxiste toutes les expériences vécues sans que, ou bien le savoir ne se décompose, ou bien les expériences ne s'effacent ? Si la réalité authentique n'est faite que des hommes, de leurs actes, de leurs souffrances ou de leurs rêves, comment totaliser ces existences, chacune singulière, irremplaçable ? Comment passer des perspectives multiples — car chacun voit l'histoire de son point de vue — à une vérité unique qui constituerait un savoir et qui n'éliminerait pas en pensée les individus aussi impitoyablement que guerres et révolutions les éliminent en fait ? Pourquoi la dialectique, formelle et statique, du pratico-inerte et de l'action, de la série et du groupe, aurait-elle une fin avant la fin de la rareté ? Au reste, Sartre lui-même semble douter parfois que cette dialectique puisse avoir une fin et, au bas d'une note, à la page 349, il pose lui-même la question : « *La disparition des formes capitalistes de l'aliénation doit-elle s'identifier à la suppression de toutes les formes de l'aliénation ?* » Oui, en effet, pourquoi devrait-il en aller ainsi ?

Aux yeux de Sartre, l'individu n'est libre que dans la solitude ou dans la foule révolutionnaire, « *le libre développement d'une* praxis *ne peut être que total ou totalement aliéné* » (p. 420). Il juge les relations interindividuelles, multiples et complexes, par référence à un concept formel de réciprocité ou d'égalité. Comment s'étonner qu'en attendant la fin de la rareté, Sartre cherche le salut dans une action révolutionnaire, sans grande illusion sur les suites de cette action, résolu en tout cas à ne pas se résigner à la démocratie bourgeoise et aux réformes progressives, même si le Souverain, sorti de la révolution, doit être plus tyrannique et oppressif que le Souverain de la démocratie bourgeoise ? Car l'humanité commence avec la révolte, donc avec le serment et la terreur, l'histoire est tout entière violente, les classes ne peuvent exister qu'ennemies, autrement elles se dissolvent dans la passivité sérielle. Accepter l'aliénation ou se battre : Sartre ne conçoit pas de troisième terme.

*

Pourquoi se demander si la pensée d'un philosophe contredit ou non celle d'un autre philosophe ? Mon intention n'était évidemment pas de refuser ou d'accorder à Sartre le droit de se déclarer marxiste (il n'a que faire de mon autorisation), je souhaitais montrer à quel point il reste lui-même. Non que la *Critique de la raison dialectique* fût prévisible à partir de *L'Être et le Néant*. Au contraire, de celui-ci et à celle-là, il y a une évolution (progrès ou déclin, chacun en décidera).

Une seule fois (p. 288), Sartre renie explicitement une thèse de *L'Être et le Néant* (« *l'aliénation fondamentale ne vient pas comme* L'Être et le Néant *pourrait le faire croire à tort d'un choix prénatal : elle vient du rapport univoque d'intériorité qui unit l'homme comme un organisme pratique à son environnement* »). L'aliénation, comme la lutte des consciences, doit être d'origine sociale, faute de quoi on reviendrait à Hobbes et non à Marx. Mais comme Sartre accepte, sans réticence et sans examen, les interprétations concrètes que Marx a données de l'histoire réelle, tout son effort se concentre sur une analyse phénoménologico-existentielle, qui se rattache aux seuls éléments hégéliens de la pensée marxiste, typiquement sartrienne. Analyse subtile et amère, chargée de ressentiment et de générosité abstraite, d'une virtuosité verbale tour à tour admirable et exaspérante, parfois simpliste en ses antinomies : car la vie des hommes en société se déroule inévitablement dans l'entre-deux de la série et du groupe, de l'aliénation et de la liberté ; selon les circonstances, l'humanisation des rapports interindividuels, le mouvement vers la réciprocité des *praxis* requiert la violence ou s'accommode des réformes.

Sartre a-t-il, comme il le souhaitait, contribué à la rénovation du marxisme figé par les staliniens en un dogmatisme stérile ? Je ne le crois pas. L'inspiration ou la méthode de Marx appartiennent aujourd'hui à la conscience commune, et cette inspiration demeure féconde. À Moscou et dans les pays dits socialistes, on a créé un corps de doctrine, un catéchisme idéologique qui a été élevé au niveau d'une vérité d'État. Les marxistes-léninistes, qui souscrivent, volontairement ou non, à cette vérité d'État, rejettent, à juste titre de leur point de vue, le sartrisme, quelque peu marxisé, de la *Critique de la raison dialectique* ou, si l'on préfère, le marxisme accommodé à la mode sartrienne.

L'expérience critique qui se déroule au long de ces 755 pages intéresse peut-être les philosophes, elle n'apporte pas grand-chose aux sociologues, économistes et historiens qui y retrouvent tantôt des idées familières, traduites en un langage difficile, tantôt des affirmations catégoriques, relatives à une mystérieuse Raison dialectique, faute de laquelle, écrit Sartre, « *il ne se dit ni ne s'écrit aujourd'hui, sur nous et nos semblables, ni à l'est ni à l'ouest, pas une phrase, pas un mot qui ne soit une erreur grossière* ».

Je ne puis, il va sans dire, échapper à une condamnation aussi globale et, puisqu'il faut bien conclure, je le ferai dans le style qui, à en croire Simone de Beauvoir, était le mien au cours de nos interminables discussions de jeunesse. De deux choses l'une... Ou bien on veut élaborer une interprétation subtile de ce que les Soviétiques appellent marxisme-léninisme, permettre aux jeunes philosophes d'adhérer au parti communiste sans sacrifier leur intellect. En ce cas, la *Critique de la raison dialectique* prolonge *Humanisme et Terreur* et *Les Communistes et la paix*. La politique y trouve son compte plutôt que le marxisme. Ou bien l'on veut rénover la pensée marxiste en Occident, mais, en ce cas, il faut prendre modèle sur Marx, c'est-à-dire analyser les sociétés capitalistes et socialistes du XXe siècle, comme il avait analysé les sociétés capitalistes du XIXe siècle. On ne rénove pas le marxisme en remontant du *Capital* au *Manuscrit économico-philosophique* ou en visant à une impossible conciliation de Kierkegaard et de Marx.

En bref, au lieu de proclamer son allégeance au *Capital* du XIXe siècle, mieux vaudrait écrire celui du XXe.

Cette étude a paru, abrégée, dans *Le Figaro littéraire* daté du 29 octobre au 4 novembre 1964, à l'occasion du Prix Nobel que J.-P. Sartre refusa. Elle était précédée d'une lettre à Pierre Brisson :

« *Mon cher ami,*

« *L'auteur de* La Nausée, Huis clos, L'Être et le Néant, Les Mots *est évidemment un esprit supérieur. Seuls les aveugles ou les ignorants avaient besoin du Prix Nobel pour s'en apercevoir. Au reste, si Sartre a été inconnu jusqu'à la parution de* La Nausée, *il n'a jamais été méconnu. Nous étions quelques-uns, à l'École Normale à soupçonner son génie. Mais je n'aime guère (lui non plus d'ailleurs) les éloges académiques dont le lauréat est comblé depuis quelques jours. Éloges d'autant plus dérisoires qu'ils concernent un écrivain engagé et qu'ils ignorent les causes au service desquelles Sartre s'est engagé.*

« *Il me paraîtrait déplacé de saisir cette occasion pour évoquer des souvenirs de notre jeunesse. La rupture de notre amitié remonte à plus de quinze ans et si, désormais, nous échangeons des poignées de main et avons cessé d'échanger des injures, nous continuons de vivre dans des univers étrangers. Usant des libertés formelles que respectent approximativement les démocraties bourgeoises dans lesquelles il vit, il réserve sa sympathie aux régimes révolutionnaires qui, à ses yeux, préparent la liberté réelle. Je pense tout autrement. Mais un règlement de compte politique serait aujourd'hui tout aussi indécent qu'une comédie de la réconciliation et d'un retour à un passé lointain.*

« *J'aurais donc préféré de beaucoup laisser à d'autres le soin de commenter une œuvre dont la complexité et la richesse défient l'improvisation du journalisme. Je cède finalement, et non sans regrets, à votre insistance mais je m'en tiendrai à des réflexions en marge de la* Critique de la raison dialectique *que j'ai relu au cours de l'été dernier. Je n'épuiserai pas le sujet suggéré par le titre : il est facile de montrer que Sartre, quoi qu'il en ait, ne parvient jamais à être un bon marxiste, mais il resterait à savoir pourquoi il attache tant de prix à l'être. Pour parler son langage, s'il n'est pas marxiste, c'est sur le mode d'être ce que l'on n'est pas ou de n'être pas ce que l'on est. En un vocabulaire plus courant, c'est de bonne foi qu'il se convainc lui-même d'un marxisme que les marxistes récusent et qui aurait surpris Marx lui-même.* »

ALTHUSSER [1]

ou la lecture pseudo-structuraliste de Marx

À la fin d'un article consacré au « *(re)commencement du matérialisme dialectique* », Alain Badiou [2] écrit : « *Il est d'abord clair pour moi qu'il n'existe actuellement aucun autre recours, si du moins l'on veut pouvoir parler de ce dont la réalité silencieuse (silencieuse* dans la théorie) *nous interpelle et nous fait les "porteurs" de fonctions historiquement déterminées. Il n'existe pas d'autres recours si l'on veut penser ce qui constitue* notre *conjoncture historique : la déstalinisation et la "coexistence pacifique" liées à cette* forme de transition régressive *que définit le régime soviétique : l'impérialisme américain ; la révolution chinoise*, autre espèce de transition. *C'est à la seule lucidité épistémologique des marxistes qui travaillent autour d'Althusser que nous devons de pouvoir réfléchir*

1. J'ai écrit cette étude, pour l'essentiel, en août 1967 ; je l'ai terminée en août 1968.

2. *Critique*, mai 1967, p. 464 sq. En quoi l'épistémologie d'Althusser aide à comprendre *théoriquement* la conjoncture actuelle, m'échappe entièrement.

cette conjoncture politique dans notre conjoncture *théorique, et inversement.* » Deux pages plus loin, autre phrase clé : « *Reste à penser la difficile jointure d'une épistémologie régionale, historique et régressive et d'une théorie globale de l'effet de structure. Althusser, ou, pour penser Marx, Kant dans Spinoza.* » Le rapprochement de ces deux textes caractérise jusqu'à la caricature les écoles marxistes qui ont fleuri à Paris depuis la Seconde Guerre mondiale. Les Allemands ont perdu leur fécondité philosophique : le marxisme a été éliminé par Hitler en 1933, compromis ensuite par l'expérience de la réalité soviétique. Les Français assument le rôle de fournisseurs d'idéologie politico-philosophique à prétention universelle, « *porteurs de cette fonction historique* », pour parler le langage de Badiou. L'école dite structuraliste, actuellement à la mode, diffère de l'école phénoménologico-existentialiste qui a régné durant une douzaine d'années, elle lui succède et lui emprunte son style, sa prétention et ses ignorances.

L'une et l'autre s'intéressent plus aux *a priori* philosophiques qu'à la réalité historique. Ni Sartre ni Althusser, à en juger d'après leurs écrits, n'ont la moindre connaissance de l'économie politique et ne s'intéressent à la planification ou aux mécanismes de marché. Ni l'un ni l'autre n'adoptent la manière des marxistes fidèles à l'inspiration tenue pour authentiquement marxiste avant la naturalisation parisienne (posthume) de Marx et ne cherchent à prolonger les analyses critiques du *Capital* jusqu'à notre époque. L'un comme l'autre semblent avoir pour problème non le rapport entre ce que Marx a écrit ou pensé et le monde dans lequel nous vivons, mais une interrogation que le normalien appellera kantienne et qu'Engels aurait appelée petite-bourgeoise : comment le marxisme est-il possible ? Ou encore : comment peut-on être marxiste ? Ou, ce qui revient au même : comment peut-on ne pas être marxiste ? Maurice Merleau-Ponty avait conclu que l'on ne pouvait être ni l'un ni l'autre.

Si le marxisme des deux écoles répond également à l'usage des agrégés de philosophie (œuvre d'agrégés de philosophie, peu compréhensible à ceux qui n'ont pas reçu la formation nécessaire au concours), si la condamnation du scientisme par Sartre et de l'empirisme par Althusser ont également pour fonction de substituer l'interrogation philosophique à l'enquête sociologique, économique ou historique (ou empirique, si l'on préfère), les oppositions de style et de contenu, immédiatement visibles, trahissent le passage d'une génération à une autre, le changement de la situation parisienne et subsidiairement de la situation mondiale.

Le marxisme phénoménologico-existentiel subordonnait *Le Capital* aux écrits de jeunesse, avant tout aux manuscrits économico-philosophiques de 1844 dont l'obscurité, l'inachèvement et, en maintes parties, les contradictions fascinaient le lecteur, instruit par A. Kojève et le Père Fessard. Certes, Sartre décrétait dans la *Critique de la raison dialectique* la vérité du *Capital*, il la déclarait même à ce point translucide que tout commentaire en affaiblirait l'évidence ou la pureté [1]. (Ce qui suggère que Sartre n'a jamais lu *Le Capital* : pourquoi, d'ailleurs, l'aurait-il lu ?) Avec Althusser, en revanche, *Le Capital* reprend la première place, qu'il mérite à coup sûr. Après l'échec de la Révolution de 1848, c'est au *Capital* que l'exilé de Londres a consacré le meilleur de ses forces. Jeune homme, il voulait critiquer la religion, l'art, la politique. Il n'écrivit finalement que le premier tome de sa *Critique de l'économie politique* (sous-titre du *Capital* dans l'édition allemande).

De cette première opposition, primauté des œuvres de jeunesse — primauté du *Capital*, découle le contraste des thèmes et du vocabulaire. Le marxisme phénoméno-logico-existentiel se nourrissait de *praxis*, d'*aliénation*, d'*humanisme*, d'*histoire* et d'*historicité*. Le marxisme althussérien récuse l'humanisme, l'historicisme. La *praxis* s'est évanouie (provisoirement). Les structures méritent seules la dignité d'objet de connaissance : désormais, c'est le devenir (ou la diachronie ou l'histoire) qui fait difficulté.

L'opposition est en fait moins radicale qu'elle ne paraît. Althusser ne connaît pas plus *Le Capital* ou l'économie capitaliste ou l'économie soviétique que Sartre. *Lire le Capital* n'apprend rien, ni à lui ni à ses lecteurs, sur aucune économie singulière et concrète : « descriptions du marxisme vulgaire », dirait Badiou. Sartre, dans la *Critique de la raison dialectique* voulait fonder le marxisme, en tant que *compréhension de la totalité historique*. Althusser veut dégager du *Capital* la théorie (ou pratique théorique) qui, à l'en croire, y

1. *C. R. D.*, p. 276.

serait incluse, autrement dit, il veut fonder (ou montrer) la *scientificité* du *Capital.* Les deux projets, différents, se ressemblent au moins par leur gratuité, sinon par leur contradiction interne. Comment une philosophie qui a pour point de départ le caractère translucide et totalisant (dialectique) du pour-soi (ou de chaque expérience vécue) pourrait-elle fonder la compréhension rétrospective d'une totalité historique inachevée ? Comment un philosophe, ignorant de la science économique, pourrait-il mettre au jour, par ratiocination conceptuelle, la scientificité du *Capital*, également méconnue par les fidèles et les adversaires de Marx ?

Le changement de vocabulaire — troisième opposition — ne tient pas seulement à l'hétérogénéité des deux univers phénoménologico-existentiels d'une part, structuraliste d'autre part. Merleau-Ponty et Sartre n'ont jamais adhéré au parti communiste. L'un et l'autre ont été poussés vers la politique par les événements. *L'Être et le Néant*, la *Phénoménologie de la perception* n'impliquaient aucune prise de position, politique ou sociale. Bien plus, la lutte des consciences — chaque conscience objectivant l'autre et la dépouillant, par le regard jeté sur elle, de sa liberté — s'accorde difficilement avec la réconciliation des hommes entre eux, annoncée par le marxisme (non parisien). Aussi bien, même dans la *Critique de la raison dialectique*, Sartre n'a pas résolu la contradiction évidente entre le pessimisme ontologique et l'optimisme ontique : dans le *groupe* seulement, c'est-à-dire dans l'action et la violence, les consciences surmontent leur hostilité réciproque.

Bien plus *des* consciences ne cessent d'être ennemies les unes des autres qu'en ayant *d'autres* consciences, également réconciliées dans l'action, pour ennemies : le marxisme de la *Critique de la raison dialectique* débouche sur une philosophie, que de mauvais esprits baptiseraient fasciste, de la violence.

Althusser et ses amis ont appartenu ou appartiennent encore au parti communiste. Ils veulent (re)penser le marxisme-léninisme sans quitter le parti. Ils ne se tiennent pas, à la manière des compagnons de route phénoménologico-existentiels, en dehors du parti communiste, ils n'ambitionnent pas de convaincre les marxistes-léninistes de leurs bons sentiments et de leur volonté de coopération. Marxistes-léninistes, ils partent (ou partaient ?) de leur engagement et cherchent à l'éclairer par la réflexion, sans encourir la censure des gardiens de leur foi. D'où la propension à garder les mots sacrés en leur donnant un sens nouveau. D'où le caractère complexe d'une pensée, toute pleine de ruses théologiques dans ses prétentions mêmes à la science (ou plutôt à la scientificité), par instants étrangère en apparence à toute considération d'actualité, pourtant orientée en fait par une curieuse ambition, la même que celle de Sartre : rendre acceptable à des esprits subtils un dogme simple. Ou plus brutalement : comment transfigurer le marxisme-léninisme au point que des agrégés de philosophie y trouvent, en même temps que l'accomplissement d'une nostalgie révolutionnaire, une satisfaction proprement intellectuelle ?

L'althussérisme donne peut-être cette satisfaction, sinon cet accomplissement. Assez équivoque et obscur pour prêter, lui aussi, à autant de lectures que Marx lui-même, il n'aboutit ni au soviétisme ni au maoïsme, mais indifféremment à l'un ou à l'autre. Il représente une tentative de nouvel intégrisme mais celui-ci se situe à un tel niveau d'abstraction que tout en portant condamnation du révisionnisme, il ne tranche pas nettement entre Moscou et Pékin (bien qu'il doive conduire, en logique des sentiments sinon des idées, vers Pékin plutôt que vers Moscou).

I. LA (RE)DÉCOUVERTE DU PLURALISME

Prenons comme point de départ la « structure » (au sens de configuration interne) des « discours » qui se sont donnés eux-mêmes pour marxistes depuis la fin du XIXe siècle. Cette structure comportait cinq éléments principaux que nous appellerons 1) *matérialisme dialectique*, 2) *matérialisme historique*, 3) *analyse critique du capitalisme*, 4) *théorie du parti et de l'action révolutionnaire liée au parti*, et enfin 5) *prophétie socialiste*. Seuls ces cinq éléments figurent dans le marxisme-léninisme. Les thèmes hégéliens, en particulier celui de l'aliénation, ont servi de substitut au matérialisme dialectique à des marxistes, les uns membres du parti tel Lukacs, les autres social-démocrates (H. de Man), d'autres encore intermédiaires (Korsch), la plupart marginaux.

Ni dans l'histoire ni dans la logique des idées, le matérialisme dialectique n'apparaît inséparable de l'analyse critique du capitalisme. Il dérive de l'*Anti-Dühring* de Fr. Engels qui, en accord avec Marx, se consacrait aux questions philosophiques. Il comprend à la fois une métaphysique (matérialisme), une philosophie de la nature (dialectique de la nature), une épistémologie (théorie de la pensée-reflet, lois dialectiques à la fois de la pensée et de la réalité). Ni le matérialisme historique exposé dans la Préface à la *Contribution à la critique de l'économie politique*, ni l'analyse critique du *Capital* n'exigent le matérialisme dialectique. Même le primat de forces productives, ou la théorie de la correspondance et de la contradiction entre forces et rapports de production n'exigent pas logiquement une métaphysique matérialiste ou une dialectique de la nature.

Le corpus marxiste-léniniste s'est constitué en discours intégral et dogmatique après 1917, c'est-à-dire après la prise de pouvoir par les Bolcheviks en Russie et la sacralisation de la pensée de Lénine. Ce dernier, allant jusqu'au bout d'une idée marxiste, avait mis en relation *déviation philosophique* et *déviation politique*. Transiger sur le matérialisme, équivalait, à ses yeux, à un début de compromission avec la bourgeoisie. D'où la liaison indissoluble, affirmée par le marxisme-léninisme, entre *matérialisme* et *révolution*, liaison qu'au lendemain de la Libération Sartre dénonçait dans un article des *Temps modernes*, à l'époque où il espérait convertir le parti communiste à une philosophie de la liberté.

L'analyse léniniste, vulnérable sur le plan proprement philosophique, n'en a pas moins reçu quelques confirmations de l'expérience historique. Il y a une certaine corrélation entre les compromis philosophiques et les compromis politiques. Le succès, en Europe de l'Est, des thèmes phénoménologico-existentiels (*praxis*, aliénation, réification) accompagne une tendance au révisionnisme. Corrélation, d'ailleurs, aisément explicable et de signification médiocre : seul le dogmatisme léniniste ou stalinien permet de maintenir immuable le déroulement du discours marxiste, discours qui commence par les lois dialectiques (quantité, qualité, négation de la négation) et la dialectique de la nature, se poursuit par le matérialisme historique, la primauté des forces et des rapports de production, illustre la vérité du matérialisme historique par l'analyse du régime capitaliste et de son devenir, en déduit l'organisation du parti et l'action révolutionnaire et conclut sur le prophétisme moins de l'effondrement nécessaire du capitalisme que de la réalisation du socialisme, fin de la préhistoire ou réconciliation de l'homme avec l'homme grâce au triomphe sur la nature.

Le discours des sociaux-démocrates, avant 1914, tendait à la mise en question de l'analyse critique du capitalisme. Le marxisme à l'époque apparaissait scientifique, aux yeux des marxistes, en tant que *science vraie du capitalisme*. Il se différenciait des socialismes utopiques dans la mesure où il connaissait ce qui était et annonçait ce qui serait, au lieu d'opposer à la réalité un devoir-être de rêve ou d'aspiration. La première querelle à l'intérieur du mouvement marxiste — déjà baptisée querelle du révisionnisme — portait sur le devenir du régime capitaliste, sur les perspectives de la révolution. L'action du parti socialiste, à l'intérieur du régime capitaliste, conduisait-elle à la révolution ? La confrontation entre les prévisions attribuées à Marx et le devenir historique, l'interprétation de l'histoire du XXe siècle, régime soviétique inclus, selon une méthode inspirée de Marx, entraînent la désagrégation du dogme marxiste, mais elles constituent un des discours marxistes possibles : celui qui prend pour centre du marxisme l'analyse critique du capitalisme selon l'esprit du matérialisme historique. Ces discours, dont les écrits de K. Papaioannou et de plusieurs autres, constituent des exemples, passent pour antimarxistes. Ils s'opposent au marxisme-léninisme, mais si l'action doit répondre à une conjoncture historique en perpétuel changement, ces discours antimarxistes-léninistes demeurent fidèles à *une* inspiration marxiste.

Ces marxistes n'ont pas gardé le sens révolutionnaire, dira-t-on. À coup sûr, mais le discours marxiste-léniniste de Moscou ne l'a pas gardé, lui non plus, au moins pour les pays de l'Est de l'Europe. Il postule que la révolution appartient au passé, accomplie, et que, par conséquent, le « *progrès social est désormais possible sans révolution politique*[1] ». Mais comment démontrer qu'il n'en va pas de même en Europe occidentale dès lors que la croissance se poursuit depuis vingt ans, non sans à-coups mais sans crise majeure ?

Avant 1914, les marxistes s'interrogeaient sur les rapports entre *réformes* dans le cadre du capitalisme et *révolution*. Entre les deux guerres, ils se demandaient

1. Cf. *Misère de la philosophie*. Œuvres, éd. Pléiade, I, p. 136.

si la révolution russe réalisait la prophétie marxiste bien qu'elle ne se fût pas produite là où, d'après la doctrine, elle aurait dû se produire. De plus, la crise de 1930, les fascismes, les plans quinquennaux, la montée de la guerre obsédaient les esprits plus que la comparaison entre le régime soviétique, encore mal établi, et le régime capitaliste, incertain de lui-même. À l'heure présente, le débat authentiquement marxiste porte sur les similitudes et les différences des économies et des sociétés industrialisées selon le régime, socialiste ou capitaliste, auquel elles sont soumises. À ce point de l'histoire du marxisme se situe la tentative d'Althusser : comment restaurer un *intégrisme* après la destalinisation et la réussite relative du néo-capitalisme ?

Cette restauration est l'œuvre d'un philosophe et d'un théologien, non d'un économiste ou d'un sociologue. Alors qu'elle exigerait des enquêtes « empiriques » (j'affronte d'un cœur léger le mépris de la jeune génération), c'est-à-dire la connaissance *de ce que sont* les divers régimes économiques ou politiques dans les sociétés industrialisées, elle résulte d'une lecture ou d'une relecture des textes de Marx. En tant que membre de parti, Althusser doit, comme plusieurs générations de marxistes avant lui, prêter à Marx, en usant de citations bien choisies, ce qu'il veut dire lui-même. La méthode, celle des théologiens, consiste à choisir entre les textes tout en poussant l'audace jusqu'à reconnaître que Marx n'a pas pleinement compris lui-même sa pensée authentique, la portée de la *révolution scientifique* qu'il a inaugurée. Philosophie, l'althussérisme se donne avant tout pour une interprétation du *Capital* ou plus précisément encore de la *pratique théorique* du *Capital.* Il s'agit exclusivement de la méthode scientifique qu'applique *Le Capital*, de la structure conceptuelle du livre.

À ce point la différence entre la *Critique de la raison dialectique* qui décrète la vérité du *Capital* pour l'ignorer ensuite et l'althussérisme, fondé sur une lecture du *Capital*, tend à s'atténuer, tout au moins par rapport au marxisme-léninisme. Reprenons les cinq éléments. Sartre nie ou, par précaution, se garde d'affirmer la dialectique de la nature. Il n'en est guère question davantage dans les écrits des althussériens. Le matérialisme dialectique figure certes explicitement dans le marxisme d'Althusser, mais à titre de Théorie des théories (ou Théorie ou philosophie).

D'une certaine manière, les textes d'Althusser ressortissent tous à ce que lui-même appelle matérialisme dialectique, c'est-à-dire à la philosophie (ou Théorie) de toutes les pratiques, en particulier de la pratique scientifique. Mais, ainsi interprété, le matérialisme dialectique n'a plus grand-chose de commun avec ce que les marxistes-léninistes appellent de ce nom (*Diamat*), à partir des textes d'Engels dans l'*Anti-Dühring*. De plus, Althusser utilise le matérialisme dialectique pour fonder le matérialisme historique ; ou encore il n'en expose que les éléments nécessaires à l'intelligence exacte du matérialisme historique. Là encore, la similitude avec la démarche sartrienne se découvre évidente : le fils, comme le père, veut *repenser philosophiquement* le matérialisme historique. Sartre, en compagnon de route, ne dissimule pas l'incompatibilité entre le matérialisme historique tel qu'il l'interprète et le scientisme ou le matérialisme d'Engels. Althusser, en bon théologien, appelle matérialisme dialectique la Théorie des théories sans se poser même la question de la compatibilité entre cette Théorie et le *Diamat* des marxistes-léninistes.

Sartriens et althussériens retiennent également le prophétisme socialiste, au moins implicitement, bien que les uns aussi bien que les autres ne nous apportent aucune raison d'y souscrire. Prophétisme impliqué par le refus du capitalisme et la volonté révolutionnaire mais non justifié par un argument quelconque. Pour employer le langage à la mode, il y a un blanc. Ce qui parle ici, c'est le silence : ce qui se présente, c'est l'absence. Sartre décrète (après la mort de Staline et le discours de Khrouchtchev) que le culte de la personnalité représentait l'expression, première et inévitable, du socialisme [1], en se référant à la dialectique qui part de groupe en fusion pour aboutir au Souverain. Il se déclare favorable à la déstalinisation, voire à la démocratisation, mais il n'explique pas — et ne peut pas expliquer — pourquoi un régime d'économie centralement planifiée et de propriété collective des instruments de production évite la rechute dans le pratico-inerte.

Le silence d'Althusser sur le prophétisme socialiste et la révolution parle encore plus haut. Bien entendu, lui et ses amis, marxistes-léninistes, condamnent le capitalisme, attendent le socialisme et comptent sur la révolution. Mais, au-delà de ces dogmes traditionnels, que pensent-ils de la coexistence pacifique et de

1. *C. R. D.*, p. 630.

la querelle sino-soviétique ? De quel côté se rangent-ils [1] ? Qu'ils ne l'aient pas dit dans *Pour Marx* (*P. M.*) ou dans *Lire le Capital* (*L. C.*), rien de plus normal : le théologien n'est pas tenu de préciser la secte à laquelle il appartient. Mais le silence devient significatif parce que rien, dans les textes de la nouvelle secte, ne permet de justifier une prise de position plutôt qu'une autre.

Sartre, par l'intermédiaire du groupe, élaborait une théorie du parti, unité collective d'action. Contre le pratico-inerte, il appelait à la révolte. Par l'analyse du groupe d'action, il transfigurait la lutte, puisque, en dernière analyse, les consciences ne sortent de la solitude et ne communient sans s'unir qu'à la faveur de la violence. Dans la révolution elle-même, non dans l'après-révolution, l'homme se réconcilie avec l'homme.

On chercherait vainement dans *Pour Marx* ou dans *Lire le Capital* une théorie de la classe ou du parti. La notion de pratique politique appelle une théorie du parti sans l'expliciter. Le prophétisme socialiste, que la philosophie althussérienne n'exclut pas mais ignore radicalement, demeure psychologiquement absent et présent.

Présent par les dénonciations rituelles de l'impérialisme, de l'inhumanité du capitalisme, il demeure absent de tous les textes à caractère scientifique ou philosophique. Tout se passe comme si, une fois pour toutes, un intellectuel bien né ne pouvait pas ne pas

1. Se reporter aux textes de Badiou cités plus haut.

être socialiste, révolutionnaire, anticapitaliste, anti-impérialiste, etc.

Dès lors, seul le statut épistémologique de matérialisme historique ou du *Capital* mérite l'attention des agrégés de philosophie, moins proches de Marx lui-même que des jeunes hégéliens que Marx à partir de 1845 tournait en dérision.

Nous en venons ainsi aux éléments 2 et 3 du discours marxiste, au *matérialisme historique* et à l'*analyse critique du capitalisme* qui constituent l'essentiel du corpus marxiste. À ce point, Sartre et Althusser se rencontrent et prennent des voies divergentes.

Si intégriste qu'il se veuille, le marxiste en 1965 n'évite pas deux concessions par rapport à l'intégrisme du début du siècle : le schème du devenir capitaliste tel qu'il se dessine dans le *Manifeste communiste* et dans *Le Capital* doit être révisé, ce qui entraîne du même coup une révision de la théorie de la révolution : concession imposée par des faits historiques que même un non-empiriste doit admettre (quelle que soit l'interprétation qu'il donnera de la notion de fait historique). En deuxième lieu — concession imposée par l'agrégation de philosophie et non par l'histoire universelle —, quel sens donner au primat des rapports de production ? Quel rapport établir entre l'infrastructure et la superstructure ? Ces questions, il va de soi, n'ont rien d'original, mais le (re)commencement du matérialisme historique est répétition plutôt que commencement. En tout état de cause, Althusser demeure soucieux — Sartre aussi — de ne pas retomber dans le stalinisme, d'éviter l'explication mécanique, pour ainsi dire quasi automatique, de n'importe quelle pratique, politique, artistique, philosophique par la pratique économique. En bref, la théorie doit sauvegarder la spécificité des univers humains (ou, dans le langage althussérien, la spécificité des pratiques) et permettre la compréhension de l'histoire naïvement observée, par exemple la non-correspondance entre le développement des forces productives (les États-Unis tiennent la tête) et l'aggravation des contradictions capitalistes, le surgissement de révolutions qui se baptisent marxistes dans les pays non industriellement développés. Disons, en inversant une formule de Marx, que les peuples se posent des problèmes qu'ils ne peuvent pas résoudre. De toute évidence, n'importe quel marxisme, sartrien ou althussérien, doit sinon expliquer ce fait, du moins en rendre compte.

Les deux entreprises, sartrienne et althussérienne, phénoménologique et structuraliste, commencent par une démarche commune : la reconnaissance de la pluralité des *sens spécifiques* ou des univers *spirituels* ou des *pratiques*. La reconnaissance de ce *pluralisme* a d'ailleurs une fonction philosophique en même temps que politique. Elle réfute le marxisme « mécaniste » et « totalitaire » qui, partant de la primauté des forces ou des rapports de production, prétendait interpréter n'importe quelle œuvre, par exemple la poésie de Valéry, par référence à la classe (Valéry, petit-bourgeois), ou par référence à l'état de forces productives, ou bien enfin par la réification des rapports humains dans le capitalisme. Lucien Goldmann, lorsqu'il met en relation le structuralisme de Lévi-Strauss et le néo-capitalisme, ne s'élève pas beaucoup au-dessus du niveau stalinien.

Le pluralisme, commun à Sartre et à Althusser, appartient aussi, dira-t-on, à la sagesse des nations ou, en tout cas, à tous les historiens ou sociologues que n'aveugle pas le fanatisme. Les philosophes, depuis qu'ils réfléchissent sur l'histoire humaine, sur la diversité des organisations sociales et le devenir de celles-ci, ont oscillé entre la curiosité des faits singuliers et la recherche des ensembles. D'une certaine manière, le concept d'ensemble — social, historique — résume toute la problématique des sciences humaines. Central dans la critique néo-kantienne de l'histoire, il le reste encore dans le structuralisme de Lévi-Strauss, en dépit de l'intervalle entre le *type idéal du capitalisme*, construit par Weber, et les *structures élémentaires de la parenté*, construites par Lévi-Strauss, mais incluses, selon lui, dans la réalité elle-même.

La pluralité des univers spécifiques, Sartre consacre la première partie de sa *Critique* à la (re)découvrir contre les marxistes vulgaires (les wébériens la lui auraient accordée, sans exiger de lui une démonstration), mais Sartre ne dispose ensuite que du concept de médiation pour rétablir l'unité des ensembles historiques. Or, il aura beau, avec une ingéniosité sans égale, multiplier les médiations entre la rente foncière et *Madame Bovary*, il laissera l'esprit du lecteur incertain [1] : il suggère une méthode ou plutôt il interdit la

1. « *À travers* Madame Bovary, *nous pouvons et devons entrevoir le mouvement de la rente foncière, l'évolution des classes montantes,*

méthode du marxisme vulgaire, il introduit l'interprétation psychanalytique entre la situation sociale et le destin individuel, il autorise la compréhension intrinsèque de l'œuvre, de la personne, de la philosophie en tant que philosophie, de la poésie en tant que poésie. Mais pourquoi, au terme de ces médiations, en réunissant ces compréhensions (au sens du *verstehen* des Allemands) retrouverait-on la primauté des forces ou des rapports de production ? Pourquoi les rapports de production (propriété des moyens de production ou techniques de la production) jouiraient-ils d'une primauté dans l'ordre de l'être ou dans l'ordre du connaître ? De même, quand il en vient à l'aporie classique du marxisme (le rapport de l'événement à l'ensemble historique du devenir), Sartre tourne en dérision le vieux Plekhanov : celui-ci, selon un raisonnement aussi banal que peu satisfaisant, affirmait qu'une dictature militaire devait nécessairement sortir du tumulte révolutionnaire et que les conséquences du « fait Napoléon-Bonaparte » (le fait que le dictateur ait été cet individu singulier et unique) se sont effacées progressivement et rapidement. Mais qu'offre-t-il pour remplacer cette argumentation classique ? « *Ce que nous entendons montrer, c'est que ce Napoléon était nécessaire, c'est que la Révolution a forgé en même temps la nécessité de la dictature et la personnalité entière de celui qui devait l'exercer ; c'est ainsi que le processus historique a ménagé*

---

la lente maturation du prolétariat ; tout est là » (*C. R. D.*, p. 92). Peut-être, en effet, tout est-il là, il faut de bons yeux pour le voir.

au Général Bonaparte *personnellement des pouvoirs préalables et des occasions qui lui ont permis — et à lui seul — de hâter cette liquidation ; c'est en un mot, qu'il ne s'agit pas d'un universel abstrait, d'une situation si mal définie que plusieurs Bonaparte étaient* possibles, *mais d'une totalisation concrète où* cette *bourgeoisie réelle, faite d'hommes réels et vivants, devait liquider* cette *révolution et où cette révolution créait son propre liquidateur en la personne de Bonaparte en soi et pour soi — c'est-à-dire pour ces bourgeois-là et à ses propres yeux*[1]. » Cette sorte de *totalisation compréhensive* peut rendre après coup intelligible que les événements aient été exactement, jusque dans le détail, ce qu'ils ont été, elle ne peut évidemment pas démontrer qu'ils n'auraient pas pu être autres qu'ils n'ont été : ni cette bourgeoisie-là ni cette révolution-là n'empêchaient les balles autrichiennes de frapper, au lieu d'épargner, le jeune Napoléon Bonaparte au pont d'Arcole. En bref, Sartre, partant de la pluralité des univers spécifiques, refusant l'hétérogénéité de l'événement et de la conjoncture dans l'ordre diachronique, n'élabore finalement que des *totalisations compréhensives.*

L'opposition de la série et du groupe, du pratico-inerte et de la révolte appartiennent à Sartre, non à Marx. Elle ne prend une apparence marxiste que par l'intermédiaire du concept d'*aliénation.* Chacun est englué dans des ensembles qui le traversent de part en part et qu'il doit assumer sans que personne puisse se reconnaître en eux.

Althusser n'insiste pas moins que Sartre sur la plu-

1. *C. R. D.*, pp. 58-59.

ralité des pratiques (ou des instances, ou des niveaux, ou des régions [1]). En un sens même, il va plus loin que Sartre dans le pluralisme puisqu'il se refuse à tenir l'instance économique pour *dominante* dans toutes les formations sociales et que [2], là même où cette instance est dominante, elle laisse une large autonomie aux autres instances. La spécificité des temporalités, propres aux diverses instances, représente une sorte de généralisation de la loi de l'inégal développement des pays capitalistes, formulée par Lénine. Par là même Althusser semble reprendre les arguments de ceux qui passaient hier pour antimarxistes et son pluralisme n'a pas échappé à la critique de quelques gardiens de la foi.

Mais, avant d'aller plus loin, revenons à l'*événement* et comparons la solution althussérienne à la solution sartrienne. Cette dernière équivaut à refuser la distinction entre les grandes lignes du devenir et le détail « de ce qui s'est passé », en intégrant la contingence à la nécessité, en prêtant à l'événement la même nécessité qu'aux « grandes lignes du devenir ». Althusser semble proposer une solution tout autre : il refuse simultanément le problème et la solution. Il n'y a pas de solution scientifique au problème posé dans les termes d'Engels, de Plekhanov ou de Sartre.

1. Ces mots semblent interchangeables, dans le vocabulaire des althussériens. Si je pratiquais la lecture symptomale, je verrais là un « acte manqué », l'impossibilité d'un *concept* de ce qu'ils désignent indifféremment par ces divers termes.

2. Bien que l'instance économique elle-même détermine, *en dernière analyse*, qu'elle ne soit pas *dominante* en une certaine formation sociale.

Donc le problème n'existe pas en tant que tel. Citons ici un texte d'Althusser pour donner au lecteur une première idée de cette pensée et de son style. « *Toute discipline scientifique s'établit* à un certain niveau, *précisément le niveau où* des concepts peuvent recevoir un contenu (*sans quoi ils ne sont le concept de rien, c'est-à-dire ils ne sont pas des concepts*). *Tel est le niveau de la* théorie historique *de Marx : le niveau des concepts de* structure, *de* superstructure *et de* toutes leurs spécifications. *Mais quand* la même discipline scientifique *prétend produire, à partir d'un* autre niveau que le sien, *à partir d'un niveau qui ne fait l'objet d'*aucune connaissance scientifique (*comme dans notre cas, la genèse des volontés individuelles à partir de l'infini des circonstances, et la genèse de la résultante finale à partir de l'infini des parallélogrammes...*) *la possibilité de son propre objet et des concepts qui lui correspondent, alors elle tombe dans le vide épistémologique, ou, ce qui en est le vertige, dans le plein philosophique*[1]. »

Faut-il dire qu'au niveau des hommes et de leurs actions, il n'y a plus de science, seulement un récit ? Ou bien que la science de l'histoire commence par la détermination des concepts, structure, superstructure, rapports de production et que les faits n'accèdent à l'historicité en soi ou pour l'historien que par référence aux formes que définissent les catégories ? Probablement les deux formules expriment

1. *P. M.*, p. 127. La philosophie est prise, en ce cas, en un sens péjoratif, celui d'un projet philosophique illégitime ou dépassé. On attendrait idéologique plutôt que philosophique.

toutes deux la pensée d'Althusser. Le récit historique au niveau des individus n'appartient pas à la science. Ou, du moins, ce récit ne peut intervenir qu'après la détermination scientifique, c'est-à-dire par des catégories, des formations sociales. Comme on ne retrouvera jamais Lénine en sa singularité à partir des contradictions de la société russe de 1917, on aura le choix entre deux solutions : ou bien le récit non-science, ou bien une science qui rendra intelligibles les événements mais non le détail de ceux-ci. Trotsky écrivant une histoire (probablement non scientifique ?) de la révolution russe ne pourra s'empêcher de poser la question (non scientifique ?) : sans Lénine, le parti bolchevique aurait-il pris le pouvoir en novembre 1917 ?

Cette première analyse illustre la méthode et ses équivoques. On ne résout pas les problèmes, on les élimine par un jeu conceptuel, en laissant le choix entre deux interprétations : ou bien récuser le problème en tant que non scientifique, en un certain sens du mot science ; le récit d'une révolution ne ressemble évidemment pas à la physique atomique ou à la phonologie structurale ; ou bien résoudre le problème en substituant une problématique à une autre, par un transfert d'un domaine à un autre — ce qui donne de curieux résultats.

Prenons l'exemple, presque unique, de l'événement historique dont les althussériens esquissent une « explication historique ». Ils empruntent à Lénine cette explication, classique dans la littérature marxiste et même dans l'historiographie universelle (vocabulaire mis à part). « *La situation privilégiée de la Russie devant la révolution* possible *tient à une* accumulation *et une* exaspération *de contradictions historiques telles qu'elles eussent été inintelligibles en tout autre pays qui ne fût, comme la Russie*, à la fois en retard d'un siècle au moins sur le monde de l'impérialisme, *et à sa pointe*[1]. » Ou encore : « *Toute l'expérience révolutionnaire marxiste démontre que si la contradiction en général* (*mais elle est déjà spécifiée : la contradiction entre les forces de production et les rapports de production, incarnée essentiellement dans la contradiction entre deux classes antagonistes*) *suffit à définir une situation où la révolution est "à l'ordre du jour" elle ne peut, par sa simple vertu directe, provoquer une "situation révolutionnaire" et à plus forte raison une situation de rupture révolutionnaire et le triomphe de la révolution. Pour qu'une contradiction devienne "action" au sens fort, principe de rupture, il faut une accumulation de "circonstances" et de "courants" telle que, quelle qu'en soit l'origine et le sens* (*et nombre d'entre eux sont* nécessairement, *par leur origine et leur sens, paradoxalement étrangers, voire "absolument opposés" à la révolution*), *ils "fusionnent" en une unité de rupture lorsqu'ils atteignent ce résultat de* grouper *l'immense majorité des masses populaires dans l'assaut d'un régime que ses classes dirigeantes sont* impuissantes à défendre[2]. » La proposition « immense majorité des masses populaires » mise à part — rarement vraie et jamais démontrable, même pas pour la Révolution de 1917 — des formules comme celles que nous venons de

1. *P. M.*, p. 95.
2. *P. M.*, p. 98.

citer esquissent une interprétation sociologique, vague et banale, en vocabulaire marxiste, de la conjoncture russe de 1917. Au schéma simple, celui d'avant 1917 — la révolution surviendra au terme de la maturation des contradictions économiques du capitalisme — se substitue un schéma complexe qui combine la pluralité des instances et la définition d'une conjoncture historique en fonction de cette pluralité ; l'événement historique au sens fort, la révolution, le passage d'une formation sociale à une autre, résulte non de la contradiction principale (en ce cas la révolution aurait dû avoir lieu aux États-Unis) mais de l'ensemble des instances et de leurs relations.

Dans cette ligne, Althusser retrouve par instants le langage sartrien : « *Comme si, pour Lénine, l'Impérialisme n'était justement telles et telles contradictions actuelles, leur structure et leurs rapports actuels, comme si cette actualité structurée ne constituait pas l'unique objet de son action politique. Comme si l'on pouvait ainsi d'un mot, magiquement, désigner la réalité d'une pratique irremplaçable, celle des révolutionnaires, leur vie, leurs souffrances, leurs sacrifices, leurs efforts, bref leur histoire concrète, par l'usage qu'on fait d'une autre pratique, fondée sur la première, celle d'un historien. C'est-à-dire d'un homme de science qui réfléchit nécessairement sur le fait accompli de la nécessité*[1]. » N'est-on pas tenté de revenir à la *Critique de la raison dialectique* : « *De ces hommes qui ont vécu, souffert, lutté sous la Restauration et qui, pour finir, ont renversé le trône, aucun n'eût été tel ou n'eût existé si Napoléon*

1. *P. M.*, p. 181.

n'eût pas fait son coup d'État : que devient Hugo si son père n'est pas un général de l'Empire ? Et Musset ? Et Flaubert dont nous avons marqué qu'il avait intériorisé le conflit du scepticisme et de la foi ? Si l'on dit après cela que ces changements ne peuvent pas modifier le développement des forces productives et des rapports de production au cours du siècle dernier, c'est un truisme[1]*. Mais si ce développement doit faire l'unique objet de l'histoire humaine, nous retombons simplement dans "l'économisme" que nous voulions éviter et le marxisme devient un inhumanisme*[2]*.* »

De cet inhumanisme, Althusser s'accommode d'ordinaire bien que le texte cité, qui date de quelques années, trahisse quelque nostalgie de la compréhension des expériences vécues — nostalgie qui semble d'ailleurs s'évanouir à mesure que l'école s'affirme elle-même dans son être.

En résumé, Sartre, comme Althusser, rejette le marxisme stalinien par l'accentuation du pluralisme — pluralisme de *sens* dans un vocabulaire, pluralisme des *pratiques* dans l'autre. Tous deux, grâce à ce pluralisme, expliquent l'événement qui a réfuté le schème historique de la IIe Internationale et que Lénine lui-même hésitait à abandonner avant 1917. Tous deux veulent se donner les moyens de saisir les conjonctures singulières et de donner sa part à l'action révolutionnaire

1. Il suffit de réfléchir un instant pour s'apercevoir que ce « truisme » est une proposition fausse. L'autonomie des forces productives n'est pas telle que le régime politique n'influe au moins sur l'allure du développement.

2. *C. R. D.*, p. 85.

que l'un baptise *praxis* et l'autre *pratique politique* (ou production de nouveaux rapports de production). Mais Sartre se donne pour sujet de l'histoire les consciences individuelles, il s'efforce de réintégrer le contingent dans la nécessité en postulant la nécessité du contingent, en confondant inintelligibilité et nécessité, en multipliant les médiations. L'autre prend pour concept originel celui de production ou de pratique, affirme la pluralité des pratiques et prétend faire la science de l'histoire à partir des catégories fondamentales du matérialisme historique.

Le matérialisme dialectique n'a d'autre fin, dans le discours althussérien, que de montrer la scientificité du matérialisme historique.

II. PLURALISME EN QUÊTE D'UNITÉ

Max Weber tenait le pluralisme pour une donnée immédiate de l'observation historique, il le fondait sur une théorie néokantienne de la réalité et de l'univers des valeurs. Sartre utilise le pluralisme comme une arme de guerre contre le marxisme stalinien, en même temps que comme *idée régulatrice* d'analyses historico-sociologiques, indéfiniment renouvelées en leur richesse et leur subtilité ; une fois admise la causalité « en dernière instance » des rapports de production, toutes les médiations, innombrables, requièrent l'attention. Psychologie, psychanalyse retrouvent légitimité.

Le pluralisme d'Althusser, nous venons de le voir, sert tout d'abord, lui aussi, à réfuter le marxisme stalinien et à rendre possible une explication de « l'événement du siècle », la révolution russe, en un vocabulaire marxiste. Le schème primitif du mouvement parallèle des forces et des rapports de production, des contradictions économiques et des tensions révolutionnaires disparaît au profit d'un schème contraire, celui des inégalités de développement selon les instances, des décalages, des « retards » et des « avances [1] ».

Mais ce pluralisme a une tout autre portée. En une première étape [2], le pluralisme, par l'intermédiaire de quelques astuces verbales, fournit un système conceptuel qui ressortit au matérialisme dialectique (à la Théorie) plutôt qu'au matérialisme historique (ou science de l'histoire). En une deuxième étape, il permet de poser à nouveau le problème véritable, celui de l'unité du « tout » et il est censé en offrir une solution originale. Enfin, ce pluralisme construit, conceptualisé et non empiriquement observé montre à l'œuvre la Théorie (ou philosophie) qui réfute à la fois l'empirisme, l'historicisme, l'humanisme. Les dieux de la génération normalienne d'après guerre meurent [3].

Le vocabulaire d'Althusser a une apparence impec-

1. Les althussériens emploient ces mots bien que ceux-ci s'accordent mal avec leur refus de tout évolutionnisme.

2. Non chronologique. Il s'agit du développement du système conceptuel.

3. Vont-ils renaître après mai 1968 ?

cablement marxiste puisqu'il retient les deux mots clés, les deux concepts fondamentaux, de *production* et de *pratique*. Dès lors, rien n'empêche de parler un langage auquel les marxistes sont accoutumés pour exprimer une pensée toute différente. Par exemple, à la page 51 de *Pour Marx*, nous lisons : « *Il est parfaitement légitime de dire que la production de la connaissance qui est le propre de la pratique théorique constitue un processus qui se passe* tout entier dans la pensée *de la même manière que nous pouvons dire* mutatis mutandis *que le processus de la production économique se passe tout entier dans l'économie.* » Le processus de transformation physique de la matière se passe-t-il tout entier dans l'économie ? La réponse, pour le moins équivoque, supposerait, en tout état de cause, une définition préalable du concept d'économie. Mais la phrase, dans la mesure où elle présente un sens, veut marquer la radicale hétérogénéité des deux processus, de la connaissance et de l'économie, cependant que l'emploi des mêmes termes camoufle quelque peu le risque de déviation par rapport au dogme de l'unité de la théorie et de la pratique.

Les concepts de pratique et de production semblent, sinon équivalents, du moins inséparables. « *Par pratique en général nous entendons tout problème de* transformation *d'une matière première donnée, déterminée, en un* produit *déterminé, transformation effectuée par un travail humain déterminé, utilisant les moyens* (*de* "*production*") *déterminés*[1]. » La science ou la théorie ou l'œuvre d'art deviennent des « pro-

1. *P. M.*, p. 187

duits ». Rien n'interdit de généraliser le concept de travail et d'y inclure l'activité du poète ou du savant, de généraliser le concept de produit et de tenir toute transformation d'une *matière première* (celle-ci fût-elle une idéologie) pour une production. Marx, lui, tendait à refuser même au commerce et aux services le caractère d'une activité productive (il reste trace de ce refus dans la conception soviétique de la comptabilité nationale). Mais quoi que l'on pense de cette généralisation — personnellement je la juge à la fois ingénieuse et insignifiante — elle modifie la formulation des problèmes, elle n'en résout aucun. Au lieu de s'interroger sur les rapports de la théorie et de la pratique, on s'interrogera sur les rapports de la pratique théorique (ou scientifique) et de la pratique économique ou politique.

La production suppose trois éléments : la matière première, le travail de transformation, le produit. Toutes les productions ont une structure homologue en ce sens qu'elles partent toutes d'une matière première, matérielle ou idéale, qu'elles aboutissent toutes à un produit, marchandise ou connaissance, et qu'entre ces deux moments intervient « *la pratique au sens étroit, le moment de* travail de transformation *lui-même qui met en œuvre dans une situation spécifique, des hommes, des moyens et une méthode technique d'utilisation des moyens* [1] ». Le schéma s'applique manifestement, et sans difficulté, aussi bien à la production économique qu'à la production scientifique ou artistique. Peut-être le terme de production est-il préfé-

1. *P. M.*, p. 167.

rable à celui de création, même pour l'œuvre du savant ou de l'artiste. Ni l'un ni l'autre ne créent *ex nihilo*, l'un et l'autre transforment une matière première, la connaissance vulgaire ou l'état antérieur de la connaissance scientifique dans le premier cas, l'expérience vécue de lui-même ou de la société dans le deuxième cas, en une connaissance nouvelle ou une œuvre inédite. Mais l'homologie de structure facilite le camouflage, propre au théologien.

On s'attendrait normalement, après cette reconnaissance de la pluralité des productions ou des pratiques, à une recherche tendant à la discrimination rigoureuse ou exhaustive de ces activités spécifiques [1]. Althusser se borne à énumérer quelques-unes de ces productions, scientifique (théorique), économique, politique, artistique, idéologique. Il s'intéresse d'abord aux relations entre les pratiques économique, politique et scientifique, ensuite aux relations entre pratique idéologique et pratique scientifique. Il s'agit pour lui, dans le premier cas, de retrouver le pluralisme des « pratiques pratiques », nécessaire pour réconcilier le marxisme classique avec le cours de l'histoire ; dans le deuxième, de retrouver la vieille distinction marxiste entre l'idéologie et la science, distinction cette fois intérieure au marxisme lui-même.

Pour restaurer le statut scientifique du marxisme, Althusser introduit la distinction des trois *généralités*. De la première sorte de *généralités I*, concepts géné-

1. Julien Freund a décrété qu'il y avait six essences : économie, droit, politique, science, art, religion.

raux inclus dans l'expérience vulgaire, il donne pour exemples les concepts de « production », de « travail », d'« échange ». En travaillant sur les généralités I la science produit des généralités III, concepts spécifiés, généralités concrètes propres à une authentique connaissance. La distinction des généralités I et III a une double fonction [1] : dissiper l'illusion idéologique de l'empirisme ou du sensualisme ; la science ne travaille jamais sur un existant qui aurait pour essence l'immédiateté et la singularité pures (des « sensations » ou des « individus » [2]). « *Elle travaille toujours sur du général même quand il a la forme du fait.* » En deuxième lieu, le concret, bien loin d'être donné au point de départ, ne se trouve qu'au point d'arrivée. La science élabore ses propres faits scientifiques, fût-ce à travers une critique des « faits » idéologiques élaborés par la « pratique théorique » antérieure [3].

La transformation des *généralités I* en généralités III s'accomplit, comme toute production, grâce à des moyens de production, constitués par le corps de concepts dont l'unité plus ou moins contradictoire constitue « la théorie » de la science au moment (historique) considéré, « théorie » qui définit le champ dans lequel est nécessairement posé tout « problème » de la science. En bref, « *la pratique théo-*

1. *P. M.*, p. 187.
2. Cette réfutation appartient à la vulgate des classes de philosophie dans la plupart des lycées en France.
3. L'expression est équivoque puisque la théorie s'oppose à l'idéologie. Il faut supposer qu'une pratique théorique apparaît rétrospectivement comme idéologique.

rique produit des généralités III *par le travail de la généralité II sur la généralité I*[1] ». Ces propositions présentent un caractère si général (généralité I), qu'elles constituent tout au plus un programme de recherches épistémologiques. On y entend un écho de Bachelard (la science ne part pas de l'ignorance, mais de l'erreur, non de faits bruts mais de faits faussement conceptualisés), un écho aussi de Foucault qui, à l'époque où ce texte fut écrit, n'avait pas encore traité Marx cavalièrement : le champ de la science ou généralité II évoque l'*épistémé* de Foucault dont P. Bourdieu trouve un équivalent sociologique dans le concept de *champ intellectuel.* La science ne se pose jamais que certains problèmes, non ceux qu'elle peut résoudre mais ceux qu'elle croit pouvoir résoudre, ceux que son système conceptuel non conscient lui permet de voir ou de percevoir.

La théorie des trois généralités ressortit à la théorie du matérialisme dialectique puisqu'elle s'applique à toutes les productions techniques ou scientifiques. Mais elle n'est appliquée par Althusser qu'à une seule théorie, le matérialisme historique ou science de l'économie ou de l'histoire. Prodigieuse découverte théorique de Marx : la définition d'un nouveau champ de la science grâce aux concepts, cette fois scientifiques et non idéologiques, du matérialisme historique, rapports de production, plus-value. D'un seul coup de baguette magique, Althusser résout les deux problèmes auxquels se heurtent vainement les marxistes : Marx aurait, sans il est vrai en avoir pris

1. *P. M.*, p. 188.

pleine conscience, élaboré la pratique *scientifique*, destinée à la saisie de la *totalité*, ou, en termes althussériens, capable de connaître concrètement les « touts structurés » que sont les formations sociales. *Connaissance du tout, distinction de la science et de l'idéologie*, cette double problématique est aussi vieille que l'œuvre de Marx lui-même. Voyons l'efficace de la généralité II althussérienne sur la généralité I (à savoir les autres interprétations, « idéologiques », du marxisme).

La solution donnée à l'un de ces problèmes a été régulièrement liée à celle qui était donnée à l'autre. On peut distinguer, « produites » par les diverses écoles marxistes, deux solutions idéales-typiques. Nous appellerons l'une, pour simplifier, la solution positiviste-scientiste, celle de Lénine et de Staline, l'autre, la solution hégélienne (qui comporte d'innombrables variantes avec les emprunts à la phénoménologie et à l'existentialisme).

La première, seule orthodoxe aujourd'hui chez les marxistes-léninistes, même d'Union soviétique, pose l'équivalence épistémologique entre les lois de l'histoire et les lois des sciences de la nature. Les lois du devenir présentent un caractère dialectique parce que les lois les plus générales (celles du devenir incessant et des mutations brusques, de la transformation de la quantité en qualité, de la négation de la négation) s'y manifestent. Les mêmes lois apparaissent dans les sciences de la nature inanimée ou de la vie. Le marxisme doit son caractère scientifique à la découverte des lois de l'histoire. Cette interprétation des lois « diachroniques » laisse ouvertes les controverses sur les rapports « synchroniques » entre infrastructure et superstructure, entre fonctionnement du capitalisme et devenir du régime. Les théologiens de Moscou en ont, depuis un demi-siècle, longuement discuté, de même qu'ils ont discuté sur la fonction et la définition du matérialisme dialectique (science ou philosophie ? Synthèse des résultats scientifiques ou analyse de la connaissance ?).

Malgré ces hésitations, dès lors que les lois diachroniques ressortissent à la science positive, l'essentiel demeure acquis : la conscience *vraie* du marxiste s'oppose à la conscience *fausse* du bourgeois comme la vérité de la science aux illusions (ou aux déformations) de l'idéologie.

Le jeune Lukács, celui d'*Histoire et conscience de classe*, se situe à l'autre extrémité. Il ne nie pas explicitement — il a été et il est resté un militant — que les lois diachroniques de l'histoire soient assimilables aux lois des sciences de la nature mais il fonde la vérité du marxisme moins sur la connaissance du passé que sur l'anticipation de l'avenir. Seul le prolétariat se veut un avenir ; la bourgeoisie appartient à une société qu'elle s'avoue incapable de dépasser et qui la déshumanise, elle-même et la classe qu'elle opprime. Bien plus, Lukács suggère que la primauté de l'économie caractérise moins toute société que la société capitaliste. Sous une forme subtile, il oppose la perception (ou interprétation) marxiste de l'histoire aux autres perceptions (ou interprétations) comme la perception totalisante aux perceptions partielles. Il n'en va pas autrement de Sartre, dans la *Critique de la raison dialectique*. L'un et l'autre, Lukács et Sartre, peuvent être dits historicistes, en un sens dérivé de Hegel : l'Histoire (réalité) constitue l'accomplissement de la Vérité (faut-il dire, puisque nous ne voulons pas sortir du matérialisme, la création [ou production] de l'homme par l'animal humanisé ?). En rigueur, cette sorte de marxisme aboutit à un pari sur l'avenir plutôt qu'à une prédiction de victoire, elle exige, sous-jacente, une philosophie qui permette de définir l'accomplissement de l'homme ou de la Vérité.

Tous les auteurs, marxistes ou antimarxistes qui tiennent le marxisme essentiellement pour une philosophie de l'histoire, J. Hyppolite ou le R. P. Fessard, ne se lassent pas de citer le *Manuscrit économico-philosophique* de 1844. Ils y croient découvrir le secret de la philosophie marxiste :

« *Le* communisme *en tant que dépassement* positif *de la* propriété privée, *donc de* l'auto-aliénation humaine *et par conséquent en tant qu'appropriation réelle de l'essence humaine par l'homme et pour l'homme ; c'est le retour total de l'homme à soi en tant qu'homme social, c'est-à-dire humain, retour conscient, accompli dans toute la richesse du développement antérieur. Ce communisme est un naturalisme achevé, et comme tel un humanisme ; en tant qu'humanisme achevé il est un naturalisme ; il est la vraie solution du conflit de l'homme avec la nature, de l'homme avec l'homme, la vraie solution de la lutte entre l'existence et l'essence, entre l'objectification et l'affirmation de soi, entre la liberté et la nécessité, entre l'individu et l'espèce. Il est l'énigme de l'histoire résolue et il sait qu'il est cette solution*[1]. »

Les pères jésuites aussi bien que les paramarxistes parisiens, durant la grande mode de l'existentialisme, interprétèrent les œuvres de maturité à la lumière de cette utopie philosophique. En quoi ils avaient, me semble-t-il, à la fois tort et raison : la structure conceptuelle de la pensée marxiste demeura jusqu'au bout marquée par le concept d'*aliénation*, par la vision, insistante et vague, de la reconquête par l'homme de sa propre humanité. Mais si Marx n'avait pas eu l'ambition et l'espoir de fonder en rigueur *scientifique* l'avènement du communisme, il n'aurait pas eu besoin de travailler trente ans au *Capital* (sans parvenir à l'achever). Quelques pages et quelques semaines auraient suffi pour mener à bien l'analyse existentielle de la condition humaine dans le capitalisme si le style parisien des années 50 avait satisfait son exigence de vérité démontrée.

La solution althussérienne s'oppose aux deux précédentes, d'abord et avant tout par le primat donné à la synchronie sur la diachronie, ou plus précisément à la théorie de l'histoire sur l'histoire, à la théorie des modes de production sur la théorie de leur succession, à la théorie de leur succession sur la connaissance du devenir[2]. Simultanément, la version scien-

1. *Marx*, éd. Pléiade, t. II, p. 79.

2. Même Lévi-Strauss devient suspect de quelque erreur philosophique, d'un résidu d'attachement « idéologique » à la représentation d'un temps linéaire, continu, à l'interprétation temporelle et non éternelle de la synchronie. « *Le synchronisme*, c'est l'éternité

tiste du marxisme (la « philosophie totalitaire du devenir » fondée sur de prétendues lois du devenir) disparaît non par la négation du caractère scientifique du marxisme mais par recours à un autre modèle de science ou à une autre définition de la scientificité. La primauté de la théorie et de la synchronie, la (re)définition de la scientificité s'accordent avec l'actuel climat de la philosophie normalienne. Il reste à savoir comment une personne qui a vécu en un tout autre climat réagirait à cette entreprise de réincarnation. Et ce que celle-ci vaut « scientifiquement ».

En quoi consiste une science de l'histoire qui prend pour modèle la connaissance spinoziste de l'éternel ? Une telle science comporte deux chapitres [1], équivalents des deux chapitres classiques du marxisme : une théorie générale de la « structure » de toutes les sociétés, une théorie de la structure du mode de production capitaliste.

---

au sens spinoziste, *ou connaissance adéquate d'un objet complexe par la connaissance adéquate de sa complexité* » (*L. C.*, II, p. 57). Et, un peu plus loin, « *une fois remise à sa place la synchronie, le sens "concret" de la diachronie tombe, et là encore rien ne reste d'elle que son usage épistémologique possible sous la condition de lui faire subir une conversion théorique et de la considérer dans son vrai sens, comme une catégorie non du concret mais du connaître. La diachronie n'est alors que le faux nom de* processus *ou de ce que Marx appelle le* développement des formes. *Mais là encore, nous tombons* dans la connaissance, *dans le processus de la connaissance, et non dans le développement du concret réel* » (*ibid.*, p. 58).

1. Elle pourrait en comporter beaucoup d'autres. Elle est une investigation ou un programme. Dans les textes d'Althusser et de ses amis, elle ne comporte pas grand-chose de plus.

Les althussériens, aussi peu historiens qu'économistes ou sociologues, ne connaissent pas d'autre mode de production que ceux que Marx a énumérés dans la préface à la *Contribution à la critique de l'économie politique* : esclavage, servage, capitalisme en Occident, mode de production asiatique en une autre partie de l'humanité. Cette typologie [1] a probablement pour origine et pour fondement la notion de plus-value. Les divers modes de production se différencient avant tout par la manière dont la plus-value est prélevée et répartie. Le capitalisme marque pour ainsi dire la forme à la fois parfaite et clandestine de l'exploitation de l'homme par l'homme : la plus-value, bien loin d'exiger la distinction des maîtres et des esclaves, des seigneurs et des serfs, exige la liberté juridique du travailleur, la liberté des contrats. Conformément à la loi du marché, le propriétaire des moyens de production s'approprie la plus-value. Une fois cette typologie des modes de production empruntée par les althussériens à un texte connu de tous, la mécanique philosophique se met en mouvement.

Il a été admis, affirmé, reconnu comme évident qu'il existait une pluralité des productions, dont chacune avait sa spécificité (bien que toutes comportent transformation d'une matière première, selon

1. Cette typologie n'est pas et ne peut pas être une *périodisation*, en fonction même des thèses épistémologiques de l'*Introduction* que nous discutons plus loin. L'esclavage ou le servage se retrouvent dans des modes de production extrêmement différents. Cf. ci-dessous p. 242.

une méthode ou une pratique définie, en un produit). Dès lors, nous disposons d'une magnifique problématique à l'usage des agrégés de philosophie : les rapports des diverses productions (ou instances ou niveaux) sont-ils les mêmes dans les diverses formations sociales ? Appelons structure la modalité des rapports entre les diverses productions ou instances (économie, politique, idéologie) en une formation sociale donnée et nous voici engagés dans une *théorie structurale* des formations sociales, voire de l'histoire elle-même. Chaque formation sociale (ou régime, ou mode de production) sera définie *structuralement* par la place respective qu'y occupent les diverses instances.

Cette analyse permet de (re)trouver une vieille distinction ou de lever une vieille difficulté. Si la structure (au sens défini dans le précédent paragraphe) diffère d'une formation sociale à une autre, en quel sens la pratique économique peut-elle être dite déterminante, fût-ce en dernière instance ? Il suffit de recourir à une distinction verbale : la pratique économique reste toujours *en dernière instance déterminante* bien qu'en certaines formations sociales la pratique politique puisse être *dominante*.

L'idée, elle aussi banale, apparaît dans les écrits du jeune Lukacs et les marxistes-léninistes n'ont jamais fermé les yeux à certains faits : l'économie ne tient pas la même place dans la formation sociale dite médiévale que dans le capitalisme. Tout se passe comme si la pratique politique était « dominante » au Moyen Âge du fait que le propriétaire ou seigneur prélève la plus-value grâce au pouvoir politique, à la force militaire ou à l'emprise spirituelle. En revanche, dans la formation sociale du capitalisme, tout se passe comme si le propriétaire des moyens de production prélevait la plus-value sans recours aux moyens politiques ou militaires par le seul jeu des mécanismes économiques. Du coup voici nos agrégés-théologiens passionnément intéressés par une question merveilleusement abstraite : en quel sens une pratique peut-elle être dite « dominante » en un « tout structuré » dont tous les niveaux (ou instances ou pratiques) sont spécifiques ?

Une telle question est-elle scientifiquement significative ? Comporte-t-elle une réponse en l'état actuel de notre savoir ? Comporte-t-elle même, en tant que telle, une réponse ? En tout cas, il faudrait, tout d'abord, établir une liste exhaustive des diverses « instances », élaborer le « concept » de chacune d'elles, savoir en quel sens une instance dite spécifique demeure conceptuellement la même dans les diverses formations sociales. Il faudrait ensuite élaborer le statut théorique (pour parler le langage de la secte) de la notion de « pratique dominante » ou de « pratique déterminante en dernière instance ». Faute de quoi on commet précisément l'erreur que l'on reproche aux autres, prendre des concepts vulgaires (généralité I) pour des concepts scientifiques et poser de faux problèmes ou des problèmes dont la solution se réduit à des propositions non instructives à force de généralité : les diverses pratiques s'articulent de manière originale dans chaque formation sociale.

Il n'est pas impossible de traduire cette typologie en un pseudo-structuralisme ou même en une combinatoire — exercice scolaire auquel se livre M. Balibar. Toute « production » comporte des travailleurs, des moyens de travail (que l'on subdivise en objets et moyens de travail), enfin des non-travailleurs (selon des relations soit de propriété soit d'appropriation réelle). Armé de ces cinq termes, le structuraliste amateur imagine une « combinatoire » qui permettrait de concevoir non pas seulement les divers modes de production observés mais encore les modes de production possibles mais non réalisés.

Toute production comporte un travailleur (élément 1) modifiant un objet (élément 2) en utilisant des moyens (élément 3) ; le processus de production implique à la fois l'appropriation réelle des moyens de production ou de la matière extérieure (élément 4) et enfin la propriété juridique ou bien des objets, ou bien des moyens ou bien enfin des produits de travail (élément 5). Les cinq éléments ne présentent qu'une originalité, la distinction de *l'appropriation réelle* et des *relations de propriété*. Distinction à la fois utile et équivoque. L'appropriation *réelle* des moyens de travail par le travailleur ne se confond pas avec la propriété de ces mêmes moyens de travail. L'ouvrier se sert des machines qui appartiennent *juridiquement* aux actionnaires et que contrôlent effectivement les gestionnaires (propriétaires ou non propriétaires). Il n'y a rien à objecter à des distinctions de cette sorte, légitimes et banales. La difficulté surgit de la prétention juvénile à la détermination conceptuelle des *invariants* de tout mode de production, ou encore de l'effort théologique pour distinguer les relations de propriété, immanentes à la base ou infrastructure, des formes juridiques de la propriété, formes « *qui n'entrent pas dans la "combinaison", font partie de la "superstructure" et non de la "base" dont nous nous occupons ici* ». Le but « idéologique » de cette analyse « scientifique » saute aux yeux : expliquer la non-correspondance entre relations de production et rapports de propriété. Ajoutons que, pour maintenir des relations de propriété dans l'infrastructure, le marxiste doit distinguer la propriété, interne au processus de production, de la propriété au sens juridique du terme. Or, qu'est-ce que la propriété, au sens non juridique, sinon l'appropriation réelle [1] ?

Que faire en jouant avec ces cinq éléments sinon saisir quelques-unes des caractéristiques de n'importe quel mode de production, celles mêmes que Marx avait observées : moyens de production, organisation du travail, travail individuel ou travail collectif, permanence à travers l'histoire d'une plus-value (ou d'un sur-travail) et modalités diverses de la production et de la répartition de la plus-value ? Celle-ci est accaparée par l'État dans le mode de production asiatique, par les capitalistes dans le mode de production capitaliste. Le système des corvées sépare temporellement travail et sur-travail, le capitalisme dissimule cette séparation bien que la lutte pour la dernière heure de travail révèle la constance du phénomène.

Pour aller au-delà, des recherches *historiques* s'imposent : quelles sont les modalités de ces divers éléments, leurs diverses combinaisons possibles à l'intérieur d'un certain mode de production, les

1. *L. C.*, II, pp. 204-210.

« relations complexes » des divers éléments du mode de production entre eux et avec les autres instances ? Par exemple, comment connaître, sinon par la recherche « empirique », la répartition de la plus-value capitaliste en fonction des moyens de production et de l'organisation du travail ? L'althussérien part de la distinction entre mode de production féodale et mode de production capitaliste parce que l'un exige pour se perpétuer l'efficace de l'instance politique cependant que, dans le capitalisme, les rapports de production se maintiennent ou se reproduisent d'eux-mêmes. La conclusion rejoint évidemment le point de départ puisque l'on n'a pas étudié les modes de production dans leur réalité « empirique ». Bien plus, le raisonnement a reproduit, non justifié, la discrimination initiale des « modes de production ». Plus chacun d'eux constitue un tout complexe, plus la détermination de la « structure » par un seul élément devient critiquable.

Ce qui « empiriquement » caractérise les sociétés industrielles modernes, c'est le développement prodigieux des moyens de production, la similitude de l'organisation du travail (ou appropriation réelle des moyens de production), en dépit de la diversité des statuts juridiques des entreprises. La loi des décalages a joué de telle manière que le développement des forces productives et le mouvement des rapports de production n'ont pas manifesté la « correspondance » prévue. Procès de production et procès d'exploitation se révèlent autonomes l'un par rapport à l'autre. Il ne reste plus qu'à formuler la loi, due à M. Bettelheim, qui mérite une place d'honneur dans le sottisier philosophique : « *La loi de correspondance ou de non-correspondance nécessaire*[1] *entre les rapports de production et le caractère des forces productives*[2]. » Une telle loi qui admet à la fois les deux termes — A et non-A — sans qu'un troisième terme soit concevable, échappe évidemment à la réfutation. Ou bien forces de production et rapports de production se correspondent ou bien ils ne se correspondent pas. Le maréchal de La Palice n'aurait pas dit mieux.

III. LA TOTALITÉ ORGANIQUE

Les althussériens ne se réfèrent pas volontiers à la Préface de la *Contribution à la critique de l'économie politique* qui contient les formules les plus célèbres et les moins compatibles avec le cours de l'histoire et leur propre philosophie.

Par exemple : « *Jamais une société n'expire avant que ne se soient développées toutes les forces productives qu'elle est assez large pour contenir ; jamais des rapports supérieurs de production ne se mettent en place avant que les conditions matérielles de leur existence ne soient écloses dans le sein même de la vieille société*[3]. » On trouve ailleurs des énoncés comparables, ceux mêmes

1. Il faudrait dire qu'il n'y a nécessité ni de correspondance ni de non-correspondance.
2. *C.*, II, p. 319.
3. *Marx*, éd. Pléiade, I, p. 273.

que les social-démocrates tenaient pour fondamentaux puisqu'ils impliquaient un certain schème du devenir historique, schème qui, à son tour, devait commander la pratique prolétarienne.

D'autre part, la Préface contient des énoncés qui suggèrent au moins une interprétation à la fois *déterministe* et pour ainsi dire *totalitaire* de la formation sociale. Rappelons le texte le plus fameux. « *Dans la production réelle de leur existence, les hommes nouent des rapports déterminés, nécessaires, indépendants de leur volonté ; ces rapports de production correspondent à un degré donné du développement de leurs forces productives matérielles. L'ensemble de ces rapports forme la structure économique de la société, la fondation réelle sur laquelle s'élève un édifice juridique et politique et à quoi répondent les formes déterminées de la conscience sociale. Le mode de production de la vie matérielle domine en général le développement de la vie sociale, politique et intellectuelle* [1]. » Plusieurs mots embarrassent les althussériens dans ce texte : *correspondent, fondation réelle, répondent, domine ;* le premier, parce que l'expérience a révélé qu'il n'y a précisément pas de *correspondance ;* le deuxième, *fondation réelle*, parce qu'il indique une moindre réalité de la superstructure, de l'édifice politique et juridique ; le troisième, *répondent*, parce qu'il affirme, sans en préciser la nature, une correspondance entre *base réelle et forme déterminée de la conscience sociale*.

L'*Introduction générale*, publiée en 1903 par Karl Kautsky, après la mort de Marx, qui devait précéder

1. *Ibid.*, pp. 272-273.

les *Fondements de la critique de l'économie politique* (manuscrit également inachevé, connu depuis 1939) s'adapte, en revanche, exactement au projet althussérien. Le texte est désormais canonisé par la secte comme les manuscrits de 1844 l'ont été par la secte précédente.

Cette introduction présente une *formation sociale* comme un *tout structuré*, une unité organique dans laquelle subsistent les diversités. « *Le résultat auquel nous parvenons n'est pas que la production, la distribution, l'échange, la consommation sont identiques, mais qu'ils sont les éléments d'un tout, des différences* (Unterschiede) *au sein d'une unité*[1]. » La liaison des éléments n'entraîne pas l'identité. « *Rien n'est plus facile à un hégélien que de poser l'identité de la production et de la consommation*[2]. » La distinction des éléments n'interdit pas une certaine primauté de la production. « *La structure de la distribution est complètement déterminée par la structure de la production. La distribution est elle-même un produit de la production non seulement en regard de l'objet — seuls pouvant être distribués les résultats de la production — mais aussi en regard de la forme, puisque tel mode de participation à la production détermine les formes particulières de la distribution, tel mode sous lequel on participe à la distribution*[3]. » Ou encore : « *La production se transcende elle-même dans la détermination contradictoire de la production ; elle transcende aussi les autres moments du*

1. *Ibid.*, p. 253.
2. *Ibid.*, p. 247.
3. *Ibid.*, p. 249.

procès. C'est à partir d'elle que le procès recommence et se renouvelle chaque fois[1]. » Ce qui n'empêche pas que *dans sa forme particularisée* la production est à son tour déterminée par les autres moments : « ... *Les besoins des consommateurs agissent sur la production. Il y a action réciproque entre les divers facteurs : c'est le cas de tout ensemble organique*[2]. »

Après cette détermination de la « totalité structurée », Marx analyse les relations entre abstrait et concret dans la science économique, donc dans la science de l'histoire. Il se pose, en fait, trois problèmes : 1) Faut-il partir du concret ou de l'abstrait, des sociétés telles qu'elles s'offrent à l'observation directe ou des catégories ? Réponse : *des catégories.* 2) Quel est le rapport entre l'ordre historique des modes de production et l'ordre idéal des catégories ? Réponse : *il n'y a pas de correspondance.* 3) Quel est le rapport entre la réalité historique et la conscience que nous en prenons dans la science ? La réponse à cette question, nous le verrons, ne se prête pas à un résumé.

Marx, économiste et sociologue, non historien, veut comprendre les divers modes de production et leur fonctionnement. Il prend donc pour point de départ non le concret apparent ou « *l'ensemble vivant, la population, la nation, l'État, mais l'abstrait, à savoir les catégories économiques* ». Si l'on part des catégories (travail, division du travail, besoin, valeur d'échange) qui reproduisent des moments particuliers plus ou

1. *Ibid.*, p. 253.
2. *Ibid.*, p. 254.

moins fixes et abstraits « *le concret apparaît dans la pensée comme le procès de la synthèse, comme résultat et non comme point de départ encore qu'il soit le véritable point de départ, et par suite aussi le point de départ de l'intuition et de la représentation*[1] ». *Le Capital*, personne n'en a jamais douté, va du travail et de la valeur, concepts les plus abstraits et les plus généraux, aux prix, à la baisse tendancielle du taux de profit, à la rente foncière. Selon le plan de la *Critique de l'économie politique* de 1857-1858, Marx voulait reconstruire l'ensemble, y compris l'État, les échanges internationaux et les crises, à partir des catégories qui constituent la structure interne de la société bourgeoise. Les catégories scientifiques (travail, valeur, échange, distribution) s'opposent aux généralités préscientifiques telles que population, État, ou nation, données dans l'expérience vulgaire ou caractéristiques de la phase descriptive de la connaissance.

Bien entendu, la totalité pensée, le concret pensé constitue, en fait, un produit de la pensée, de l'acte de concevoir. La pensée pense un objet de pensée. Contre Hegel tel que Marx l'interprète naïvement à cette époque, le concret n'est pas « le produit du concept qui s'engendrerait lui-même ». La totalité pensée par la science représente un mode d'appropriation du monde, entre d'autres modes d'appropriation, art, religion, pratique. Nous retrouvons la pluralité spécifique des pratiques. Après comme avant la science, le sujet réel subsiste dans son autonomie en dehors de l'esprit.

1. *Ibid.*, p. 255.

Vient ensuite l'analyse des relations entre l'ordre des catégories et l'ordre des modes de production. Marx constate que les diverses catégories ne se développent pas selon la même temporalité. Le Pérou a une économie développée en ce qui concerne la coopération, la division du travail, etc., il n'a pas de monnaie. Les catégories les plus abstraites ne se sont pas développées historiquement avant les catégories les plus concrètes. Ainsi, « *bien qu'historiquement la catégorie la plus simple puisse avoir existé avant la catégorie plus concrète, elle peut appartenir dans son complet développement, intensif et extensif, à une forme de société complexe, alors que la catégorie plus concrète était mieux développée dans une forme de société moins développée*[1] ».

Cette non-correspondance entre mouvements des catégories et mouvement de la réalité vise à la fois Hegel et Proudhon. Elle conduit à deux autres thèmes marxistes : d'abord la référence nécessaire à la totalité structurée pour comprendre la signification de chacune des catégories ou de chacun des aspects de la société considérée, ensuite la prédominance, en chaque formation, d'un élément. « *Dans toutes les sociétés où domine la rente foncière, les liens avec la nature restent encore prépondérants. Dans celles où règne le capital, la prépondérance appartient aux éléments qui ont été créés par la société et l'histoire... Le capital est la force économique de la société bourgeoise qui domine tout. Il forme nécessairement le point de départ et le point final, et son analyse doit précéder celle*

1. *Ibid.*, pp. 257-258.

de la propriété foncière[1]. » « *Dans toutes les formes de société, ce sont les conditions déterminées d'une production qui assignent à toutes les autres leur rang et leur importance*[2]. »

La non-correspondance entre ordre idéal des catégories et ordre de succession des formations sociales, n'exclut pas une mise en relation historique de la science et de la société, une esquisse de sociologie de la connaissance économique : « *le sujet, la société bourgeoise — est donné aussi bien dans la réalité que dans le cerveau*[3] ». La structure intelligible, saisie à l'aide des catégories, est immanente à la réalité sociale elle-même. Ainsi s'explique la correspondance entre les catégories et la réalité : « *Cette abstraction de travail en général n'est pas seulement le résultat mental d'une totalité concrète de travaux. L'indifférence à l'égard du travail particulier correspond à une forme de société dans laquelle les individus passent avec facilité d'un travail à un autre et dans laquelle le genre déterminé de travail leur paraît fortuit et par conséquent indifférent*[4]. » Les catégories les plus abstraites — le travail en général — sont le produit de conditions historiques et n'ont leur pleine validité que pour elles et dans leur limite[5]. « *Cet état de choses s'est le mieux*

1. *Ibid.*, p. 262.
2. *Ibid.*, p. 261.
3. *Ibid.*, p. 261.
4. *Ibid.*, p. 259.
5. On sait que le capitalisme moderne n'accomplit rien de pareil. La simplification du travail était caractéristique de l'industrie textile de 1850, elle ne l'est pas de l'industrie électronique de 1960.

développé dans le type le plus moderne de la société bourgeoise, aux États-Unis. C'est là que la catégorie abstraite "travail", "travail en général", travail sans phrases, *le point de départ de l'économie moderne, devient pratiquement vrai*[1]. »

Du même coup, on retrouve, en même temps que la spécificité de chaque totalité structurée ou de chaque formation sociale, l'idée, classiquement attribuée à Marx, critique de l'économie bourgeoise, selon laquelle les lois du capitalisme ne s'appliquent pas, telles quelles, à tous les régimes. Bien plus, il y a un *privilège de la rétrospection* : l'historien ou l'économiste comprend les formations sociales antérieures à partir de la formation la plus développée, les économies du passé à partir de l'économie bourgeoise. Encore ne doit-il pas oublier que l'économie bourgeoise demeure une forme contradictoire, que certaines catégories du passé ne se retrouvent en elle qu'étiolées ou même travesties. En bref, l'économie bourgeoise ne devient compréhension et critique des économies prébourgeoises qu'à partir du moment où elle devient capable de se critiquer elle-même.

On voit aisément pourquoi ce texte, à condition d'en éliminer quelques passages[2], a pris un caractère sacré pour les althussériens, pour tous ceux qui veulent relire ou même simplement lire *Le Capital*. Il a en effet un accent antiempirique, antihistoriciste

1. *Ibid.*, p. 259.
2. Il faut éliminer les analogies biologiques et les formules évolutionnistes.

(avec réserves), antihumaniste. Il n'y est plus question des relations entre les hommes mais du « sujet réel » — la formation sociale ou structure — du « tout pensé », terme de la synthèse scientifique à partir des catégories.

Que toute science implique un système conceptuel, une construction de l'objet, nous l'avons appris en classe de philosophie de professeurs qui l'avaient eux-mêmes appris, une génération précédente, de leurs propres professeurs. Il y a cinquante ans, le néokantisme, à tendance mathématique, régnait, et la construction de l'objet s'accomplissait par jugements, par établissement de relations quantitatives ou fonctionnelles. Aujourd'hui, les professeurs de philosophie, pour rendre compte de l'activité scientifique, utilisent des notions différentes, plutôt concepts et dialectique des concepts que jugements.

L'épistémologie de l'*Introduction* ne présente pas d'originalité dans la mesure où elle se borne à suggérer la construction conceptuelle de l'objet scientifique. Elle demeure équivoque, programme plutôt que doctrine : quelle est la nature des catégories les plus simples à partir desquelles il convient de reconstruire le « tout pensé » ? L'embarras de Marx, dès que l'on se remet par la pensée dans son univers intellectuel, s'explique aisément. Il emploie le système conceptuel des économistes anglais, en particulier de Ricardo. Les concepts de ceux-ci semblent universels, suprahistoriques. Toutes les sociétés, à un degré ou à un autre, comportent production, travail, échange. Or Marx admet une des thèses de l'historicisme [1] : à ses yeux, le capitalisme, bien loin de constituer le seul régime possible, se situe dans une procession de régimes contradictoires, le dernier d'entre eux ; après lui viendra le socialisme qui marquera la fin de la préhistoire. Pluralité de formations sociales dont chacune présente des traits spécifiques, aboutissement à un régime qui, final ou non, présentera une originalité radicale par rapport à tous les régimes du passé (il sera non antagoniste) ; les deux propositions apparaissent l'une explicitement, l'autre implicitement dans l'*Introduction.* Si la deuxième relève de l'idéologie et non de la science, alors la pensée *politique* de Marx ressortit tout entière à l'idéologie (ce que les althussériens pensent peut-être au fond d'eux-mêmes mais n'ont pas le courage d'avouer).

L'*Introduction* tout entière s'explique à partir de la tension interne à la pensée de Marx entre l'universalisme des concepts de l'économie anglaise et la pluralité historique des formations sociales. Comment reconstruire des formations sociales hétérogènes à l'aide de concepts apparemment universels (ou suprahistoriques). Marx donne une double réponse : d'une part les catégories économiques ne se sont pas développées historiquement selon l'ordre qui nous semble rétrospectivement logique ; dans une certaine formation sociale, une catégorie, la division du travail, est relativement développée cependant qu'une autre, la monnaie, ne l'est pas. D'autre part, la rétros-

1. Les althussériens aussi. Ils donnent un autre sens à l'historicisme qu'ils refusent d'attribuer à Marx.

pection bénéficie d'un certain privilège ; les catégories économiques sont toutes présentes dans la formation sociale la plus développée, bien qu'elles n'y soient pas toutes pleinement développées. À condition que cette formation sociale accède à la conscience critique d'elle-même, elle comprendra les formations sociales antérieures mieux que celles-ci ne se sont comprises elles-mêmes. Ce privilège de la rétrospection appartient, lui aussi, à la doctrine couramment baptisée historiciste bien que des économistes, d'esprit positif ou même positiviste, tel Simiand, aient eux aussi affirmé que l'on comprend mieux les formes élémentaires d'un phénomène social (par exemple, l'économie) en partant de la forme la plus développée qu'en suivant l'ordre inverse.

La difficulté majeure de l'épistémologie esquissée dans l'*Introduction* tient à la troisième question : la relation entre le « tout structuré », objet de pensée, et le « sujet historique », ou la « structure de la formation sociale ». La totalité pensée, lisons-nous, est un produit de la pensée, de l'acte de concevoir [1], « la totalité » telle qu'elle apparaît dans l'esprit comme un tout pensé est un produit du cerveau pensant ; le « sujet réel » subsiste comme avant dans son autonomie « *aussi longtemps que l'esprit n'agit que spéculativement* ». Mais en quoi consiste la spécificité de l'appropriation scientifique ? Comment garantir la « correspondance » ou l'« adéquation » entre le tout pensé et le sujet réel ?

Gardons-nous de poser la question dans le style de

1. *Ibid.*, p. 255.

la théorie de la connaissance, tout entière « idéologique » (Althusser *dixit*). Il n'en reste pas moins à discerner, dans la pratique scientifique, les spécificités de la théorie valable — ce qui renverrait à l'histoire de la science la tâche non de fixer de l'extérieur les « règles de la méthode » (ou moyens de la production théorique), mais de dégager ces règles par une analyse de la pratique effective. Même si la Théorie (ou matérialisme dialectique) se réduisait à cette réflexion sur la science dans la ligne de Léon Brunschvicg et de Bachelard, il faudrait encore démontrer l'authenticité d'une « coupure épistémologique », non reconnue comme telle par les savants. Enfin, dès lors que la science reconstruit à partir des catégories abstraites un tout structuré, celui-ci doit bien *correspondre* au sujet réel, ou le *refléter*[1], ou *l'exprimer*. En bref, en quoi consiste l'adéquation de la « totalité pensée » au « sujet réel » ? Comment la nommer ? Comment en saisir le concept ?

Dans l'*Introduction*, un texte suggère que l'appropriation scientifique retrouve ce qui existe avant elle et en dehors d'elle. « *La société bourgeoise moderne est donnée aussi bien dans la réalité que dans le cerveau ; les catégories expriment les formes et les modes d'existence, souvent de simples aspects particuliers de cette société, de ce sujet ; par conséquent, cette société ne commence nullement à exister* scientifiquement parlant *à partir du moment seulement où il est question d'elle* en

1. La notion de « reflet » s'accorde mal avec la construction de « l'objet pensé ».

tant que telle[1]. » Si l'on prend ce texte à la lettre, la structure du « tout pensé » serait déjà, en quelque manière, donnée dans le sujet réel. Selon cette interprétation, le fantôme que l'on veut exorciser, Hegel, ne surgirait-il pas de nouveau ? Ou bien faut-il tenir le « sujet réel » pour une sorte « d'objet transcendantal ? » En ce cas, une théorie de la construction du « tout pensé » s'impose, les catégories devenant les moyens d'un schématisme transcendantal. Ou bien enfin, les catégories sont inscrites dans le réel avant d'être reprises par « l'appropriation scientifique » et la distinction du tout pensé et du tout réel, sans disparaître pour autant, tend vers une sorte de relation dialectique.

Le privilège de la rétrospection que nous avons relevée un peu plus haut, va dans le sens de cette dernière interprétation. Si la société bourgeoise, pourvu qu'elle se critique elle-même, comprend seule les formations sociales antérieures, la vérité de la connaissance historique, même quand celle-ci porte sur les modes de production, n'apparaît qu'au crépuscule, au moment où se lève la chouette de Minerve. « *L'anatomie de l'homme est une clé pour l'anatomie du singe*[2]. » « *L'abstraction la plus simple que l'économie moderne place au premier rang et qui exprime un phénomène ancestral, valable pour toutes les formes de*

1. *Ibid.*, p. 261.
2. *Ibid.*, p. 261. Cette phrase, comme beaucoup d'autres expressions telles que *Entwicklung, mehr oder weniger entwickelt*, montre que le « tout structuré » est conçu sur le modèle biologique, comme une « totalité organique ».

société, n'apparaît pourtant comme pratiquement vrai, dans cette abstraction, qu'en tant que catégorie de la société la plus moderne[1]. Cette historicité de la connaissance historique n'implique nullement une sorte de savoir absolu au point d'arrivée, la formation sociale la plus avancée, une fois critique d'elle-même, connaissant adéquatement les autres et elle-même ; elle n'exclut pas une version positiviste, une interprétation en termes de sociologie de la connaissance. Mais elle montre l'ambiguïté du rapport marxiste entre « objet de pensée » et « sujet réel », rapport que l'interprète rapporte, selon ses préférences, à Kant ou à Hegel.

Dans la postface de la deuxième édition allemande du *Capital*, datée du 24 janvier 1873, le problème de l'adéquation entre la pensée et le réel est résolu selon la formule du renversement de la dialectique, formule inacceptable aux althussériens (qui n'ont pas tort sur ce point). « *Pour Hegel, le mouvement de la pensée, qu'il personnifie sous le nom de l'Idée, est le démiurge de la réalité laquelle n'est que la forme phénoménale de l'Idée. Pour moi, au contraire, le mouvement de la pensée n'est que la réflexion du mouvement réel,* transporté *et* transposé *dans le cerveau de l'homme*[2]. » Quel est le statut épistémologique de ce *transfert* ou de cette *transposition* ?

Marx lui-même, au moment où il rédigeait cette postface, se souciait beaucoup moins qu'Althusser de

1. *Ibid.*, p. 259. Il s'agit de la notion de « travail abstrait », indifférencié, sans référence à la qualité concrète de chaque travail.
2. *Ibid.*, p. 558.

l'adéquation entre « tout structuré » et « sujet réel ». Il cite avec éloge un commentateur russe qui interprète la méthode du *Capital* de la manière suivante : « *Ainsi donc, Marx ne s'inquiète que d'une chose : démontrer par une recherche rigoureusement scientifique la nécessité d'ordres déterminés des rapports sociaux, et, autant que possible, vérifier des faits qui lui ont servi de point de départ et de point d'appui. Pour cela, il suffit qu'il démontre, en même temps que la nécessité de l'organisation actuelle, la nécessité d'une autre organisation dans laquelle la première doit inévitablement passer, que l'humanité y croie ou non, qu'elle en ait ou non conscience. Il envisage le mouvement social comme un enchaînement naturel de phénomènes historiques, enchaînement soumis à des lois qui, non seulement sont indépendantes de la volonté, de la conscience et des desseins de l'homme, mais qui, au contraire, déterminent sa volonté, sa conscience et ses desseins... Si l'élément conscient joue un rôle aussi secondaire dans l'histoire de la civilisation, il va de soi que la critique, dont l'objet est la civilisation même, ne peut avoir pour base aucune forme de la conscience ni aucun fait de la conscience. Ce n'est pas l'idée, mais seulement le phénomène extérieur qui peut lui servir de point de départ. La critique se borne à comparer, à confronter un fait, non avec l'idée, mais avec un autre fait ; seulement elle exige que les deux faits aient été observés aussi exactement que possible et que, dans la réalité, ils constituent à l'égard l'un de l'autre deux phases de développement différentes ; par-dessus tout, elle exige que la série des phénomènes, l'ordre dans lequel ils apparaissent comme phases d'évolution successives soient étudiées avec non moins de rigueur*[1]. » Suivent des considérations classiques sur la spécificité des formations sociales, la comparaison entre organismes sociaux et organismes vivants et l'affirmation qu'un seul et même phénomène obéit... à des lois différentes selon l'organisme social auquel il appartient. La loi de la population n'est pas la même en tout temps et en tous lieux. Et enfin la conclusion : « *La valeur scientifique particulière d'une telle étude, c'est de mettre en lumière les lois qui régissent la naissance, la vie, la croissance et la mort d'un organisme social donné, et son remplacement par un autre supérieur ; c'est cette valeur-là que possède l'ouvrage de Marx*[2]. »

Bien entendu, Marx a pu ne pas comprendre lui-même ce qu'il faisait, méconnaître la révolution scientifique mise à jour un siècle plus tard dans les séminaires de la rue d'Ulm. Le texte que nous venons de citer doit être, lui aussi, remis dans son contexte historique. En 1874, les philosophes se réclamaient du positivisme, du scientisme, de l'évolutionnisme. Marx se félicitait d'une interprétation conforme à la mode de l'époque comme aujourd'hui n'importe quel auteur se réjouit que sa pensée soit baptisée structuraliste. De plus, cette interprétation mettait l'accent sur son *projet politique*, sur la démonstration de la vie et de la mort des formations sociales, en particulier de la mort du capitalisme.

Laissons ce texte sacré qui, en un sens, ne livrera jamais son secret et qui, en un autre sens, ne contient

1. *Ibid.*, pp. 556-557.
2. *Ibid.*, p. 557.

pas de secret. Nous ne saurons jamais comment Marx lui-même interprétait l'adéquation du « tout pensé » au « sujet réel ». Mais nous savons parfaitement bien à quoi tendait l'*Introduction*, quelle méthode elle devait justifier : il nous suffit de (re)lire moins *Le Capital* que les manuscrits de 1857-1858, intitulés *Fondements de la critique de l'économie politique*[1]. Le problème que se pose Marx et qu'il croit avoir résolu se résume en ces termes : utiliser les concepts de l'économie politique anglaise, en particulier ceux de Ricardo, pour mettre en lumière la spécificité de chaque formation sociale, le caractère historique (et non éternel) du capital et de ses lois.

Le passage de la théorie abstraite à la théorie historique du capitalisme, apparaît clairement dans les manuscrits de 1857-1858. Le premier chapitre, celui de l'argent, traite de la société bourgeoise, de son essence et de ses illusions, le deuxième, du capital. L'économiste bourgeois demeure prisonnier de la théorie de l'échange, qui se confond avec une théorie de l'argent. Le marxiste, lui, a compris la fonction du capital et, du même coup, l'historicité du capitalisme et l'origine de l'exploitation.

La société échangiste se fonde sur l'égalité et la liberté. « *Le contenu de l'échange est totalement étranger à sa destination économique. Néanmoins, loin de compromettre l'égalité sociale des individus, il fait de leur diversité naturelle la base de leur égalité sociale. Si A avait le même besoin que B et si son travail avait le*

1. L'*Introduction* devait précéder les *Fondements*, elle en exprime très exactement la méthode.

même objet, il n'y aurait pas lieu de les relier l'un à l'autre : du point de vue de la production, ce ne serait pas des individus autres... Cette diversité naturelle *est donc la condition préalable de leur* égalité sociale, *au sein de l'échange et de l'ensemble de leurs relations productives*[1]. » Cette exposition de la société échangiste, type idéal des libéraux, se déroule en langage hégélien. « *Les deux individus ont conscience que :* 1) *chacun n'atteint son but qu'en servant de moyen à l'autre ;* 2) *chacun n'est qu'un moyen pour l'autre (être pour autrui) en étant but intéressé* (*être pour soi*) *;* 3) *chacun est tour à tour moyen et but, et l'on n'atteint son but qu'en étant moyen de l'autre ; chacun se fait donc moyen pour être son propre but ; chacun pose son être pour autrui en même temps que son être pour soi ; l'autre, c'est à la fois l'être pour lui-même et l'être pour autrui*[2]. » Le système des besoins, selon la notion hégélienne, le système des échanges, selon la formule marxiste se fonde sur la *liberté* et *l'égalité* des personnes. « *La forme économique — l'échange — implique absolument* l'*égalité des sujets, tandis que le contenu et la matière des individus et des objets incitant à l'échange impliquent la* liberté. *Non seulement l'égalité et la liberté sont respectées dans l'échange fondé sur les valeurs, mais l'échange des valeurs est la base produc-*

1. *Fondements de la critique de l'économie politique*, Paris, 1967, t. I, p. 188. Je renvoie également à l'édition allemande, Dietz, Berlin, 1953, en mettant le chiffre de la page entre parenthèses (p. 154).

2. *Ibid.*, pp. 189-190 (p. 155). On peut comparer aux analyses de Hegel le *système des besoins*, soit dans le paragraphe 524 de l'*Encyclopédie*, soit dans la *Philosophie du Droit* § 190-193.

tive et réelle de toutes les libertés *et de l'*égalité. *À titre d'idées pures, elles n'en sont que les expressions idéalisées ; lorsqu'elles sont développées en rapports juridiques, politiques et sociaux, elles en sont la base avec une autre potentialité*[1]. »

Ce type idéal de la société échangiste peut être transfiguré en idéal de la République des échanges ou du régime libéral : aux yeux de Marx, les économistes de la bourgeoisie se prêtent ou s'emploient à cette transfiguration. Il permet aussi de ne pas voir que « *la réalisation de l'*égalité *et de la* liberté *provoque l'inégalité et le despotisme*[2] ». Toutes ces erreurs, intéressées ou non, dissimulent une origine commune : la méconnaissance du caractère historiquement singulier de chaque régime et, en particulier, du capitalisme. Les économistes veulent retrouver partout la liberté et l'égalité des échanges, réduire le capital et l'intérêt à l'échange des valeurs, en bref ils dissolvent la « totalité organique » que constitue chacune des formations sociales en les expliquant toutes à l'aide des mêmes catégories simples.

La rupture entre l'économie bourgeoise (ou libérale) et l'économie marxiste, entre l'économie politique et la critique de l'économie politique intervient avec la mise au jour du capital, en son concept propre, en sa fonction spécifique. Cette découverte bouleversante, pour parler comme Althusser, s'exprime en une formule simple : l'échange entre capital et travail diffère *qualitativement*, *essentielle-*

1. *Ibid.*, p. 191 (p. 156).
2. *Ibid.*, p. 195 (p. 160).

ment de l'échange simple ou de l'échange entre marchandises ou de l'échange entre marchandises et argent. Lisons le texte décisif[1]. « Le *travail, c'est la* valeur d'usage *faisant face au capital qui est sa valeur d'échange. Le capital s'échange, ou bien il n'est dans cette détermination que relation avec du non-capital, avec la négation du capital par rapport à quoi seul il s'affirme comme capital ; le seul véritable non-capital, c'est le travail. Si nous considérons l'échange entre capital et travail, nous constatons qu'il se décompose en deux procès qui ne sont pas simplement formels, mais qualitativement différents, voire opposés.*

« 1) *L'ouvrier échange sa marchandise, le travail, valeur d'usage qui a un prix comme toutes les autres marchandises, contre une somme déterminée de valeur d'échange, somme déterminée d'argent que le capital lui cède.*

« 2) *Le capital reçoit en échange le travail, activité de valorisation, travail productif ; autrement dit, il reçoit en échange la force productive qui conserve et multiplie le capital en devenant une force productive et reproductive, force de capital lui-même.* »

Le texte révèle, me semble-t-il, l'origine à la fois logique et psychologique, de la critique marxiste de la science bourgeoise. Celle-ci pense toute l'économie à la lumière de l'échange et des catégories universelles, elle ne voit pas que parmi tous les échanges il en est un qui diffère *qualitativement* de tous les autres, l'échange entre le capital et le travail. Formellement, cet échange se décompose en deux procès distincts :

1. *Ibid.*, p. 222 (p. 185).

le travail échange une valeur d'usage (la force de travail) contre de l'argent (représentant universel de la valeur d'échange) cependant que le capital, en un procès temporellement distinct du premier, reçoit du travail qui, principe de toute valeur, se définit comme activité de valorisation. La valeur d'usage échangée contre de l'argent, à savoir la force de travail, constitue un rapport social en même temps qu'une marchandise. L'utilisation de la force de travail représente le but ultime de l'échange qui n'a pas en lui-même sa fin comme l'échange simple. De ces deux procès, le premier : la vente du travail contre de l'argent (salaire), ne sort pas du domaine ordinaire de l'échange, de la circulation simple ; le deuxième, l'acquisition de la force de travail par le capitaliste, diffère qualitativement de l'échange simple ; le deuxième procès caractérise le capital en tant que tel, *capital qui ne se définit pas matériellement ou techniquement mais socialement ;* le capital, c'est l'utilisation de travail en vue du profit ou, si l'on préfère, de la production de plus-value. Le fondement de l'économie marxiste en tant que critique de l'économie politique se trouve là, dans l'affirmation du caractère spécifique de l'échange capital-travail. Tout le reste, l'exploitation, la plus-value, l'historicité des lois du capitalisme, s'en déduit.

Une fois dissociés les deux procès en lesquels s'analyse l'échange travail-capital, le premier procès, échange de travail — valeur d'usage contre de l'argent — valeur d'échange, se soumet à la loi commune : « *La valeur d'échange de la marchandise n'est pas déterminée par l'usage qu'en fait l'acheteur, mais par la quantité de travail matérialisé en elle, c'est-à-dire, ici, par la quantité de travail qu'il faut pour produire l'ouvrier*[1]. » Mais peut-on assimiler « la production d'un ouvrier » à la production d'une « marchandise », assimilation indispensable à la théorie marxiste telle que Marx lui-même l'a pensée ?

Du même coup intervient pour la première fois la relation équivoque entre l'apparence et la réalité dans l'économie capitaliste. *En apparence*, l'ouvrier est l'égal du capitaliste, puisque, comme dans tout échange, il reçoit l'équivalent de ce qu'il donne, mais cette égalité est déjà rompue puisqu'il suppose le rapport entre l'ouvrier et le capitaliste, « *c'est-à-dire une valeur d'usage spécifiquement différente de la valeur d'échange et opposée à la valeur en tant que telle* » [...] « *Cette apparence existe comme "illusion" du côté de l'ouvrier et dans une certaine mesure aussi de l'autre côté*[2]. » Cette apparence, en un sens illusion, est, en un autre sens, réalité. Le premier procès de l'échange a pour but la satisfaction des besoins de l'ouvrier. L'ouvrier demande au salaire les moyens de subsistance indispensables à la conservation de son organisme et à la satisfaction de ses besoins physiques sociaux, il ne lui demande ni valeur d'échange, ni richesse. Mais cette hétérogénéité radicale des deux procès, dont ni les ouvriers ni les capitalistes ne prennent conscience, disparaît si l'on admet que la valeur du travail est, selon la loi du capitalisme, juste-

1. *Ibid.*, p. 232 (pp. 193-194).
2. *Ibid.*, p. 233 (p. 195).

ment mesurée par la quantité de travail nécessaire pour produire l'ouvrier.

« *Le prix de travail qui se réalise dans le procès d'échange avec le capitaliste, est donc fixé à l'avance, prédéterminé et, comme n'importe quel autre prix, fixé idéalement, il ne subit plus qu'une modification de forme au moment où il est réalisé. Pour l'ouvrier, le travail n'est valeur d'usage que dans la mesure où il est* valeur d'échange *et non dans la mesure où il produit les valeurs d'échange. Pour le capital, il a une valeur d'échange dans la mesure où il a une valeur d'usage. Pour l'ouvrier, sa valeur d'usage ne se distingue donc pas de la valeur d'échange, contrairement à ce qui se passe pour le capital*[1]. »

La spécificité *sociale* de l'échange travail-capital apparaît avec évidence. Cet échange, tel qu'il s'opère dans le régime capitaliste surtout à l'époque où écrivait Marx, met face à face l'ouvrier qui ne possède rien que sa force de travail et le capitaliste qui, pour remplir sa fonction, doit avoir accumulé du capital-argent. Le capitaliste paie des salaires aux ouvriers dans l'intention d'obtenir un profit, autrement dit en vue d'une mise en valeur du capital lui-même.

Cette analyse fondamentale permet d'interpréter les thèmes de l'*Introduction.* La description pure et simple d'une société, population, production manquerait l'essentiel, à savoir la structure de classes, caractéristique de chaque formation. Le recours aux catégories abstraites, valeur, travail, permet de saisir la « totalité organique » du mode de production à

1. *Ibid.*, p. 254 (p. 214).

condition que l'on ne manque pas l'étape intermédiaire et décisive : *la reconnaissance d'un échange « antagonique » à la fois conforme et contraire à la loi de l'échange*, celui du travail contre le capital. Échange qui rend compte de la primauté de la production [1] dans le système capitaliste, la production n'étant définie comme telle que par la seule appropriation de la nature et de la plus-value. « *Tous les progrès de la civilisation, c'est-à-dire toute augmentation des* forces productives sociales *ou, si l'on veut, les forces productives de travail lui-même, n'enrichissent pas l'ouvrier, mais le capitaliste, et ce au même titre que les résultats de la science, des découvertes, de la division et de la combinaison du travail, de l'amélioration des moyens de communication, de l'action du marché mondial ou de l'emploi des machines. Tout cela augmente uniquement la force productive du capital et puisque le capital se trouve en opposition avec l'ouvrier, tout cela ne fait qu'accroître sa* domination matérielle *sur le travail* [2]. »

Les analyses des *Grundrisse* qui se retrouvent dans *Le Capital*, plus rigoureusement élaborées, expriment la pensée de Marx à l'état naissant, dans sa spontanéité créatrice. Elles illustrent et confirment les idées de la fameuse *Introduction.* S'agit-il de l'historicité des catégories et de leurs relations à l'histoire ? Reportons-nous au texte suivant [3] : « *Il s'est révélé dans le*

1. L'unité dialectique de la production et de la consommation, affirmée dans l'*Introduction*, apparaît plusieurs fois dans le texte, par exemple, t. II, p. 379 (p. 717).

2. *Fondements*, t. I, p. 256 (p. 215).

3. *Fondements*, t. II, p. 309. J'ai suivi de plus près le texte allemand (p 662).

cours de notre exposition (Darstellung) *que la valeur, qui est apparue comme une abstraction, n'est possible que comme abstraction, sitôt que l'argent est posé* (gesetzt) ; *cette circulation d'argent, d'autre part, conduit au capital, mais ne peut être pleinement développée que sur la base du capital, de même que sur la base du capital seulement la circulation peut s'emparer* (ergreifen) *de tous les moments de la production. Par suite dans l'évolution* (Entwicklung) *se montre non pas seulement le caractère historique des formes, comme le capital, qui appartiennent à une époque historique déterminée ; mais aussi certaines déterminations* (Bestimmungen) *comme la valeur, qui apparaissent purement abstraites, montrent le fondement historique dont elles sont abstraites, sur lequel seul elles peuvent donc apparaître dans cette abstraction ; et de telles déterminations qui appartiennent plus ou moins à toutes les époques, montrent les modifications qu'elles subissent. Le concept économique de la valeur ne se rencontre pas chez les Anciens. La valeur, à la différence du* pretium *n'existe qu'au sens juridique, en opposition à la lésion, etc. Le concept de valeur appartient entièrement à l'économie moderne parce qu'il est l'expression la plus abstraite du capital lui-même et de la production qui repose sur lui. Dans le concept de valeur son secret* (*du capital*) *se trahit.* »

Cette page reprend et illustre l'ensemble de l'*Introduction :* rapport entre les catégories et la réalité, historicité des catégories dont les plus abstraites n'apparaissent que tardivement, primauté d'une certaine catégorie (capital) en une époque donnée, unité complexe de chaque système. Ce que Marx entend par « totalité organique » dans l'*Introduction*, comment se combinent analyse diachronique et analyse synchronique, les textes des *Grundrisse* l'éclairent parfaitement. L'analyse synchronique porte sur le système accompli. « *Dans la société bourgeoise achevée, chaque rapport économique en suppose un autre sous sa forme bourgeoise et économique, l'un conditionnant l'autre, comme c'est le cas de tout système organique. Ce système organique lui-même, dans son ensemble, et ses présuppositions propres, et son développement total implique qu'il se subordonne tous les éléments constitutifs de la société ou qu'il crée à partir de lui-même les organes qui lui font encore défaut. C'est ainsi qu'il devient historiquement une totalité. Le devenir vers cette totalité constitue un élément de son processus, de son développement*[1]. »

Ce texte fait suite à des analyses, proprement historiques, des circonstances dans lesquelles se sont formés les nouveaux rapports de production. La totalité capitaliste se constitue progressivement à partir des relations moins développées, elle ne repose jamais sur elle-même ; déchirée par des contradictions, elle tend à se dépasser elle-même. Comme le critique encore cité avec éloges par Marx lui-même l'avait remarqué, l'analyse du fonctionnement du système met au jour à la fois les contradictions de ce dernier et l'évolution inévitable. De plus, bien que Marx tienne le cas de la Grande-Bretagne pour exemplaire, aucun système ne se présente à l'état pur, accompli. Chaque système historique concret comporte des catégories plus ou

1. *Fondements*, t. I, p. 226 (p. 189).

moins développées ; des formes similaires communes, esclavage, servage, prennent une réalité et une fonction tout autre selon les époques : de même que l'esclavage antique diffère de l'esclavage dans le Sud des États-Unis [1], les modalités diverses de propriété commune ou privée de sol ne se confondent pas. Marx pense justement qu'un rapport ou une institution économique ne sauraient être interprétés exactement s'ils ne sont remis dans le contexte historique, insérés dans la totalité organique.

Les modes de production que Marx énumère dans la Préface à la *Contribution à la critique de l'économie politique*, esclavage, servage, salariat, mode asiatique ne constituent pas et ne peuvent pas constituer des totalités closes, des époques séparées de l'histoire universelle. Chacun de ces modes se définit par une forme particulière de prélèvement de la plus-value. Mais, dans ses études historiques ou théoriques, Marx n'utilise ces distinctions que comme des instruments conceptuels, en vue de saisir les systèmes concrètement réalisés en leur complexité et leurs contradictions. Si je n'avais peur d'imiter les althussériens en les critiquant, je dirais que les concepts marxistes servent de types idéaux (ou de modèles) en vue de reconstituer le « tout concret », celui-ci étant non une structure formelle mais l'état idéal d'un système qui

1. *Histoire des doctrines économiques*, éd. Molitor, t. IV, pp. 134-135. On lira, de même, dans les *Fondements*, le passage, t. I, p. 435 sqq. (pp. 375-413) où Marx esquisse les modalités diverses du devenir historique des modes de production.

naît, croît et meurt, état de repos d'un système qui se définit par son mouvement perpétuel.

Les *Grundrisse* sont au *Capital* ce que *Jean Santeuil* est à la *Recherche du temps perdu*[1] : les thèmes, les idées directrices, l'inspiration s'offrent d'eux-mêmes à l'interprète du simple fait que l'élaboration rigoureuse dans un cas, l'orchestration artistique dans l'autre n'ont pas encore atteint à leur perfection.

Dans les *Grundrisse*, la critique de l'économie politique, déjà scientifique, demeure encore, plus visiblement que dans *Le Capital*, d'inspiration morale ou existentielle. À l'intérieur du régime capitaliste, la richesse est devenue, en apparence, fin en soi et, de ce fait même, la société bourgeoise éveille la nostalgie des époques antérieures de l'humanité. « *Dans les périodes antérieures de l'évolution, l'individu jouit d'une plénitude plus grande justement parce que la plénitude de ses conditions matérielles n'est pas encore dégagée, en lui faisant face comme autant de puissances et de rapports sociaux, indépendants de lui. Il est aussi ridicule d'aspirer à cette plénitude du passé que de vouloir en rester au total dénuement d'aujourd'hui. Aucune conception bourgeoise n'a jamais pu dépasser l'opposition à la nostalgie romantique ; celle-ci accompagnera donc, en tant qu'opposition justifiée, la bourgeoisie*

1. La comparaison ne vaut que partiellement. Les *Fondements* contiennent la matière des trois tomes du *Capital*, dont Marx lui-même n'a achevé que le premier. Néanmoins, Marx n'a pas utilisé, dans *Le Capital*, certains éléments des *Fondements*. Enfin, la mise en forme des *Fondements*, plus proche de la création me paraît souvent plus satisfaisante, en tout cas moins aride.

jusqu'à la fin bienheureuse de celle-ci[1]. » Et un peu plus loin[2] : « *Le développement des valeurs d'échange et des rapports monétaires correspond à une vénalité et à une corruption générales... Shakespeare décrit admirablement l'argent comme ce qui pose l'égalité de l'inégalité.* » À un autre moment, Marx s'avise soudain que « *les Anciens ne se sont jamais préoccupés de rechercher quelle était la forme de propriété foncière, etc. la plus productive ou la plus fertile en richesses. Bien que Caton ait pu s'interroger sur la manière la plus avantageuse de cultiver le sol, ou que Brutus ait prêté son argent au taux le plus élevé, la richesse n'apparaît pas comme le but de la production. La recherche porte toujours sur le mode de propriété le plus susceptible de former les meilleurs citoyens... Ainsi combien paraît sublime l'antique conception qui fait de l'homme (quelle que soit l'étroitesse de sa base nationale, religieuse et politique) le but de la production, en comparaison de celle du monde moderne où le but de l'homme est la production et la richesse le but de la production*[3] ».

À cet humanisme, Marx n'a jamais renoncé, en dépit des affirmations contraires des althussériens[4]. En revanche, il reste que Marx a, dans *Le Capital*, voulu donner une forme scientifique à une critique qui ne porte plus sur le culte de l'argent ou de la production, mais sur l'économie capitaliste aux deux

1. *Fondements*, t. I, p. 99 (80).
2. *Ibid.*, p. 100 (p. 81).
3. *Ibid.*, pp. 449-450 (p. 387).
4. Rappelons que selon la périodisation de la pensée marxiste, établie par Althusser, en 1857-1858 Marx est déjà entré dans la période scientifique.

sens du terme : le capitalisme lui-même et l'interprétation qu'en donnent les économistes. *Or la jonction de la critique humaniste et de la critique scientifique s'opère dans le concept de plus-value.* Nous l'avons vu : il existe un échange et un seul qui tout à la fois contredit et confirme la loi égalitaire. L'échange de travail et de capital se dissocie en deux procès, la vente de la force de travail contre un salaire s'opère selon la loi de la valeur, l'utilisation de la force de travail par le capitaliste est créatrice de valeur. La dissociation de ces deux procès explique l'inégalité entre la valeur incarnée dans le salaire et la valeur créée par le travail du salarié.

Critique humaniste, Marx se scandalise que le travail se dégrade en marchandise ; durant la phase scientifique, il s'émerveille que le capitalisme soit condamné à mort précisément parce qu'il traite le travail comme une marchandise. Ou encore, il s'émerveille qu'un échange conforme aux lois du marché permette tout à la fois de résoudre un problème scientifique (découvrir l'origine commune du profit, de l'intérêt, de la rente) et de vitupérer, *au nom de la science*, l'injustice intrinsèque, irréductible du régime capitaliste.

Je suis tenté de dire : trop beau pour être vrai. Mais si beau que Marx n'a jamais pu sortir de ce monde enchanté et pur : à chaque génération, quelques bons esprits se laissent prendre à l'enchantement.

IV. « LE CAPITAL »

La théorie, fondée sur le matérialisme historique, du mode de production capitaliste, constitue l'essentiel du marxisme, aussi bien du marxisme de Marx que de celui des épigones, révolutionnaires ou réformistes. Le marxisme ne prétend à la dignité scientifique qu'en tant que théorie du capitalisme. En tant que théorie de toutes les formations sociales, il offre un programme de recherches, une orientation de la curiosité, des idées directrices et d'innombrables intuitions ou suggestions.

Althusser, en quête d'un marxisme scientifique et non philosophique ou idéologique, subordonne logiquement les écrits de jeunesse aux œuvres de la maturité et, en particulier, au *Capital*. Après tout, Marx avait surmonté ses doutes philosophiques, liquidé le vocabulaire des jeunes hégéliens dès 1845 et il a travaillé trente ans au *Capital* (quelques semaines seulement aux *Manuscrits* de 1844). Malheureusement, Althusser ressemble à ceux qu'il critique beaucoup plus qu'il ne le croit. Il ne s'intéresse guère davantage au contenu du *Capital*, il y cherche une *coupure épistémologique*, la définition d'un champ nouveau, le début d'une science de l'histoire. En bref, il donne plus d'attention à l'*Introduction* qu'à tout *Le Capital*. Nos philosophes parisiens préfèrent les esquisses aux œuvres, ils aiment les brouillons pourvu qu'ils soient obscurs.

En fait, à lire Althusser, on se douterait à peine

que *Le Capital* se veut un traité d'économie politique. Seul le P. Bigo, à l'époque où fleurissait l'idéologie de l'aliénation, avait suggéré que les analyses du *Capital* n'appartenaient pas à la science économique en tant que telle [1]. Althusser n'insiste, en effet, que sur deux idées : le concept de plus-value en tant qu'exemple de *coupure épistémologique* au sens de Bachelard, le concept de *totalité structurée*, ni unité d'expression [2] (la réalisation d'une idée) ni unité causale (l'ensemble étant l'effet mécanique d'une cause déterminante). Il ne renouvelle pas l'interprétation économique d'un livre d'économie, il prétend démontrer que l'on a mal interprété ce livre parce qu'on en a méconnu l'épistémologie implicite. Marx et Engels lui-même auraient parfois trahi leur véritable inspiration telle qu'elle se révèle, un siècle après la publication du *Capital*, à un agrégé de philosophie qui a lu Bachelard.

1. Pierre Bigo, *Marxisme et Humanisme*, Paris, 1952. Par exemple : « *L'analyse de la valeur n'est pas, chez Marx, analyse conceptuelle d'une essence, elle est analyse existentielle d'une situation en développement dialectique, la situation de l'homme dans une économie marchande* » (p. 43). Ou encore, page 142 : « *Marx n'a donc pas pu éviter de poser l'homme dans l'absolu. L'idée de transcendance est au fond de toutes ses thèses.* » Ou enfin, page 248 : « *Au sens où on entend généralement ces termes, Marx n'est pas un économiste, il n'a rien apporté en économie politique. On ne trouve chez lui ni une théorie monétaire ni une théorie du cycle économique. Quand d'aventure il est amené indirectement à des considérations sur ces thèmes, il est étrangement flou, il se contredit. C'est là le domaine des "apparences" qu'il laisse à l'économiste "vulgaire"*. »

2. Althusser prétend que la totalité hégélienne est « totalité d'expression ». N'importe quelle lecture « attentive » de la *Phénoménologie* suffit à réfuter cette interprétation scolaire.

La fonction idéologico-politique de cette (re)découverte du concept de plus-value apparaît au premier regard. Pour les économistes d'aujourd'hui, y compris pour beaucoup d'économistes d'Europe orientale, les deux régimes (ou, si l'on préfère, les deux modes de production) ont de multiples traits communs et relèvent des mêmes instruments d'analyse. Non que la propriété individuelle ou collective des instruments de production n'entraîne des conséquences proprement économiques, qui différencient, en fait et en théorie, les régimes des deux parties de l'Europe. Mais les moyens de production (appareillage et méthode) tendent à se ressembler, cependant que les Soviétiques admettent progressivement une certaine autonomie des entreprises, les relations directes, sur le marché, entre les entreprises et leurs clients, voire des prix fluctuants selon les rapports de l'offre et de la demande. Bien qu'il soit prématuré et, pour longtemps, inexact d'évoquer ou d'annoncer la convergence des deux modes de production, les observateurs hésitent à les opposer radicalement l'un à l'autre comme le bien et le mal, comme deux âges de l'humanité. Les problèmes que l'un et l'autre ont à résoudre présentent trop de ressemblances pour que le passage de l'un à l'autre soit transfiguré en fin de la préhistoire. Si l'on préfère une autre formule, disons que les moyens de production (développement des forces productives) exercent une influence telle que la référence aux rapports de propriété ne suffit plus pour justifier une pratique révolutionnaire, pour mettre en lumière une contradiction essentielle entre deux modes de production tous les deux réalisés en 1967 alors qu'en 1867, il y a un siècle, l'un appartenait encore au rêve ou à l'utopie. *Le concept de plus-value semble destiné à rendre aux rapports de propriété l'importance décisive qu'une analyse naïve ne parvient pas à dévoiler*. Il n'y a de science que du caché, va répétant la gent philosophique parisienne qui n'a jamais pratiqué aucune science. La plus-value devient la réalité cachée que la science va sortir de l'ombre pour dissiper l'illusion « empirique » à laquelle succombent les révisionnistes.

Chacun sait que ce concept, dans *Le Capital*, n'arrive qu'en troisième lieu, après la théorie de la valeur-travail et la théorie du salaire. Admettons que la valeur d'une marchandise soit, en gros, proportionnelle à la quantité de travail social moyen incorporé en elle ; admettons ensuite que la force de travail de l'ouvrier, marchandise comme une autre, soit, elle aussi, payée à sa valeur, c'est-à-dire à la valeur des marchandises nécessaires à la vie de l'ouvrier et de sa famille ; admettons enfin que l'ouvrier produise, par son travail, des marchandises pour une valeur supérieure à celle que représente son salaire : nous appellerons plus-value la différence entre la valeur produite par le travail de l'ouvrier et la valeur du salaire, nous appellerons sur-travail les heures de travail durant lesquelles l'ouvrier, ayant déjà produit l'équivalent de la valeur de son salaire, travaille pour le propriétaire des moyens de production.

Cette théorie dont nous avons exposé la version initiale dans les *Grundrisse*, donnait à Marx une double satisfaction, intellectuelle et politique (ou morale). En substituant la force de travail au travail, il améliorait la théorie ricardienne de la valeur. En découvrant (aux deux sens de ce mot) l'exploitation au cœur même du mode de production capitaliste, imputable non à la cruauté des capitalistes (bien qu'il ne se prive pas de vitupérer cette cruauté) mais à l'essence même des rapports de production, Marx faisait d'une pierre deux coups : il donnait une leçon de science aux économistes de son temps et une base scientifique à la révolte. Dans *Le Capital*, la science du capitalisme devient révolutionnaire, là encore aux deux sens de cette expression : *critique de l'économie bourgeoise*, elle révolutionne la science ; *critique du mode de production capitaliste* puisque celui-ci implique l'exploitation de la classe ouvrière, elle enseigne par elle-même la révolution nécessaire. Si le capitalisme ne vit et ne peut vivre que par l'exploitation de la classe ouvrière, comment ne deviendrait-on pas révolutionnaire à la seule condition que se profile à l'horizon un autre régime d'où l'exploitation aurait disparu ?

La théorie de la plus-value, telle que nous l'avons résumée, représente à coup sûr une manière de chef-d'œuvre. Elle appartient à l'histoire de la science et, en même temps, à l'histoire des idéologies. Elle se prête à tant d'interprétations que la controverse, qui dure depuis la publication par Engels des tomes II et III du *Capital*, peut se poursuivre indéfiniment bien qu'elle ait cessé d'intéresser la plupart des économistes occidentaux et qu'elle semble intéresser de moins en moins les économistes d'Europe orientale. Personnellement, elle m'intéresse médiocrement.

Mais celui qui prétend (re)trouver la vérité du marxisme dans la plus-value a le devoir strict, s'il prétend à la « scientificité », de répondre aux objections, vingt fois élevées contre cette théorie.

Bornons-nous aux objections, à mes yeux décisives contre Althusser, parce qu'elles ressortissent à ce qui le concerne avant tout, l'épistémologie. Y a-t-il ou non une différence d'essence entre valeur et prix ? Dans le premier tome du *Capital*, on n'a aucune peine à collectionner les citations qui incitent à une réponse négative. La théorie de la valeur semble une théorie des prix, avec cette réserve qu'en fonction de l'offre et de la demande, les prix fluctuent *autour* de la valeur. Mais, si la théorie de la valeur-travail équivaut à une théorie des prix, Pareto, entre beaucoup d'autres, en a montré la limitation scientifique. Dès lors qu'un terme — le prix — fluctue en fonction de plusieurs variables, il suffit de mettre entre parenthèses toutes les variables sauf une pour conclure que cette dernière commande les fluctuations du terme considéré. Décidons de ne pas tenir compte des rapports sur le marché entre l'offre et la demande, de ramener la diversité des travaux à un commun dénominateur (comment ?), d'ignorer l'influence des moyens de production, de l'hétérogénéité des structures de production, etc., et il ne restera plus que la quantité de travail social moyen pour déterminer les prix — théorie désormais irréfutable, qui ne nous apprend rien sur les mouvements réels des prix (sauf qu'à long terme, abstraction faite de la rareté, les prix relatifs des marchandises dépendent de la quantité de travail qu'exige chacune d'elles).

Envisageons le deuxième terme de l'alternative. La valeur se distinguerait essentiellement des prix, elle en constituerait la « substance [1] ». J'y consens, à condition que l'on précise ce que l'on doit entendre par valeur économique, abstraction faite et de la valeur d'usage (que Marx suppose mais ensuite met entre parenthèses) et des conditions de l'échange. Non que l'on ne puisse définir conceptuellement la valeur de telle manière qu'elle diffère essentiellement des prix. Mais cette définition appartiendrait à l'ordre non de la scientificité mais de la métaphysique, de la sociologie ou de l'idéologie. Le philosophe a le droit de rattacher la valeur économique à l'ensemble des valeurs, le sociologue de réduire la valeur économique à une espèce particulière des appréciations, inconscientes ou du moins spontanées, par lesquelles une collectivité quelconque édifie son univers de culture. Enfin, l'idéologue-moraliste décrétera que seule l'œuvre du travail a valeur économique, le travail étant la substance ou l'origine ultime des biens ou des services.

Il reste que la théorie marxienne du capitalisme ne se donne pas pour une critique morale ou philosophique mais pour une critique *scientifique* de l'économie politique. C'est en fonction de la théorie *économique* de la plus-value qu'au livre III Marx interprète la loi de la baisse tendancielle du taux de profit. Or le passage du livre I au livre III présente

1. Marx emploie souvent ce concept, sans le définir.

des difficultés insurmontables dès lors que l'on se situe sur le plan de la science (telle que l'entendent les économistes d'aujourd'hui).

Procédons à la manière de Marx. Puisque la plus-value est prélevée sur le capital variable et que la composition organique du capital diffère de secteur à secteur, le capitalisme ne pourrait pas fonctionner si un taux de profit moyen ne se constituait pas. Autrement dit, il faut que le profit soit plus ou moins proportionnel au capital total et non au capital variable [1]. Bien entendu, la remarque a été faite par Schumpeter, un savant ingénieux parvient toujours à réconcilier un schème théorique avec la réalité en multipliant les hypothèses supplémentaires. Quand les hypothèses indispensables à cette réconciliation deviennent trop nombreuses ou trop fondamentales, la démarche scientifique consiste à renoncer au schème théorique et à lui en substituer un autre.

Cette démarche s'impose d'autant plus, dans le cas présent, qu'entre la théorie de la valeur et la théorie de la plus-value s'intercale la théorie de salaire. Schumpeter considère celle-ci comme un pur et simple jeu de mots : il n'y a pas de commune mesure entre la quantité de travail social moyen nécessaire pour produire une marchandise et la quantité de marchandises nécessaires pour entretenir (ou reproduire) la force de travail de l'ouvrier. De plus, ajoute-

1. Marx l'a toujours su et, au rebours de ce qu'affirment beaucoup de critiques, il n'y voyait pas une difficulté insurmontable. L'esquisse des tomes II et III du *Capital* se trouve déjà dans les *Fondements*.

t-il, si le taux de la plus-value s'élevait à 100 % comme le suggèrent les exemples numériques de Marx, si l'ouvrier travaillait la moitié de son temps pour le propriétaire des moyens de production, n'importe qui aurait le moyen d'accumuler de la plus-value en embauchant des ouvriers.

Personnellement, je préfère employer une autre argumentation, inspirée de l'épistémologie. La théorie selon laquelle la valeur de la force de travail se mesure à la valeur des marchandises nécessaires à la vie de l'ouvrier et de sa famille est ou bien fausse ou bien non falsifiable, par suite non scientifique. Le volume des marchandises nécessaires représente soit un minimum physiologique, soit un minimum qui varie de société à société. D'après les textes, Marx a choisi le deuxième terme de l'alternative [1] ; en termes modernes, le minimum serait culturel plutôt que naturel. En ce cas, le niveau du salaire, quel qu'il soit, ne dépassera jamais le minimum qu'exigent la conscience collective et les besoins éprouvés par les travailleurs. Du même coup, jamais n'apparaîtra une contradiction entre la théorie et le niveau des salaires, si élevé que soit celui-ci. Mais une théorie qu'aucun fait ne peut réfuter, appartient-elle à la science au sens moderne du mot ?

Certes, *une* proposition, insérée dans un ensemble théorique, peut être soustraite à l'épreuve de la falsification. Mais la théorie de salaire occupe une position centrale dans l'ensemble théorique puisqu'elle fonde

1. Sauf peut-être dans sa jeunesse. Cf. E. Mandel, *La Formation de la pensée économique de Marx*, pp. 57-58.

la théorie de la plus-value. De ce fait celle-ci, à son tour, cesse d'être démontrable ou réfutable directement. Marx suggère, par des exemples répétés, que le taux de la plus-value se situe autour de 100 %, il indique aussi que le taux de la plus-value tend à rester constant, mais à aucun moment il ne donne les moyens de calculer le taux de la plus-value. Aucun marxiste n'a jamais calculé le taux de la plus-value [1]. Aucun n'y parviendra jamais : le concept de plus-value, comme le dit Althusser lui-même, n'est ni opératoire ni quantifiable [2].

Mais, s'il en va ainsi, de quel droit comparer cette coupure à celle que représente l'œuvre de Newton dans l'histoire de la physique, celle de Lavoisier dans l'histoire de la chimie ? L'œuvre de Lavoisier introduit la mesure, le concept de plus-value l'interdit et subordonne la mise en forme quantitative, la manipulation des quantités ou des agrégats économiques, à un concept dont le statut demeure équivoque. En vérité, par le rapprochement entre l'oxygène de Lavoisier et la plus-value de Marx, Althusser, volontairement ou non, confond Bachelard avec Aristote, la construction kantienne ou néo-kantienne de concepts opérationnels et de relations mathématiques avec la définition aristotélicienne des concepts.

Il suffit d'ouvrir les *Principes* de Ricardo et de lire

1. À la soutenance de thèse de M. Pierre Naville, j'avais fait observer que depuis un siècle jamais aucun économiste n'avait calculé le taux de la plus-value. Un de mes collègues du jury me répondit que l'on y parviendrait peut-être dans le siècle qui vient. *Sancta simplicitas !*

2. *L. C.*, t. II, p. 131.

le premier chapitre pour y trouver certains éléments du *Capital* et, du même coup, comprendre l'indifférence de Marx à des objections qui, un siècle après, prennent un caractère d'évidence. « *Dans un même pays, pour produire une quantité déterminée d'aliments ou d'objets de première nécessité, il faut peut-être dans un temps le double de travail qui aurait suffi dans une autre époque éloignée ; et il se peut néanmoins que les salaires des ouvriers ne soient que fort peu diminués. Si l'ouvrier recevait pour ses gages, à la première époque, une certaine quantité de nourriture et de denrées, il n'aurait probablement pu subsister si on la lui avait diminuée. Les substances alimentaires et les objets de première nécessité auraient, dans ce cas, haussé de cent pour cent, en estimant leur valeur par la quantité de travail nécessaire à leur production, tandis que cette valeur aurait à peine augmenté si on l'eût mesurée par la quantité de travail contre laquelle s'échangeaient les subsistances*[1]. » Ricardo suppose que le salaire se situe à la limite du minimum physiologique. Le salaire continuera donc à valoir la même quantité de ces objets de première nécessité (avant tout le blé) même si ces derniers requièrent une quantité double de travail. Le raisonnement de Ricardo, comme le lui reproche Marx, est gêné par la référence à la valeur du *travail* (et non de la *force de travail*). La variation de la valeur du travail en fonction de la durée du travail nécessaire à la production des subsistances rend incertaine même la conclusion du raisonnement précé-

1. *Des Principes de l'économie politique et de l'impôt*, dans *Œuvres complètes* de Ricardo, Paris, Guillaumin, 1847, p. 11.

dent, à savoir que la valeur d'échange du salaire varie peu, quelle que soit la durée de travail nécessaire à la production des objets de première nécessité.

Mais un paragraphe plus loin, le chaînon nécessaire est rétabli : « *Si la chaussure et les vêtements de l'ouvrier pouvaient être fabriqués par des procédés nouveaux et perfectionnés, et exiger seulement le quart de travail que leur fabrication demande actuellement, ils devraient baisser probablement de soixante-quinze pour cent ; mais loin de pouvoir dire que par là l'ouvrier au lieu d'un habit et d'une paire de souliers, en aura quatre, il est au contraire certain que son salaire, réglé par les effets de la concurrence et par l'accroissement de la population, se proportionnerait à la nouvelle valeur des denrées à acheter ; si de semblables perfectionnements s'étendaient à tous les objets de consommation de l'ouvrier, son aisance se trouverait probablement augmentée, quoique la valeur échangeable de ces objets, comparée à celle des objets dont la fabrication n'aurait éprouvé aucun perfectionnement remarquable, se trouvât considérablement réduite et qu'on les obtînt par une quantité bien moindre de travail*[1]. »

Ce texte donne pour une évidence que le salaire, au cas où les objets de première nécessité seraient produits avec un travail moindre, reviendrait au niveau antérieur « *parce qu'il est réglé par les effets de la concurrence et par l'accroissement de la population* ». Disons, en langage moderne, que le salaire *réel* (et non *nominal*) n'augmentera pas. Vient ensuite une deuxième hypothèse : mais si de semblables perfec-

1. *Ibid.*, pp. 11-12.

tionnements (c'est-à-dire, dans le langage de Ricardo, la réduction de la quantité de travail nécessaire à la production de biens de première nécessité, ou, en langage moderne, l'augmentation de la productivité) s'étendaient à tous les objets de consommation de l'ouvrier, « *son aisance se trouverait augmentée* », ou, en langage moderne, son salaire réel aurait augmenté. Mais comme Ricardo ne suppose pas que de semblables perfectionnements interviendraient dans toutes les fabrications, il en conclut que l'ouvrier recevrait une valeur d'échange moindre en termes des biens dont la fabrication n'aurait pas été perfectionnée.

Une page plus loin, Ricardo reprend une argumentation analogue. Blé et travail ont été adoptés comme mesures des valeurs. « *La cause des variations survenues entre le blé et les autres objets, se trouve, comme pour l'or, dans une économie de main-d'œuvre : aussi suis-je logiquement entraîné à considérer ces variations comme le résultat d'une baisse dans la valeur de travail et du blé, et non comme un renchérissement des choses contre lesquelles on les échange. Supposons donc que je loue pour une semaine le travail d'un ouvrier, et qu'au lieu de dix shillings je lui en donne huit : si, d'ailleurs, il n'est survenu aucune variation dans la valeur de l'argent, il se pourra que cet ouvrier obtienne avec son salaire réduit plus d'aliments et de vêtements qu'auparavant : mais ceci, il faut l'attribuer à un abaissement dans la valeur des objets de consommation de l'ouvrier et non, comme l'ont avancé Adam Smith et M. Malthus, à une hausse réelle dans la valeur de son salaire.* »

Discussion et conclusion nous paraissent également dépourvues d'intérêt. On peut dire indifféremment, si l'on compare des objets dont le temps de fabrication a inégalement varié, que la valeur des uns a baissé (ceux dont le temps de fabrication a diminué le plus) ou que la valeur des autres a augmenté (ceux dont le temps de fabrication a augmenté ou n'a pas diminué). Les prix sont des relations et il n'importe guère, en fait, de dire soit que la valeur du travail a diminué (parce que le prix du blé a baissé) soit que la valeur des objets (en dehors du blé) a augmenté.

Ce qui étonne le lecteur d'aujourd'hui, c'est que l'hypothèse inspirée par l'analyse — toutes les fabrications se perfectionnent — ne soit pas exprimée clairement dans le chapitre I et que les conséquences de cette hypothèse ne soient pas développées : augmentation du volume de la production dans son ensemble, donc aisance accrue de l'ouvrier, même si la valeur du travail baisse relativement à certains objets. La valeur du travail étant déterminée par la valeur des objets de première nécessité, la valeur de travail diminuera relativement à d'autres objets si la durée de travail nécessaire à la production du blé et des vêtements diminue plus vite que la durée de travail nécessaire à la production des autres objets. L'équivalent en certaines marchandises du salaire n'en aura pas moins augmenté. Pourquoi ces aveuglements partiels ? Pourquoi Ricardo ne tire-t-il pas du fait majeur — la valeur dépend du temps de travail nécessaire à la fabrication — la conséquence, qui, à long terme, nous paraît évidente : à mesure que se généralisent les perfectionnements, la même quantité de travail produira plus de biens au sens physique du terme, donc l'aisance augmentera ? Quant aux relations de prix entre les biens, à long terme elles dépendront de l'allure inégale des perfectionnements (de l'augmentation de la productivité) [1]. Ricardo ne voit pas (ou voit à peine) ce qui nous crève les yeux parce que, d'après lui, le salaire est « *réglé par les effets de la concurrence et par l'accroissement de la population* ». Si le salaire procure une aisance accrue, la population augmentera et la concurrence ramènera le salaire au niveau du minimum physiologique. L'accroissement de la population rendra indispensable la mise en culture de terres moins riches et, du même coup, la quantité de travail nécessaire à la production des biens de première nécessité augmentera. Le pessimisme ricardien n'est pas impliqué par les concepts ou les modèles mais par un mécanisme affirmé, celui de la population, de la concurrence et du rendement décroissant.

Certes, Ricardo n'a pas ignoré les conséquences évidentes d'une augmentation générale de la productivité, autrement dit d'unc augmentation du volume de biens produits par la même quantité de travail. Il en traite non au chapitre I mais au chapitre XX en usant de la distinction entre *valeur* et *richesse*.

Il reprend d'abord le raisonnement du chapitre I

1. Le raisonnement de Ricardo aboutit à la conclusion suivante : il y a baisse du salaire réel quand la valeur du blé augmente. Avec cette réserve que, si le salaire représente un minimum physiologique, il peut à peine baisser même quand la valeur du blé augmente. C'est la répartition des revenus entre les classes qui se modifie.

sur les *valeurs relatives* : le perfectionnement des procédés de fabrication entraîne la réduction du temps de travail nécessaire à la production de certains biens : la valeur de ces biens, exprimée en d'autres biens dont la fabrication ne s'est pas perfectionnée, diminuera bien que la société dispose d'une masse accrue de biens, bénéficiant d'une productivité meilleure de travail. Ce raisonnement classique ne prête pas à discussion : il demeure à l'origine des études, désormais empiriques et statistiques, sur les mouvements relatifs des prix. On peut dire, en langage ricardien, que la valeur des automobiles a diminué, depuis cinquante ans, parce que le perfectionnement des procédés de fabrication y a été plus rapide que dans l'ensemble de l'économie. Mais, en ce sens, comme le fait observer, en note, J.-B. Say [1], il n'existe pas de valeur absolue. La valeur se confond avec le prix relatif, et selon que l'on compare la valeur des automobiles à celle de la coupe de cheveux, chère à J. Fourastié, ou à celle des allumettes ou d'une lampe électrique, on dira que la valeur des automobiles a diminué ou augmenté. La modification des prix relatifs tient, à long terme et abstraction faite de la rareté, aux taux différents d'augmentation de la

1. « *La valeur est une quantité inhérente à certaines choses ; mais c'est une quantité qui, bien que très réelle, est essentiellement variable, comme la chaleur. Il n'y a pas de* valeur absolue, *de même qu'il n'y a point de* chaleur absolue *mais on peut comparer la valeur d'une chose avec la valeur d'une autre... La valeur ne peut être mesurée que par la valeur* », *Principes* (p. 249).

productivité d'un secteur à un autre ou d'une industrie à une autre[1].

En un deuxième moment de l'argumentation, Ricardo met en lumière la perte de valeur que subissent les marchandises produites à l'aide des méthodes anciennes dès lors que la valeur s'établit au niveau déterminé par le rendement des méthodes nouvelles. « *En augmentant constamment la facilité de production, nous diminuons constamment la valeur de quelques-unes des choses produites auparavant, quoique, par ce même moyen, nous accroissions non seulement la richesse nationale, mais encore la facilité de produire pour l'avenir*[2]. » L'augmentation de la richesse générale entraîne la *dévalorisation* des biens produits sans recours aux moyens perfectionnés de fabrication.

Conceptuellement, Ricardo insiste sur la distinction entre *valeur* et *richesse*, ce qui devrait correspondre à la distinction moderne entre *valeur nominale* et *valeur réelle*, entre flux monétaires et flux de biens, et, au niveau des agrégats, entre quantité des biens et services d'une part, niveau des prix relatifs à l'intérieur de l'entité économique d'autre part[3].

Le vocabulaire ricardien entraîne une conclusion paradoxale quand il s'applique à ce que nous appelons aujourd'hui produit national. « *On pourrait dire de deux pays qui posséderaient une quantité égale de*

1. Ce que l'on peut traduire, en langage marxiste, par une « économie de temps », une réduction de la quantité de travail nécessaire à la production.
2. *Principes*, p. 248.
3. Également au rapport entre niveau et système des prix dans une entité économique, niveau et système des prix dans une autre.

toutes les choses nécessaires, utiles ou agréables à la vie, qu'ils sont également riches ; mais la valeur de leurs richesses respectives dépendra de la facilité ou difficulté comparative avec laquelle ces richesses sont produites. Si une machine perfectionnée nous donnait le moyen de faire deux paires de bas, au lieu d'une, sans employer plus de travail, on donnerait double quantité de bas en échange d'une aune de drap. Si une pareille amélioration avait lieu dans la fabrication des draps, les bas et les draps s'échangeraient dans les mêmes proportions qu'auparavant ; mais ils auraient tous les deux baissé de valeur, puisqu'il faudrait en donner double quantité en les échangeant contre des chapeaux, de l'or ou d'autres marchandises en général, pour obtenir une quantité de ces objets. Que l'amélioration s'étende à la production de l'or et de toute autre denrée, et les anciennes proportions seront de nouveau rétablies. Il y aura double quantité de produits annuels, et par conséquent la richesse nationale sera doublée ; mais elle n'aura point augmenté de valeur[1]. »

Traduisons le texte en langage moderne. La richesse d'un pays, autrement dit la quantité « *des choses nécessaires, utiles ou agréables à la vie* », dépend de la productivité du travail. Si une même durée de travail produit, dans tous les secteurs, deux fois plus de ces objets, la richesse du pays doublera. En revanche, les valeurs relatives des objets ne varieront pas pour autant puisque nous avons supposé une augmentation générale et uniforme de la productivité. Que signifie, en revanche, la formule sur la valeur des

1. *Principes*, p. 252.

richesses respectives des nations qui dépend de la « *facilité ou de la difficulté comparative avec laquelle ces richesses sont produites* » ? Supposons que la facilité signifie une moindre dépense de travail : il en résultera que la valeur sera inversement proportionnelle à la richesse. Plus la difficulté sera grande et plus la valeur augmentera mais simultanément la richesse diminuera. Étrange conséquence d'une conceptualisation qui, rapportant la valeur aux conditions d'échange (ou prix relatifs) et déterminant ces conditions par la quantité de travail, ne parvient pas à penser clairement l'agrégat du produit national et se refuse à confondre l'ensemble de la valeur produite par une collectivité avec la richesse de celle-ci.

Certes, Ricardo ne nie pas que l'augmentation des forces productives du travail ajoutera à l'abondance (sans augmenter la valeur des produits [1]). Personne, affirme-t-il, n'estime plus haut que moi les avantages qui peuvent résulter pour toutes les classes de consommateurs de l'abondance et des bas prix réels des marchandises [2] mais, en fait, il accorde le minimum d'attention et d'études au phénomène fondamental de l'augmentation de la force productive du travail (d'où résulte la richesse des nations), il demeure obsédé par le principe que les choses ne reçoivent une valeur que de la somme de travail [3] qui les a créées. Et, des deux sortes d'accroissement de la richesse d'une nation, l'une par l'emploi d'une por-

1. *Ibid.*, p. 254.
2. *Ibid.*, p. 259.
3. *Ibid.*, p. 260.

tion plus considérable de revenu consacré à l'entretien des travailleurs, l'autre par l'augmentation des forces productives de travail, il donne la préférence à la première : dans le premier cas, la valeur de la richesse augmentera en même temps que la richesse, les dépenses en objets de luxe et d'agrément seront réduites et le fruit de l'épargne sera employé à la reproduction ; dans le second il y aura accroissement de la richesse mais non de la valeur.

Marx, on le sait, considère Ricardo comme l'économiste classique par excellence, celui qui a donné à l'économie bourgeoise sa forme achevée de même que la philosophie de Hegel représente l'achèvement de la philosophie classique, au double sens d'achèvement : forme parfaite et forme dernière. Marx emploie la forme de raisonnement, propre à Ricardo et que Schumpeter appelle le *vice ricardien* : il met par hypothèse tant de facteurs hors de jeu qu'il aboutit finalement à des relations à la fois simples et peu significatives, vraies toutes choses égales d'ailleurs, ces choses n'étant jamais égales.

Marx n'admet pas que l'augmentation de la population, provoquée par l'augmentation des salaires, entraîne une concurrence accrue entre les demandeurs d'emploi, concurrence qui tendra à ramener les salaires au niveau du minimum physiologique. Il substitue à ce mécanisme démographique qui, en tout état de cause, exigerait du temps pour agir, le mécanisme proprement économique de l'armée de réserve industrielle, autrement dit la création permanente de chômage par l'effet de la concurrence entre capitalistes, tous s'efforçant afin d'accroître leur profit, de réduire le temps de travail nécessaire, de substituer des machines aux ouvriers (c'est-à-dire du travail cristallisé ou mort au travail vivant). Le mécanisme de l'accumulation capitaliste joue simultanément en faveur de l'augmentation des forces productives et aux dépens des salaires ouvriers, puisque le même procès — celui d'accumulation — augmente celles-là et déprime ceux-ci. Le développement des forces productives dans un régime fondé sur la recherche du profit (ou de la plus-value) garde un caractère antagonique : le bien — augmentation de la force productive — ne s'obtient pas sans le mal — l'armée de réserve industrielle et la baisse au moins relative (à titre de loi tendancielle) des revenus de travail.

Bien que Marx ne prenne pas explicitement à son compte les thèses de Ricardo — le retour des salaires au minimum physiologique — l'interprétation du capitalisme que proposent aussi bien les *Fondements* que *Le Capital*, demeure imprégnée du pessimisme ricardien, des antagonismes entre les classes impliqués par les théories de la distribution, élaborées dans les *Principes* (ce qu'une classe reçoit en plus, elle le prend à l'autre). Le célèbre chapitre XXI de Ricardo sur les machines [1], sans nier qu'à long terme l'introduction des machines puisse contribuer au bien-être de toutes les classes, y compris les classes les plus pauvres, met en lumière les inconvénients multiples et durables que la substitution des machines à l'homme comporte pour les ouvriers. Ce chapitre anticipe maints arguments de Marx lui-même sur le

1. Qui ne figure qu'à partir de la IVe édition.

coût humain, payé par le prolétariat, de l'accumulation nécessaire.

Marx, en remplaçant le travail par la force de travail, améliore à coup sûr la conceptualisation ricardienne et il croit accomplir une révolution décisive : passer de l'économie bourgeoise à la critique de cette économie en dévoilant le secret du capitalisme, l'origine commune de la rente, de l'intérêt et du profit, le mystère du produit net que les physiocrates avaient cru trouver dans la fécondité de la nature et qui réside dans les relations sociales du capital et du travail.

Or la théorie de la plus-value permet à Marx de combiner le pessimisme ricardien avec une vision, à long terme optimiste, de l'accumulation du capital et de l'augmentation de la force productive. Par exemple, commentant la distinction entre valeur et richesse que nous avons rappelée plus haut, Marx écrit que Ricardo ne résout pas la difficulté. Il prétend la résoudre en se référant à la nature essentielle ou, si l'on préfère, à la loi fondamentale du régime capitaliste, à savoir que « *produire davantage de marchandises n'est jamais le but de la production bourgeoise. Le but de celle-ci c'est de produire davantage de* valeurs. *L'accroissement réel des forces productives et des marchandises a donc lieu malgré elle : toutes les crises résultent de cette contradiction dans* l'augmentation des valeurs *qui se transforme, de par son propre mouvement, en augmentation des produits*[1] ». Admettons l'analyse : l'augmentation des produits ou des marchan-

1. *Fondements*, t. II, pp. 488-489 (p. 804).

dises (biens réels ou flux des biens) résulte de la recherche, par les capitalistes, de valeurs ou de profits. Il n'en résulte ni que les salaires, mesurés par la quantité des produits qu'ils peuvent acheter, ne s'élèvent pas ni que la richesse générale, ou la quantité de marchandises à la disposition de la collectivité n'augmente pas, elle aussi.

En d'autres termes, la théorie marxiste du capitalisme, en tant que théorie d'un régime fondé sur l'accumulation du capital et le renouvellement incessant des moyens de production, conduit aisément à l'optimisme à long terme de Schumpeter. Elle demeure pessimiste à l'égard du régime capitaliste en tant que tel pour des motifs complexes : l'expérience des salaires anglais dans la première moitié du XIXe siècle n'excluait pas la version ricardienne du minimum physiologique ; le mécanisme de développement — l'augmentation de la quantité des marchandises étant non l'objectif mais le sous-produit de la recherche du profit — suggérait l'hypothèse d'une contradiction, perpétuellement renouvelée, entre production et pouvoir d'achat, offre de travail et capital nécessaire pour l'employer. Enfin, Marx, obsédé comme Ricardo par l'analyse des valeurs d'échange et par la répartition des valeurs entre les classes, ne fixe pas son attention sur le procès qu'il n'ignore pourtant pas : celui que l'on appelle aujourd'hui croissance ou développement. Dans la mesure où le taux d'exploitation demeure constant, rien n'empêche que toutes les classes aient leur part de l'augmentation de la richesse (ou quantité de biens disponibles) et que le régime capitaliste devienne moins, et non pas plus, insupportable — à la seule condition que l'accumulation de capital avec la modification de sa composition organique n'entraîne progressivement la paralysie d'une économie que la recherche du profit (forme d'apparition de la plus-value) met seule en mouvement.

V. SCIENTIFICITÉ ET CRITIQUE

Dans l'économie politique, telle que Marx la conçoit, c'est-à-dire critique et de l'économie politique classique (connaissance bourgeoise) et du capitalisme (réalité bourgeoise) le concept de plus-value ou, plus exactement, les trois théories de la valeur-travail, du salaire et de la plus-value tiennent la première place, ils en constituent l'armature. Que l'on élimine la théorie de la valeur travail du marxisme de Marx et ce que ce dernier tenait pour essentiel disparaît. Or cette élimination, un économiste moderne, d'idées socialistes comme Mme Joan Robinson, l'opère sans mauvaise conscience, parce que, formée à la seule discipline de l'économie, elle ignore sociologie et philosophie.

La théorie de la valeur-travail permet la jonction entre la critique anthropologique et la critique scientifique du capitalisme, la distinction entre les apparences (ou les illusions) de l'économie vulgaire qui s'en tient aux prix et l'essence (ou la vérité scientifique) que le marxisme a dévoilée. L'échange, selon la loi de la valeur, entre la force de travail (valeur d'usage créatrice de valeur *pour* le capitaliste) et le capital sous la forme d'argent, valeur d'échange que l'ouvrier transformera en subsistances, donne un sens rigoureux, scientifique à l'aliénation du travail (au double sens de *Veräusserung* — l'ouvrier doit vendre sa forme de travail — et d'*Entfremdung* — son activité et son produit lui deviennent étrangers à lui-même). Enfin, la loi de la baisse tendancielle du taux de profit exige le prélèvement de la plus-value sur le travail vivant et non sur le travail mort. Or cette loi, selon Marx dans les *Fondements*[1] *est* « *la plus importante de l'économie moderne, elle est essentielle à la compréhension des rapports les plus complexes. Du point de vue historique, c'est la loi la plus importante* ». En bref, par l'intermédiaire de cette loi, la théorie de la valeur-travail et de la plus-value annonce l'autodestruction nécessaire du capitalisme. « *L'autovalorisation du capital abolit le capital au lieu de le produire, lorsque les forces productives, introduites par le capital au cours de son développement historique, ont atteint un certain niveau d'extension. Au-delà d'un certain point, le développement des forces productives devient un obstacle pour le capital, et le rapport capitaliste lui-même devient une entrave au développement des forces productives du travail. Arrivé à ce point, le capital — et donc le travail salarié — entre dans le même rapport vis-à-vis du développement de la richesse sociale et des forces productives que l'esclavage, les corporations et le servage vis-à-vis du développement historique de leur temps. Étant*

1. Tome II, p. 275 (p. 634).

une entrave, le rapport capitaliste est nécessairement éliminé. La dernière forme de servitude revêtue par l'activité humaine — le travail salarié d'un côté et le capital de l'autre — tombe telle une écaille[1]. » Ce texte fait suite immédiatement à l'affirmation que la loi de la baisse tendancielle du taux de profit est la plus importante de l'économie au point de vue historique. En d'autres termes, le mode de fonctionnement du capitalisme — accumulation du capital et exploitation de l'ouvrier — s'analyse à partir de la théorie de la valeur-travail, de même que le devenir du capital, l'autodestruction inévitable, se déduit d'une conséquence de cette loi.

Par suite de quel malentendu mystérieux un économiste moderne parvient-il à discuter de l'économie marxiste *en faisant abstraction de la théorie de la valeur-travail ?* Cette question comporte une double réponse : la distinction entre la valeur d'une marchandise telle qu'elle résulte des *équations d'échange* de cette marchandise avec toutes les autres et la *substance de la valeur* demeure incompréhensible à l'économiste moderne, formé au néopositivisme ou à la philosophie analytique. Il distingue la valeur monétaire — équivalent d'une marchandise en unités de la monnaie — de sa valeur réelle, la quantité des autres marchandises qu'une marchandise donnée représente. Il ne connaît pas de *substance* de la valeur, essentiellement différente des prix. Indulgent, il renverra les discussions sur cette substance à la métaphysique ou à l'anthropologie.

1. *Ibid.*, p. 276 (p. 635).

En tant que théorie des prix, la théorie de la valeur-travail prête à des objections maintes fois soulevées, que Marx lui-même connaissait parfaitement. La correspondance approximative entre valeur mesurée par la quantité de travail social moyen et prix ne se réalise pas dans le cas d'objets rares ou précieux. Pour supposer cette correspondance, il faut ne pas tenir compte d'une multiplicité de facteurs (rapport de l'offre et de la demande, quantité de travail moyenne et quantité marginale, etc.). Enfin et surtout, dès lors que s'établit du fait de la concurrence un taux de profit moyen, la quote-part de la plus-value globale qui va à chaque capitaliste est déterminée non par la quantité de travail vivant qu'il emploie mais par la somme de capital constant et du capital variable qu'il met en œuvre. Par conséquent, les prix, relatifs en dernière analyse aux coûts de production, ne confirment jamais, dans le capitalisme, la loi de la valeur-travail. En d'autres termes, selon la formule d'un commentateur de Marx [1], la loi de la valeur-travail ne se réalise en pratique qu'à travers sa propre négation. Cette sorte de dialectique laisse l'économiste d'aujourd'hui stupide. Puisqu'il ignore la distinction entre la valeur (mesurée par les équations d'échange) et la substance de la valeur, puisque la valeur qu'il connaît sur le marché, le prix, diffère de la valeur non par accident ou à court terme mais par l'effet constant de la loi de l'offre et de la demande et de la péréquation des taux de profit, par quels faits, par quelle expérience mentale ou historique vérifier ou falsifier la loi de la valeur-travail ? Une loi

1. E. Mandel, *op. cit.*, p. 83.

ou un concept scientifique permettent de « sauver les phénomènes » et restent valables jusqu'au jour où un « phénomène » oblige à les remettre en question. Mais une loi et un concept qui, bien loin de « sauver les phénomènes », ne se manifestent que par des apparences contraires n'appartiennent pas à l'ordre de la science. Les secteurs ou les entreprises qui emploient le plus de travail vivant ne font pas, de manière générale, le plus de profit. Les économistes n'ont pas observé depuis un siècle une loi tendancielle du taux de profit, mais des variations plus ou moins cycliques dans la répartition du produit national entre capital et travail. La persistance d'états de pauvreté, d'une « Amérique pauvre » dans le pays industriellement le plus avancé comporte une explication aussi facile dans le cadre de n'importe quelle théorie des salaries ou des prix qu'avec l'aide de la théorie marxiste de l'exploitation. (Il suffit de recourir à la théorie de l'armée de réserve industrielle que tous les économistes modernes, dans la ligne de Schumpeter, acceptent en usant d'un autre vocabulaire.)

Les économistes abandonnent la synthèse marxiste entre analyse économique (synchronique et diachronique) et critique de la connaissance et de la réalité bourgeoises, synthèse qui exige les trois théories fondamentales (valeur-travail, salaire, plus-value) mais ils continuent de commenter les schèmes marxistes de la circulation du capital, du développement (ou accumulation de capital) et de la baisse tendancielle du taux de profit. En effet, il suffit de peser l'équivalence entre le capital constant et les achats de l'entreprise pour que capital variable et plus-value constituent ensemble ce que l'on appelle la valeur ajoutée. Une opération de même sorte, au niveau macroscopique, pose le problème de la part respective du capital et du travail dans le produit national. En ce sens, les schèmes marxistes continuent, traduits dans les concepts de l'économie moderne, à faire l'objet d'analyse ou mieux de confrontation avec la réalité. La loi de la baisse tendancielle du taux de profit (abstraction faite de la métaphysique de travail mort et de travail vivant) suggère une baisse du rendement marginal du capital (ou, ce qui revient au même, une augmentation du rapport entre capital et produit). M. William Fellner, entre d'autres, a publié dans le numéro de mars 1957 de l'*Economic Journal* un intéressant article qui ressortit à ce genre de littérature (comme le livre tout entier de Mme Joan Robinson). Il conclut (p. 23) sur la proposition suivante : « *Over the century or so that elapsed since Marx formulated his ideas, the central hypothesis of the marxian system has proven unrealistic. Given the propensity to save of successive decades and given the rate of increase in the labour supply, the innovations have been sufficiently plentiful to raise the total output of advanced economies in a proportion no smaller than that in which the supply of the most rapidly growing factor* (*capital*) *has been increasing in them. This is another way of saying that in the countries for which we have data the capital — output ratio has shown no upward secular trend*[1]. »

1. « Au cours du siècle écoulé depuis que Marx a formulé ses idées, l'hypothèse centrale du système marxiste s'est révélée non conforme à la réalité. Étant donné la propension à épargner des

Les schèmes des tomes II et III du *Capital*, confirmés ou non par l'évolution ultérieure du capitalisme, demeurent objet d'enquête scientifique. De même, l'analyse du développement capitaliste ne perd rien de son intérêt scientifique et parfois de sa qualité prophétique, une fois éliminées ou simplement mises entre parenthèses les trois théories fondamentales. Pour nous en tenir aux textes des *Fondements*, les moins cités, Marx a connu, bien longtemps avant qu'elle ne se réalise, la société scientifique, la croissance fondée directement sur la science plutôt que sur l'investissement pur et simple. « *À mesure que la grande industrie se développe, la création de richesses dépend de moins en moins du temps de travail et de la quantité de travail utilisée, et de plus en plus de la puissance des agents mécaniques qui sont mis en mouvement pendant la durée de travail. L'énorme efficience de ces agents est, à son tour, sans rapport aucun avec le temps de travail immédiat que coûte leur production. Elle dépend bien plutôt du niveau général de la science et du profit de la technologie, ou de l'application de cette science à la production* [...]. *L'agriculture, par exemple, devient une simple application de la science du métabo-*

---

décennies successives et le taux de croissance de l'offre du travail, les innovations ont été suffisamment nombreuses pour élever le produit total des économies avancées dans une proportion qui n'a pas été inférieure à celle de la croissance de l'offre du facteur (le capital) dont la croissance était la plus rapide. Ce qui est une autre manière de dire que, dans les pays pour lesquels nous disposons des données statistiques, le rapport capital-production n'a manifesté aucune tendance séculaire à l'augmentation. »

lisme matériel de la nutrition et du mode le plus avantageux de sa régulation pour l'ensemble du corps social. La richesse réelle se développe maintenant d'une part, grâce à l'énorme disproportion entre le temps de travail utilisé et son produit et, d'autre part, grâce à la disproportion qualitative entre le travail, réduit à une pure abstraction, et la puissance du procès de production qu'il surveille : c'est ce que nous révèle la grande industrie. Le travail ne se présente pas tellement comme une partie constitutive du procès de production. L'homme se comporte bien plutôt comme un surveillant et un régulateur vis-à-vis du procès de production... Le travailleur trouve place à côté du procès de production, au lieu d'en être l'agent principal[1]. » L'ensemble de l'agriculture et de l'industrie n'a pas encore atteint le stade que pressentait, il y a plus d'un siècle, l'esprit génial de Marx.

De même, la description des répercussions éventuelles sur les travailleurs d'une accumulation du capital dont la recherche du profit par les capitalistes ou les entreprises constitue le ressort ou le principe, description sociologico-économique, ne se fonde pas nécessairement sur les trois théories fondamentales. Marx croyait conférer à la bataille pour la durée du travail une rationalité *économique* grâce à la théorie de la valeur-travail. L'analyse de ces conflits sociaux retient sa signification *sociologique* et *historique* pour ceux-là mêmes qui abandonnent la théorie de la valeur-travail et le prélèvement de la plus-value sur les dernières heures de la journée.

Enfin, « l'aliénation » de travail vivant au service

1. *Fondements*, t. II, p. 221 (pp. 592-593).

de travail mort ou, en termes plus prosaïques, l'insertion du travailleur dans une immense machinerie demeurent aujourd'hui encore le thème de la critique sociale. « *Le travailleur animait l'outil de son art et de son habileté propre, car le maniement de l'instrument dépendait de sa virtuosité. En revanche, la machine qui possède habileté et force à la place de l'ouvrier, est elle-même désormais le virtuose, car les lois de la mécanique agissant en elle l'ont dotée d'une âme... La science contraint, de par leur construction, les éléments inanimés de la machine à fonctionner en automates utiles. Cette science n'existe donc plus dans le cerveau des travailleurs : au travers de la machine, elle agit plutôt sur eux comme une force étrangère, comme la puissance même de la machine*[1]. » Mais — et par là nous retrouvons Althusser et les siens — cette « aliénation » ou asservissement du travailleur à ou par la machine dépend-elle du statut de la propriété ? Suffit-il, pour la surmonter, de substituer propriété collective des instruments de production et planification à la propriété privée et au marché ? S'il faut supprimer la forme marchandise, autrement dit la mesure indirecte des valeurs par l'intermédiaire de l'échange, comme le veut E. Mandel et l'interprétation littérale de Marx, quel régime économique se dessine à l'horizon ? Un régime concevable ou seulement la notion presque vide de la gestion par les producteurs associés ?

Althusser accorde la scientificité au concept de la plus-value, donc à ce que j'ai appelé les trois théories

1. *Ibid.*, p. 212 (p. 584).

fondamentales (valeur-travail, salaire, plus-value) pour des raisons à la fois politiques et philosophiques Dans la mesure où il ne veut pas rompre avec l'orthodoxie marxiste-léniniste soviétique, il doit maintenir une distinction *essentielle* entre l'industrialisation en régime socialiste et l'industrialisation en régime capitaliste : la théorie restitue cette portée *essentielle* au statut de propriété des moyens de production.

D'autre part, Althusser et les siens, par suite de leur formation philosophique, ne s'intéressent pas aux modèles ou aux schèmes qui, pour Mme Robinson, représentent l'apport de Marx à la théorie économique. Ces schèmes, à leurs yeux, se situent à un niveau inférieur. « *La formalisation mathématique ne peut être que subordonnée au regard de la formalisation conceptuelle*[1]. » Cette dernière conceptualisation dont la plus-value représente l'expression achevée, découverte scientifique bouleversante, définirait un champ scientifique nouveau. Quelle preuve en donnent-ils ? Aucune : en fait, les trois théories fondamentales ne servent à rien ni aux planificateurs occidentaux ni même aux planificateurs soviétiques (qui ont de plus en plus de peine à calculer en heures de travail social moyen — comment réduire les travaux de qualification différente à une norme unique ? — et à ne pas tenir compte de la rareté relative des facteurs de production). De quel droit affirment-ils que la réduction à l'unité de la plus-value de la rente, de l'intérêt et du profit représente un acquis définitif de la science alors que la pratique occidentale aussi

1. *L.C.*, t. II, p. 163.

bien que soviétique dément cette réduction ? « *Que la plus-value ne soit pas une réalité mesurable tient à ce qu'elle n'est pas une chose, mais le concept d'un rapport, le concept d'une structure sociale de production, d'une existence visible et mesurable* seulement dans ses effets [1] ? » Soit, mais, pour élever à la dignité scientifique un concept mesurable seulement dans ses effets encore faudrait-il préciser quels sont ses effets et s'ils impliquent le concept, non visible directement.

Ce qui fascine nos jeunes philosophes, c'est la position stratégique du concept de plus-value dans le système de Marx, l'élaboration conceptuelle qui l'introduit dans le premier volume du *Capital*, les interprétations multiples que tolère la distinction de la valeur et des prix, de la réalité de la plus-value et du phénomène (*Erscheinung*) ou apparence (*Schein*) des prix. En revanche, ils ne veulent pas voir — ce qui pourtant crève les yeux — que ces équivoques, typiquement philosophiques, trahissent la non-scientificité (au sens moderne du terme) de cette conceptualisation. Ou du moins, cette conceptualisation, dans laquelle convergent l'économie, la sociologie et l'anthropologie, ne saurait se prévaloir de la scientificité proprement économique.

Marx avait pleine conscience de l'originalité de sa méthode et de ses concepts : la plus-value relève à la fois de la sociologie et de l'économie (disciplines aujourd'hui distinctes) puisqu'elle met en lumière les conditions *sociales* de la production, en une *période historique déterminée* : propriété privée des moyens de

1. *Ibid.*, p. 158.

production, prélèvement du sur-produit social par les détenteurs des moyens de production. Du même coup se trouvaient posés en toute clarté des problèmes sociologiques et historiques qui dépassent le cadre de la théorie économique : quelle est l'origine de l'accumulation primitive ? Comment s'est formé initialement le capital sans lequel le mode de production capitaliste ne pourrait pas fonctionner ?

En même temps, nous l'avons vu, la conceptualisation des trois théories fondamentales donne à l'économie marxiste le caractère d'une critique de l'économie bourgeoise ou vulgaire. La genèse des concepts, la *Darstellung* du *Capital* me paraît plus lourde, moins convaincante que celle des *Fondements*. La seule démonstration de la théorie de la valeur-travail repose sur une philosophie *essentialiste* qui appartient à un autre âge : les marchandises, qualitativement différentes, ne pourraient être mesurées qu'en fonction de ce qu'elles ont en commun. Or elles n'auraient rien d'autre en commun que d'incarner du travail. La mesure des phénomènes dits qualitatifs par référence à un effet ou à un indicateur appartient à la pratique scientifique. L'argument marxiste ne démontre ni que le travail soit la substance de la valeur (à supposer que la formule présente une signification) ni que les marchandises s'échangent en fonction de la quantité de travail cristallisé en chacune d'elles, puisque, précisément, cette proportionnalité ne se réalise jamais dans les échanges réels. Le paradoxe même séduit les philosophes. Le développement du système conceptuel du *Capital* depuis la valeur jusqu'à la baisse tendancielle du taux de profit, construction intellectuelle proprement grandiose, doit rendre compte à la fois du fonctionnement réel du capitalisme et de la conscience fausse qu'en prennent les acteurs. Si les rapports de production, dont le concept de plus-value découvre la réalité authentique, constituent la structure, celle-ci doit se manifester dans les phénomènes (*Erscheinung*) et se dissimuler sous des apparences trompeuses (*Schein*). Mais comment les apparences pourraient-elles démontrer la *vérité* d'une structure qu'elles cachent ou qu'elles recouvrent ? La critique de l'économie politique au sens de mise au jour des conditions sociales, provisoires, historiques du capitalisme (contre la confusion entre les lois de l'économie bourgeoise et les lois de l'économie éternelle) garde sa portée sociologique encore plus qu'économique. La critique de l'économie politique par l'intermédiaire de la distinction de la valeur et des prix — contradictions internes au capitalisme dont les capitalistes eux-mêmes, prisonniers des apparences, ne prennent pas conscience — demeure une fascinante jonglerie conceptuelle aussi longtemps que les schèmes — ceux de la croissance, ceux de la baisse tendancielle du taux de profit — ne reçoivent pas des statistiques confirmation ou démenti.

Althusser et ses disciples ne s'engagent évidemment pas dans cette voie. Ils utilisent le système conceptuel du *Capital* pour atteindre trois objectifs : 1) Fonder une nouvelle interprétation des rapports entre le jeune Marx et le Marx du *Capital*, marquer la rupture intellectuelle qui coïncide avec la « coupure épistémologique ». 2) Élaborer un marxisme désormais structuraliste, c'est-à-dire ni humaniste ni historiciste. 3) Esquisser une science de l'histoire ou des formations sociales qui garantirait la scientificité et échapperait au risque d'idéologie ou de subjectivité.

Examinons, l'une après l'autre, les démarches qui tendent à ces trois objectifs.

VI. LA MYSTIFICATION STRUCTURALISTE

1) Il ne nous importe de suivre pas à pas, après tant d'autres, l'itinéraire intellectuel de Marx, depuis la lettre à son père jusqu'au *Manifeste communiste* et au *Capital*. Ne discutons pas de la philosophie à laquelle Marx adhérait au cours des années de sa formation. Accordons à Gurvitch et à Althusser — bien que nous en doutions fort — qu'il ait été plus proche de Kant ou de Fichte que de Hegel. Il reste qu'il appartenait au milieu des jeunes hégéliens de gauche et qu'il avait choisi pour interlocuteur Hegel et aucun autre. De multiples textes le montrent conscient, dès son séjour à Berlin, du moment historique : un philosophe a élaboré un système dans lequel le devenir du monde et de l'esprit accède à l'expression conceptuelle. Ce système l'irrite, il ne l'accepte pas, peut-être ne l'a-t-il jamais accepté, même en laissant de côté sa non-réalisation. Mais il se cherche, il se définit par rapport à lui. L'interlocuteur dont il commente et réfute les œuvres, ligne par ligne, c'est Hegel, non Kant ou Fichte.

De cette confrontation avec Hegel sortent les deux thèmes qui se retrouvent d'un bout à l'autre de l'existence et de l'œuvre de Marx, le thème de la *praxis* et le thème de la *critique*. Les philosophes ont jusqu'à présent pensé le monde, il s'agit aujourd'hui de le changer. Le philosophe ne change pas le monde en le pensant, il le change en agissant. Encore faut-il, pour changer authentiquement le monde, dissiper les illusions de la fausse conscience que toute société, comme tout homme, prend d'elle-même. La question du rapport entre le jeune Marx et le Marx de la maturité, pour l'essentiel, se ramène à celle du rapport entre la critique de la religion, du droit, de l'État que projetait Marx dès 1843 et la critique de l'économie politique qu'il accomplit dans *Le Capital.* L'interprétation de la critique se rattache de multiples manières à celle de l'extranéation (*Entäusserung*) et de l'aliénation (*Entfremdung*). Au lendemain de la guerre, durant la période existentialiste, les Pères Jésuites, Fessard, Bigo et Calvez, et les existentialistes traitaient la pensée marxiste tout entière comme un tout intemporel, utilisant des textes les uns de 1845, les autres de 1867 comme si cette pensée n'avait pas évolué, comme si le brouillon de 1844 que l'auteur n'avait même pas achevé et moins encore publié, contenait le meilleur du marxisme. Il y a quelques années, à la Sorbonne, j'ai, dans un cours d'une année entière, tenté de reconstruire les diverses étapes de la recherche marxiste sans présupposer l'unité ou la cohérence d'une œuvre, progressivement formée et jamais close sur elle-même.

Tous ceux qui se sont donné la peine d'étudier les

textes concéderont aux althussériens que la critique de style feuerbachien — le sujet s'aliène dans les choses, dans le travail salarié, il doit retrouver son être (voire son être générique) en reprenant les aliénations — diffère à beaucoup d'égards de la critique de l'économie politique du *Capital*. La première critique a pour thème philosophique le renversement de sujet et du prédicat (renversement qui sert à une réfutation grossière de Hegel, supposé coupable d'avoir confondu le concept avec la réalité alors que l'objet concret et singulier est le sujet réel et la généralité le prédicat [1].) La critique de la religion, d'inspiration feuerbachienne joue également sur le renversement du rapport sujet-prédicat : l'homme est le sujet et il ne reprend possession de ses richesses « aliénées », projetées dans l'au-delà, qu'en dissipant l'illusion religieuse. Cette Théorie, à en croire les althussériens, se situerait encore à l'intérieur de la problématique

1. Cf. *Sainte Famille* dans *Œuvres philosophiques*, trad. Molitor, t. II. p. 99 sqq. « *Les fruits réels et particuliers ne sont plus que des fruits apparents, dont la substance, le fruit, est la véritable essence.*

« *Le philosophe spéculatif, cela va de soi, ne peut accomplir cette création continue qu'en intercalant, comme étant de sa propre invention, des propriétés reconnues par tous comme appartenant réellement à la pomme, à la poire, etc. ; en donnant les noms des choses réelles à ce que la raison abstraite peut seule créer, c'est-à-dire aux formules rationnelles abstraites ; en déclarant enfin que sa propre activité, par laquelle il passe de la représentation pomme à la représentation poire, est l'activité même du sujet absolu, le fruit.*

« *Cette opération, on l'appelle, en langage spéculatif, comprendre la substance comme sujet, comme procès intérieur, comme personne absolue, et cette compréhension constitue le caractère essentiel de la méthode hégélienne.* »

hégélienne et conduirait inévitablement à l'historicisme qu'implique le savoir absolu ou le retour de l'homme à lui-même au terme du devenir.

Que la critique du *Capital* diffère de la critique *anthropologique*, sans doute, mais s'agit-il d'une différence radicale, d'une coupure épistémologique qui introduit une problématique entièrement originale ? La critique anthropologique a-t-elle disparu des *Fondements* ou du *Capital* ? Reportons-nous à la *Question juive* : nous y trouvons la première version, à la fois historique et sociologique, d'une critique où se maintient la problématique hégélienne et où s'exprime l'intention communiste.

« *L'État politique parfait est, d'après son essence, la vie générique de l'homme par opposition à sa vie matérielle. Toutes les suppositions de cette vie égoïste continuent à subsister dans la société civile en dehors de la sphère politique, mais comme propriétés de la société bourgeoise. Là où l'État politique est arrivé à son véritable épanouissement, l'homme mène, non seulement dans la pensée, dans la conscience, mais dans la réalité, dans la vie une existence double, céleste et terrestre, l'existence dans la communauté politique, où il se considère comme un être générique, et l'existence dans la société civile, où il travaille comme simple particulier, voit dans les autres hommes de simples moyens, se ravale lui-même au rôle de simple moyen et devient le jouet de puissances étrangères. L'État politique est, vis-à-vis de la société civile, aussi spiritualiste que l'est le ciel vis-à-vis de la terre. Il se trouve envers elle dans la même opposition, il en triomphe de la même façon que la religion triomphe du monde profane : il est forcé de la reconnaître, de la rétablir et de se laisser lui-même dominer par elle*[1]. »

La réalité à laquelle s'oppose l'illusion politique se définit comme l'existence dans la société civile, en tant qu'homme de besoins et de travail. La société civile (*bürgerliche Gesellschaft*) devient, en une phase ultérieure l'*infrastructure*, sans pour autant que l'universalité politique, renvoyée à la superstructure, perde toute réalité. La critique n'en a pas moins marqué le domaine — et le seul — où l'homme puisse et doive s'accomplir pleinement, où la révolution doive intervenir. La méconnaissance de ce domaine essentiel — la société civile, les rapports de production, où l'homme s'aliène aujourd'hui et se retrouvera demain — condamnerait le philosophe et la *praxis* à l'aveuglement, à l'inefficacité. La critique de la religion a conduit à la critique de la politique, illusion aussi mais en un autre sens : l'État politique (ou la superstructure) n'est pas pour autant irréel mais les citoyens ou les personnes qui lui prêtent autonomie ou suffisance à soi ne renversent pas le rapport du sujet et du prédicat, ils confondent l'instance décisive ou la réalité par excellence avec une *manifestation*. Cette confusion représente un aspect de la fausse conscience des bourgeois. Aussi bien dans les *Fondements* que dans *Le Capital*, la critique marxiste reprend les deux thèmes joints de l'aliénation et de la fausse conscience. Un des disciples d'Althusser a lui-même analysé exactement l'*analogie* entre la

1. *Œuvres philosophiques*, trad. Molitor, t. I, pp. 176-177.

démarche des *Manuscrits* et celle du *Capital*[1] : « *Dans les* Manuscrits *le sujet* (*l'ouvrier*) *met son essence dans un objet. Cet objet va grandir la puissance de l'être étranger* (*le capital*), *qui dans le mouvement de renversement, se pose comme sujet et réduit l'ouvrier à être l'objet de son objet. Dans* Le Capital, *la* Veräusserlichung (*l'extériorisation*) *consiste en ce que, de par la* Begriffslosigkeit *de la forme, le rapport voit ses déterminations matérielles rabattues sur les propriétés matérielles de la chose* (*chosification*) *; la chose en laquelle a disparu le rapport se présente alors comme un sujet automate* (*subjectivisation*). *Dans ce mouvement, l'ouvrier et le capitaliste n'interviennent pas. Ainsi l'ouvrier figure ici comme le support du rapport de production travail salarié et non comme sujet originaire de processus. Le mécanisme de l'*Entfremdung *ne le concerne pas. Nous pouvons donc bien déterminer deux structures différentes.* Mais Marx tend constamment à les confondre (souligné par moi, R. A.), *à penser l'*Entfremdung *du rapport capitaliste sur le modèle de l'aliénation du sujet substantiel, à penser la* Verkehrung *— inversion — comme la* Verkehrung *— renversement.* » Nous voilà prévenus : la démarche critique, dans les *Manuscrits* et *Le Capital*, présente une homologie de structure telle que Marx lui-même n'a pas reconnu la coupure épistémologique. La distinction radicale de la problématique hégélienne de jeunesse et de la problématique de maturité, inutile d'en chercher l'expression ou la preuve dans les textes puisque, *sur ce point décisif*, Marx n'évite pas mieux la confu-

1. *L. C.*, t. I, p. 194.

sion que ses commentateurs. Au reste, la lecture des *Fondements* suffit à démontrer, s'il en était besoin, qu'en 1857-1858 encore la critique anthropologique de l'ouvrier dépouillé de son intelligence désormais incarnée dans la machine, appendice d'un système productif devenu une sorte d'immense mécanisme fonctionnant tout seul, se combinait sans peine avec la critique proprement économique, mise au point dans *Le Capital* (distinction du travail abstrait créateur de valeur et du travail concret producteur d'une marchandise qualitativement déterminée, illusion du capitaliste qui attribue à toutes les parties du *Capital* la même capacité de produire du profit alors que seul le travail vivant en produit parce que le profit constitue une forme ou une fraction de la plus-value, etc.).

Puisque Marx confond ce que la coupure épistémologique ordonne de distinguer, il reste à nous demander qui de celui qui distingue et de celui qui confond a tort. En fait, Marx n'a jamais confondu à proprement parler. Dans les *Manuscrits*, il ne conçoit pas encore l'ensemble de l'économie classique et il ne possède pas les idées maîtresses de son propre système. La critique anthropologique s'y présente sous une forme directe, parfois même à partir du postulat que l'ouvrier devrait réaliser son « être générique » dans le travail, activité essentielle de l'homme. Dans les *Fondements*, Marx a reconnu que le travail demeurerait toujours, dans l'économie moderne, soumis à la nécessité et que l'ouvrier n'accéderait à la liberté que dans le temps libre.

L'analyse économique du *Capital*, dont le Marx de 1844 n'a pas encore élaboré les principes, se veut rigoureuse, scientifique, *au sens de l'économie classique anglaise* d'abord. Mais, en réinterprétant cette économie à l'aide d'une conceptualisation philosophique, il retrouve une forme *analogue* (non identique ou même semblable) d'*aliénation* et de *chosification.* Le travail vivant crée seul de la valeur, le temps de travail social mesure, détermine la valeur de la marchandise : celle-ci, au lieu d'être comprise comme l'expression d'un rapport social, passe aux yeux des économistes vulgaires pour une chose immédiatement donnée alors que, dans la marchandise, se mêlent, indistinctes pour le vulgaire, deux essences, la *valeur* expression du travail abstrait cristallisé en elle et l'*utilité* du produit, œuvre d'un travail qualitativement défini. De même encore, le vulgaire confond dans le capital la réalité matérielle de la machine (nullement productrice de profit aussi longtemps qu'elle n'est pas mise en mouvement par le travail vivant) et le rapport social entre travail mort et travail vivant, source de la plus-value. Le capitaliste lui-même, comme l'économiste vulgaire, n'échappe pas à l'illusion que le capital, au même titre que tout autre facteur de production, crée du profit. En d'autres termes, la théorie conceptuelle de Marx lui-même définit la réalité vraie ou essentielle par opposition aux apparences auxquelles s'en tiennent et dans lesquelles vivent les capitalistes, les hommes de la pratique et les théoriciens de cette pratique.

Rapprochement et distinction de ces deux modalités de la critique ne présentent ni tant d'intérêt ni tant de mystère. Personne ne met en doute que Marx, dans les *Fondements* comme dans *Le Capital* n'utilise

« *les schémas empruntés à la critique anthropologique*[1] ». Il écrit que « *les relations entre les hommes deviennent des relations entre des choses, formule où les deux compléments prennent subrepticement la place des sujets*[2] ». Enfin, Marx n'a pas jugé nécessaire d'établir des différences terminologiques parce qu'il n'a jamais pensé rigoureusement la différence de ses discours avec le discours anthropologique du jeune Marx. Il reste donc un seul problème : cette différence radicale existe-t-elle ?

En un sens, l'interprète peut trouver cette différence radicale, à condition de pousser jusqu'à son terme une des tendances de la pensée de Marx telle qu'elle se manifeste dans *Le Capital*, à savoir reconstruire le régime capitaliste comme un tout structuré dans lequel les hommes, ouvriers et capitalistes, supports des rapports de production, bien loin de représenter les agents ou le sujet du procès historique, vivent ou subissent le fonctionnement et le devenir du capitalisme sans le comprendre. Le capitalisme se manifeste nécessairement dans les apparences de l'économie vulgaire — ce qui distingue effectivement ces apparences bien fondées des illusions religieuses de Feuerbach ou même des objectivations — aliénations des *Manuscrits*.

Mais, ce que les althussériens ne voient pas, c'est que le maintien de la terminologie antérieure, le halo anthropologique ne représente pas seulement une survivance non critiquée d'une problématique anté-

1. *L. C.*, t. I, p. 197.
2. *Ibid.*, p. 198.

rieure mais la persistance nécessaire, *dans le marxisme de Marx*, d'une problématique fondamentale : la substitution d'un rapport entre les choses au rapport entre les personnes. La critique de la mesure (indirecte) des valeurs par le temps de travail social cristallisé dans les marchandises dessine en creux le mode de production socialiste. La critique de l'économie classique par la mise au jour du mécanisme de la plus-value ne se sépare pas, *dans la pensée de Marx*, de la critique du capitalisme par la référence implicite à une économie non marchande que géreraient les producteurs associés. Qu'il s'agisse d'une référence à une utopie, que l'idée de la gestion par les producteurs associés n'ait jamais été élaborée par Marx, peu conscient des problèmes et des difficultés, à coup sûr. Mais il n'en reste pas moins que la critique des *Fondements* comme celle du *Capital* a toujours gardé un double caractère : critique scientifique de la réalité capitaliste et de l'économie vulgaire qui la reflète, critique anthropologique de la condition humaine dans le capitalisme. De plus, tout occupés à fournir à force de subtilité la démonstration que Marx n'a pas compris lui-même sa propre révolution épistémologique, les althussériens ne voient pas l'essentiel : en quel sens, pourquoi les rapports de production tels que les distinguent les trois théories majeures de Marx (valeur-travail, salaire, plus-value) constituent-ils la *structure*, la vérité ou l'essence du capitalisme ? Ni Marx ni les marxistes ne sont parvenus à en fournir une démonstration scientifique au sens que l'économie moderne donne de la science. Les althussériens ont pris pour noyau scientifique de l'économie marxiste ce qui en constitue, aux yeux de l'économie moderne, la part métaphysique ou idéologique ou anthropologique.

2) Pourquoi baptisent-ils scientifique ce qui paraît à la plupart des hommes de science, philosophique ? Pour une part, l'erreur tient à l'ignorance ou au refus de la science économique moderne. Pour une autre part, le désir obsessionnel de découvrir, dans le marxisme et dans la science historique, l'équivalent de la structure, concept favori de la mode intellectuelle parisienne depuis quelques années, porte la responsabilité de cette (ré)interprétation du *Capital*.

Le mot de structure ne possède aucune vertu magique ; il distingue, au sens le plus vague et le plus général, un ensemble dont les diverses parties s'engrènent, s'emboîtent, s'intègrent les unes dans les autres de manière telle que le tout présente une originalité ou spécificité par rapport aux parties et que chacune de ces parties ne puisse être saisie ou comprise que par rapport aux autres et toutes par rapport au tout ou par rapport à la loi de leur composition. Bien entendu, un mode de production ou une formation sociale a une structure, selon la définition ainsi formulée de la structure. Mais une telle affirmation ne nous apprend rien sur rien : il reste à découvrir l'ensemble — mode de production capitaliste, société capitaliste en tant que telle, société capitaliste anglaise — qui présente une structure et laquelle.

Les althussériens utilisent l'idée ou l'interprétation « structuraliste » pour substituer aux hommes et aux classes en tant que sujet de l'histoire, les « formations sociales » ou les « touts structurés ». Engagé sur cette voie, l'interprète décidera de renvoyer à une problématique hégélienne, dont Marx lui-même n'a pas compris l'anachronisme après la « coupure épistémologique » toutes les formules de l'ordre de : « *les hommes font leur histoire eux-mêmes mais dans un milieu donné qui les conditionne* » ; il décrétera que les rapports de production ou la « structure du mode de production » constituent la réalité et non pas les relations entre les personnes qui apparaissent « fétichisées », comme relations entre les choses ; il se refusera à saisir le lien entre la critique du capitalisme, régi par la loi de la valeur et la quête de la plus-value, et le prophétisme socialiste, la gestion de l'économie par les producteurs associés.

Cette (ré)interprétation répond, à n'en pas douter, à une des tendances de la pensée marxiste. Le sens anthropologique de la critique de l'économie tient moins de place et s'exprime avec moins d'éclat dans *Le Capital* que dans les *Fondements*. D'ailleurs, quelle que soit l'interprétation que Marx lui-même donnait à sa pensée, une (ré)interprétation contraire à la lettre et à l'esprit demeurerait encore légitime si, du moins, elle résolvait des problèmes autrement insolubles. Malheureusement, il n'en va pas ainsi. Le « structuralisme » althussérien demeure projet vide, sans contenu, sans justification aussi longtemps que les études historico-sociologiques ne l'ont pas rempli et fondé tout à la fois.

Dans l'*Introduction*, Marx a mis l'accent sur le développement inégal des diverses catégories à l'intérieur de chaque « tout structuré » (division du travail très poussée sans monnaie au Pérou). Le mode de production asiatique ne constitue pas un « tout structuré », il ressemble à un modèle, caractérisé par un aspect, à vrai dire essentiel, de tout mode de production, la méthode de prélèvement de la plus-value. Mais il n'y a ni une forme unique d'esclavage ni moins encore une forme unique de servage. Une théorie « structurale » des modes de production n'apporterait d'enseignement qu'à une double condition : disposer d'une analyse exhaustive des éléments qui se combinent en chaque mode, savoir quelles implications entraîne pour les autres éléments une modalité particulière d'un des éléments. Par exemple, en quelle mesure une modalité particulière (automatique) de l'appropriation réelle (ou du processus matériel de production) transforme-t-elle soit le procès de mise en valeur du capital, soit les relations de propriété ? Si nous passons du mode de production au sens étroit où il désigne la seule infrastructure à la formation sociale, avec la pluralité des instances ou des pratiques, la même difficulté se retrouve, multipliée, puisque les althussériens n'ont ni énuméré les instances ni élaboré le concept (au sens qu'ils donnent à ce mot) de chacune d'elles.

Sur le plan philosophique, ils n'ont pas davantage trouvé dans l'*Introduction* le secret ou la garantie de l'adéquation entre « objet pensé » et « sujet réel ». Alain Badiou leur demande si cette adéquation appartient au modèle spinoziste ou kantien. Question tout à la fois légitime et futile : à ce niveau d'abstraction, en dehors de toute enquête « empirique », de toute recherche « historique », nul ne saurait répondre à une interrogation plutôt scolaire que philosophique. En suivant le devenir effectif des sciences sociales, l'épistémologue aurait une chance de dégager les concepts qu'utilisent économie ou sociologie et, du même coup, d'expliquer pourquoi ces concepts ne méritent pas d'être tenus pour tels selon le sens aristotélicien plutôt qu'hégélien qu'Althusser donne au concept.

Les althussériens se réclament également du structuralisme pour accentuer une discrimination, que la pensée de Marx permet mais dont elle limite la portée : la discrimination entre l'analyse structurale ou synchronique d'un mode de production en tant que tel et l'analyse diachronique du passage d'un mode de production à un autre. Le commentateur même, cité par Marx avec éloge dans la Préface à la deuxième édition du *Capital*, affirmait au contraire que l'analyse marxiste du capitalisme était simultanément synchronique et diachronique, elle montrait à la fois les conditions nécessaires à la formation de ce mode de production et la mort inévitable du capitalisme, miné par des contradictions internes.

Marx, à coup sûr, avait une conscience aiguë du caractère « total » et de l'économie et de la société et des deux unies. La solidarité entre toutes les variables du système économique que Walras et Pareto ont mis en forme mathématique dans la théorie de l'équilibre, les économistes classiques la pressentaient ou la découvraient empiriquement. Marx, soucieux de macroéconomie, reprenant le tableau de Quesnay avec les instruments de Ricardo, donnait une forme achevée à cette unité totale du système économique, en perpétuelle reproduction de lui-même. De plus,

« *dans toutes les formes de société, ce sont des conditions déterminées d'une production qui assignent à toutes les autres leur rang et leur importance*[1]. » La science économique analyse le fonctionnement d'un système économique, historiquement déterminé. Il semble donc que rien n'interdise de distinguer, abstraitement, analyse du mode de production et analyse diachronique du passage d'un mode de production à un autre.

Cette distinction n'en présente pas moins, dans le cas du capitalisme, des difficultés particulières. C'est la production industrielle qui y assigne à toutes les autres leur rang et leur importance. Or la production industrielle capitaliste telle qu'elle apparaît dans les *Fondements* ou *Le Capital*, comporte à la fois le procès d'appropriation réelle grâce au machinisme et le procès d'appropriation de la plus-value. Marx ne s'interroge pas explicitement sur les conséquences de la séparation éventuelle de ces deux procès. Les textes des *Fondements* comme la note célèbre du troisième tome du *Capital* suggèrent que la nécessité de surtravail diminue progressivement avec l'augmentation de la productivité du travail. « *Il ne s'agit plus dès lors de réduire le temps de travail nécessaire en vue de développer le surtravail, mais de réduire en général le travail nécessaire de la société à un minimum. Or cette réduction suppose que les individus reçoivent une formation artistique, scientifique, etc., grâce au temps libéré et aux moyens créés au bénéfice de tous*[2]. » Marx, en revanche

1. *Introduction*, p. 251.
2. *Fondements*, t. II, p. 222 (p. 593).

ne semble pas avoir réfléchi aux conséquences qu'entraînerait la substitution de la propriété collective à la propriété individuelle en ce qui concerne le volume ou la répartition de la plus-value. De même que les deux procès d'appropriation réelle et d'exploitation du prolétariat en vue de la plus-value ne sont pas nettement distingués, l'analyse synchronique présente inévitablement un caractère dynamique, du fait même que le mode de production capitaliste, caractérisé par la production industrielle, ne fonctionne qu'en se développant, ne se reproduit qu'en s'élargissant. Seul le schème de la reproduction élargie exprime la vérité, la vie réelle du capitalisme. « Accumulez, accumulez, c'est la loi et les prophètes. » Les entrepreneurs, soumis à la loi impitoyable de la concurrence, doivent sans cesse rénover leurs moyens de production, améliorer le rendement du travail, donc réduire le temps de travail nécessaire, modifier la composition organique du *Capital*. L'idée schumpétérienne selon laquelle le capitalisme en tant que tel, étranger à tout équilibre, ne dure que par une succession de déséquilibres, destructeurs et créateurs, vient de Marx.

Pourquoi les althussériens attachent-ils une telle importance à la distinction entre causalité intrastructurale et causalité interstructurale que les marxistes tendaient à dévaloriser en raison du dynamisme propre à l'économie capitaliste ? Là encore, on aperçoit sans peine une double intention, politique et scientifique (ou philosophique).

Aucun capitalisme, en tant que mode de production, n'a, par le jeu des lois immanentes à son devenir économique, débouché sur une révolution ou sur le socialisme. Mieux vaut donc décréter que, depuis un siècle, marxologues, marxistes et anti-marxistes auraient également méconnu le sens ultime du livre sacré : paupérisation, modification de la composition organique du capital, loi de la baisse tendancielle du taux de profit, contradiction entre forces et rapports de production (forces sociales et propriété privée), toutes les contradictions ou lois tendancielles se situent à l'intérieur du mode de production capitaliste, elles en définissent le mode de fonctionnement, la manière dont il se reproduit lui-même, non les lois diachroniques de passage d'une formation sociale à une autre.

Cette réinterprétation, non sans quelque ironie, retrouve, par des voies détournées, des propositions que la plupart des marxistes avaient jusqu'à présent imputées à la malignité des antimarxistes. Marx, en effet, si l'on s'en tient à ses schèmes, n'a *démontré*, en termes économiquement rigoureux, ni la paupérisation absolue, ni même la paupérisation relative, ni l'inévitabilité de la catastrophe. La baisse éventuelle de la part des salaires dans le produit national ou la baisse du taux de profit n'impliquent pas l'effondrement final. Ce qui embarrassait les marxistes évolutionnistes comble l'attente des marxistes structuralistes.

La distinction entre analyse synchronique (ou du mode de production) et analyse diachronique (ou passage d'un mode de production à un autre) permet aussi, après l'abandon du schème historique du marxisme classique, d'envisager une théorie des « formes de passage » ou des « formes mixtes ». Là se situerait probablement la théorie du « révisionnisme soviétique » ou de la « révolution culturelle chinoise », qu'appelle de ses vœux Alain Badiou. Mais l'insistance avec laquelle les althussériens soulignent cette distinction témoigne, me semble-t-il, d'une intention philosophique plus encore que politique. Une fois de plus, ils veulent exorciser le fantôme de Hegel, de l'historicisme et même de l'histoire.

Cette distinction permet en effet de substituer à la connaissance historique, telle que les historiens l'entendent communément, une théorie ou science de l'histoire qui se confond avec le matérialisme historique, lui-même théorie des formations sociales ou des modes de production. Les historiens, les néo-kantiens s'interrogent sur la détermination ou construction du fait historique, sur la sélection, parmi les données empiriques innombrables, de celles qui méritent l'attention de la postérité. Les concepts de matérialisme historique, s'ils définissent les modes de production et leur structure, résolvent, par un coup de baguette magique, tous les problèmes. Objet de la connaissance historique ? Les modes de production. Quels faits méritent la dignité historique ? Ceux qui affectent les modes de production. Sur quoi porte l'étude des origines d'un mode de production ? Sur les éléments dont la combinaison constitue un mode de production. Mais une formation sociale, « tout structuré », contient de multiples productions (ou pratiques). Les relations entre ces productions varient de formation sociale à formation sociale. Une pratique spécifique ne demeure pas la même d'une formation sociale à une autre. Chaque pratique a une temporalité propre (ou, en d'autres termes, l'allure et la forme des changements varient selon qu'il s'agit de science, d'art, de mœurs ou de technique).

Nous voici au rouet. Il y aurait une science de l'histoire si nous possédions une science de toutes les formations sociales, de la temporalité de chaque pratique, de la structure propre à chaque formation sociale. Aussi longtemps que nous ne possédons pas cette science, quelle autre voie s'offre à nous que celle des historiens ou sociologues qui accumulent les documents et les interrogent humblement, modestement ?

Marx, dans sa pratique scientifique, n'a jamais eu la prétention d'éliminer le récit historique. *Le 18 Brumaire de Louis-Napoléon*, récit historique d'inspiration sociologique, aurait pu être écrit par n'importe quel historien doué d'autant de talent que lui. Dans *Le Capital*, Marx utilise son érudition historique de diverses manières : parfois il illustre une théorie abstraite en évoquant des faits sociaux (conflit pour la dernière heure de travail), tantôt il rend intelligible par la théorie économico-sociologique les grandes lignes du devenir historique (crises économiques, aggravation des conflits de classes), tantôt enfin il cherche, dans des faits historiques, la généalogie des modes de production, création des manufactures, accumulation du capital. Seule cette dernière pratique, selon les althussériens, mériterait d'être baptisée scientifique parce qu'elle représente une analyse diachronique de la naissance d'une formation sociale.

Certes, si la théorie des formations sociales nous fournissait un système intégral des pratiques et de leurs relations dans chaque structure, la connaissance historique, utilisant cette théorie, intégrale et universellement valable, liquiderait définitivement la problématique de l'objectivité historique. La science de l'histoire participerait de l'éternité de la structure spinoziste ou althussérienne. Mais cette théorie n'existe pas, même à titre de projet scientifique. Les althussériens se bornent à reprendre les concepts classiques du marxisme, dont l'équivoque a été vingt fois illustrée par les marxistes eux-mêmes et, en les traduisant dans le langage à la mode, ils s'imaginent renouveler la science alors qu'ils aboutissent au verbalisme d'une philosophie scolaire. La théorie des modes de production, même moins grossière que celle qui se drape dans des oripeaux marxistes, à peine recouverts d'un vernis structuraliste, éclairerait la reconstitution du passé, elle ne l'épuiserait pas. L'historicisme intégral aurait absorbé la théorie dans l'histoire. La « théorie intégrale », conçue par les althussériens, supprimerait la saisie du fait concret et le récit de ce que jamais on ne verra deux fois. Mais elle n'existe que dans l'imagination de philosophes qui confondent la science avec des concepts, indémontrables et irréfutables.

3) Le « structuralisme » althussérien se révèle finalement d'une pauvreté insigne. Le *Diamat*, le matérialisme dialectique du stalinisme, s'est évanoui sans laisser de trace et la Théorie (ou philosophie), la Théorie des théories a reçu le nom de matérialisme dialectique afin que le vif saisisse le mort à l'insu des

gardiens de la foi. Qu'avons-nous appris au sujet du matérialisme historique ? Chaque formation sociale constitue un « tout structuré », les diverses pratiques ne sont pas réductibles les unes aux autres, chacune présente des traits spécifiques, leurs relations varient de formation sociale à formation sociale ; dans chaque formation sociale, il y a une pratique (ou production) dominante, la pratique économique étant toujours déterminante en dernière instance. En revanche, on n'a défini rigoureusement aucun des concepts, ni celui de détermination en dernière instance ni celui de domination en une formation sociale donnée.

L'introduction du concept de plus-value, source unique du profit, de l'intérêt de la rente, équivaudrait à une *coupure épistémologique*, à la mise au jour d'un champ scientifique auparavant inconnu. En fait, les althussériens traduisent la typologie marxiste des modes de production en un langage pseudo-structuraliste sans rien ajouter à notre savoir historique. Ils s'interrogent gravement sur la notion de *causalité structurale*, comme d'autres naguère le faisaient sur la *causalité de l'infrastructure*. Mais ils n'ont donné aucune raison d'admettre que la modalité de prélèvement de la plus-value exerce une influence décisive sur la pratique, dans une société que caractérise le mode industriel d'appropriation de la nature. Ils n'ont suggéré aucune manière inédite de résoudre la difficulté majeure du *Capital* : pourquoi le procès de la valeur (par opposition à celui des prix) constitue-t-il la réalité essentielle ? Pourquoi, dès lors que les schémas numériques qui fondent la théorie de l'exploitation ne se prêtent ni à vérification ni à réfutation, la théorie de la valeur accède-t-elle à la scientificité ? Les trois théories fondamentales ne pourraient être confirmées comme telles que par des relations quantitatives (baisse du taux de profit) ou par la référence aux sujets humains dont les marchandises dissimulent les rapports. Mais les althussériens ne peuvent retenir ni le premier terme de l'alternative (il faudrait discuter d'économie) ni le deuxième puisque celui-ci nous ramènerait vers la critique d'inspiration idéologique qu'il s'agit avant tout d'exorciser.

Lévi-Strauss pratique des analyses structurales et laisse aux philosophes, par coquetterie ou par scrupule, le soin de rapporter la théorie de *La Pensée sauvage* à l'une ou à l'autre des Théories (ou philosophies) de la tradition. Les althussériens font le contraire : ils prennent certains mots ou certaines méthodes qu'ils empruntent ou croient emprunter au structuralisme et ils s'imaginent en faire surgir une philosophie.

Le matérialisme historique en tant que théorie des formations sociales a besoin du matérialisme dialectique ou de la Théorie, qui éclaire les rapports de « l'objet pensé » et de « l'objet réel ». Mais cette Théorie, spinoziste ou kantienne, n'a d'autre garantie que le matérialisme historique ; or celui-ci, à son tour, échappe à toute vérification ou falsification : dans l'analyse du capitalisme, il échappe à la réfutation par les données quantitatives puisqu'il les récuse ; dans l'analyse des événements (histoire), il échappe à la réfutation par les faits puisque après coup il les explique et les accepte tous.

Ces ratiocinations pseudo-conceptuelles, en vérité verbales (« causalité métonymique ») substituent, pour la plus grande satisfaction des habitués de la dissertation philosophique, des problèmes scolaires aux problèmes, peut-être ennuyeux mais authentiques, qui porteraient non sur la « réalité structurale » mais sur les faits tels que les reconstituent les historiens naïfs, tels que les construisent les sociologues empiriques ou les économistes, en quête de modèles ou d'agrégats.

VII. LE FANTÔME DE HEGEL ET LA MORT DU PÈRE

La stérilité de cette (ré)interprétation du marxisme qui se pique de « scientificité » ne suffirait pas seule à en assurer le succès. L'effet de choc tient à l'effet de scandale de la formule : le marxisme n'est pas un humanisme, il n'est pas un historicisme.

Au lendemain de la Libération, Jean-Paul Sartre proclama : « L'existentialisme est un humanisme », formule surprenante pour qui avait gardé le souvenir du personnage de l'*humaniste* (dans *La Nausée*) ou pour qui avait lu *L'Être et le Néant* (« l'homme est une passion inutile »). Il a fallu la guerre et l'engagement politique pour que se combinent une *ontologie* des consciences irréconciliables, chaque conscience volant à l'autre sa liberté par le fait même de l'objectiver, et une *ontique* d'une histoire universelle, orientée vers la réconciliation des acteurs sociaux. Aussi bien la *Critique de la raison dialectique* aboutit à un humanisme de la violence, à une réalisation de l'humanité dans et par la révolte sans que rien permette d'espérer que cette révolte évite, après la victoire, la retombée dans le pratico-inerte.

Les althussériens nient simultanément l'humanisme et l'historicisme de Marx, chacun de ces deux termes renvoyant à l'autre. La négation de l'humanisme de Marx a d'abord, nous l'avons vu, un sens marxologique : entre la critique anthropologique du jeune Marx dans les *Manuscrits* et la critique de l'économie politique dans *Le Capital*, il y aurait une opposition radicale (non perçue par Marx lui-même). Pour maintenir cette opposition radicale, il faut, dans *Le Capital* et dans tous les autres textes, éliminer les innombrables références aux hommes en tant que sujets de l'histoire ou « aliénés » par la « chosification » de leurs rapports. Il faut encore éliminer le prolétariat et sa prise de conscience révolutionnaire, ou renvoyer la *praxis* révolutionnaire aux lois interstructurales. Il faut éliminer enfin l'idée de la suppression des antagonismes dans une société sans classes, en bref les thèmes prophétiques, partie intégrante de la philosophie évolutionniste et progressiste de Marx lui-même. En bref, il faut à la fois tuer le père — J.-P. Sartre qui ne connaissait que les hommes et ramenait tout collectif à des expériences vécues — et exorciser le fantôme de Hegel, le philosophe selon lequel l'Histoire marquerait l'accomplissement de l'Humanité et l'avènement de la Vérité.

Pourquoi cette passion curieuse d'anti-humanisme

chez des révolutionnaires à coup sûr animés de bons sentiments ? Mode parisienne et manière nouvelle de philosopher se mêlent sans que l'on puisse aisément faire la part de l'une et de l'autre.

Peut-être les althussériens font-ils écho à la formule célèbre de Lévi-Strauss : « *Nous croyons que le but dernier des sciences humaines n'est pas de constituer l'homme mais de le dissoudre*[1]. » Phrase non sans quelque obscurité puisqu'elle annonce deux démarches ultérieures : « *par-delà la diversité empirique des sociétés humaines, l'analyse ethnologique veut atteindre des invariants* ». « *Après avoir résorbé les humanités particulières dans une humanité générale, il faudrait réintégrer la culture dans la nature et finalement la vie dans l'ensemble de ses conditions physico-chimiques.* » Les rapports de production ne peuvent guère passer pour l'invariant de toutes les sociétés puisque l'originalité du marxisme althussérien consiste précisément à reconnaître la diversité des pratiques et de leurs relations de formation à formation.

Il y aurait quelque similitude plutôt entre la pensée des sauvages et celle des althussériens. « *Le propre de la pensée sauvage est d'être intemporelle ; elle veut saisir le monde, à la fois, comme totalité synchronique et diachronique, et la connaissance qu'elle en prend ressemble à celle qu'offrent, d'une chambre, des miroirs fixés à des murs opposés et qui se reflètent l'un l'autre (ainsi que les objets placés dans l'espace qui les sépare) mais sans être*

1. *La Pensée sauvage*, p. 326.

rigoureusement parallèles[1]. » Il y a bien, chez Althusser, quelque velléité d'une connaissance intemporelle de l'histoire. La synchronie paraît encore chargée, à ses yeux, de quelque référence au temps linéaire, donc à l'histoire, devenir concret d'événements enchaînés selon l'ordre de la succession, donc à la connaissance historique, vaine tentative pour reconstituer ce devenir sans passer par la construction théorique. Mais l'althussérisme ne peut pas atteindre à la perfection de la pensée sauvage. Si « éternelle » que soit la théorie des formations sociales, elle ne saurait inclure ni la théorie des formes de passage ni la théorie du socialisme non encore réalisé. En dépit de toute leur ingéniosité, les althussériens n'ont pu, en (ré)interprétant le marxisme, le priver entièrement de sa dimension historique, en un double sens de ce dernier terme : les structures des formations sociales se présentent sous des apparences multiples, les types purs n'apparaissent peut-être nulle part ; d'autre part, la formation sociale à laquelle ils s'intéressent le plus *n'est pas* encore, elle est à venir. Le temps du passé a-t-il perdu, dans ce spinozisme des formations sociales, toute référence à l'avant et à l'après, à la linéarité ? Le socialisme, lui, vient *après* — après Staline, Khrouchtchev, Kossyguine ou Mao Tsé-toung.

L'antihumanisme de Lévi-Strauss — les textes précédents en témoignent — implique l'antihistoricisme, en termes plus précis l'opposition à la philosophie de l'histoire hégéliano-marxiste, peut-être à

1. *Ibid.*, p. 348.

toute philosophie de l'histoire, le refus d'une définition de l'humanité de l'homme par l'historicité, contrepartie de la reconnaissance de l'humanité dans toutes les sociétés, si humbles soient-elles. La priorité épistémologique du synchronique sur le diachronique, des sociétés primitives sur les sociétés modernes, la substitution des structures à la conscience, la résorption de la culture dans la nature s'accompagnent, moins par nécessité logique que par affinité élective, d'une nostalgie des communautés étroites, en symbiose affective avec le milieu. De l'antihistoricisme, de l'antihumanisme de Lévi-Strauss, les althussériens peuvent retenir les aspects épistémologiques (primauté des structures sur les consciences, du synchronique sur le diachronique, à la limite la résorption de la culture dans la nature, qui pourrait passer pour une modalité du matérialisme) ; à moins de sortir du cadre marxiste, la nostalgie des communautés primitives que l'influence de Rousseau permet de discerner dans certains textes de Marx et d'Engels doit finalement s'exprimer en un hymne à l'avenir : par-delà le chemin de croix des luttes de classes, les sociétés humaines dépasseront les antagonismes historiques pour retrouver la paix primitive non dans l'innocence du non-savoir mais dans le savoir de leur passé et de leur avenir indéfini.

L'antihumanisme de Michel Foucault, à supposer que ce terme s'applique à l'auteur des *Mots et les Choses*, n'a pas grand-chose de commun avec celui de Claude Lévi-Strauss, qui semble avoir lu Jean-Jacques Rousseau beaucoup plus que Nietzsche. Avec la méthode historique de Michel Foucault, celle de

continu de la science (ou du savoir) économique, même dans l'hypothèse de la discontinuité des philosophies ou visions du monde. Dans le cas de la connaissance économique, tout au moins, on aperçoit plus aisément l'élaboration progressive d'un système de concepts et de corrélations que des coupures.

Foucault aurait pu citer un texte de Marx qui constitue, en faveur de sa thèse, le meilleur argument : « *Voici ce qui est important chez Ricardo : il prend toujours pour régulateur le travail, l'activité, l'industrie, la production, l'acte producteur, et non le produit alors que, même chez Smith et Say, c'est encore un* produit déterminé *du travail. Avec Ricardo, nous sommes en pleine époque de l'industrie bourgeoise. Chez A. Smith, l'activité n'est pas encore émancipée, libérée et détachée de liens avec la nature et avec l'objet. Chez Ricardo, l'homme a partout affaire à sa propre productivité ; chez A. Smith, il est encore à genoux devant sa propre création, et il la traite encore comme étant déterminée, extérieure à son activité*[1]. » Ricardo, en effet, va dans le sens de Marx en combinant une idée claire — la quantité de travail mesure de la valeur relative des marchandises — et une idée, sinon obscure du moins philosophique — le travail est la *source* de la valeur. Mais, si cette dernière idée nous paraît naturellement conduire à l'historicité de l'homme et de l'économie, Ricardo, en fait, demeure, la plupart du temps, dans le cadre d'une analyse statique ou, du moins, il analyse les relations entre deux variables, toutes les autres étant supposées constantes, ou encore il se préoccupe

1. *Fondements*, t. II, p. 494 (p. 808).

de la répartition du produit brut ou net entre les parties prenantes, le produit global étant donné par hypothèse.

Il appartient à Marx, et non à Ricardo, d'opérer le passage de l'économie classique à une économie que j'appellerai historique (pour ne pas dire historiciste) qui utilise simultanément et synthétise la méthode du tableau économique de Quesnay, la théorie de la valeur-travail et les schèmes de relations entre variables, propres à Ricardo, la notion du caractère original de chaque régime économique et l'accentuation des traits spécifiques du capitalisme (accumulation du capital, rôle décisif de la recherche de profit, fuite en avant vers une productivité accrue, etc.). Un mode de pensée socio-économique qui n'appartient pas à la descendance de Ricardo prolonge l'œuvre de Marx. Ricardo a fourni à Marx l'idée mère de la valeur-travail et des instruments : la synthèse hégéliano-ricardienne marque une coupure autant que la réinterprétation ricardienne de la conception, présente chez Adam Smith, de la valeur-travail.

Dans le développement de la science (ou du savoir) économique, la coupure n'apparaît avec netteté ni entre Smith et Ricardo, ni entre ce dernier et Marx. La thèse de Foucault met l'accent sur une différence reconnue par Marx lui-même mais, pour la baptiser épistémologique et non philosophique, il faudrait montrer les conséquences qu'elle implique pour l'analyse proprement économique. En ce qui concerne la thèse althussérienne de la *coupure épistémologique*, elle se fonde sur la scientificité du concept de plus-value, autrement dit sur la scientificité de ce que l'économiste moderne tient pour philosophique (ou métaphysique).

Plus encore que cette controverse sur la date et la place de la coupure, l'aboutissement, antihumaniste au sens nietzschéen, de la pensée de Foucault apparaît également inacceptable aux deux Saintes Familles marxistes, sartrienne et althussérienne. La parenté entre Ricardo et Marx implique la similitude des projets capitaliste et socialiste, des économies occidentale et soviétique. « *Au* XIX*e siècle, l'utopie concerne la chute du temps plutôt que son matin : c'est que le savoir n'est plus constitué sur le mode du tableau, mais sur celui de la série, de l'enchaînement et du devenir : quand viendra, avec le soir promis, l'ombre du dénouement, l'érosion lente ou la violence de l'Histoire feront jaillir en son immobilité rocheuse, la vérité anthropologique de l'homme ; le temps des calendriers pourra bien continuer ; il sera comme vide, car l'historicité se sera superposée exactement à l'essence humaine. L'écoulement du devenir, avec toutes ses ressources de drame, d'oubli, d'aliénation sera capté dans une finitude anthropologique, qui y trouve en retour sa manifestation illuminée. La* finitude *avec sa vérité se donne dans le* temps *; et du coup le* temps *est* fini [1]. »

La fin de l'Histoire qu'Alexandre Kojève rejetait au début du siècle dernier, avec la parution de la *Phénoménologie de l'esprit*, Michel Foucault la situe, semble-t-il, à la fin du siècle dernier, avec l'œuvre nietzschéenne, et au milieu de ce siècle, avec la compréhension de cette œuvre. À vrai dire, la fin de l'His-

1. *Les Mots et les Choses*, pp. 274-275.

toire n'a pas le même sens pour le disciple de Hegel et pour celui de Nietzsche. Selon Kojève, l'homme ne peut que se répéter ou jouer parce que tout a été dit et mis en forme dans un système. (Peut-être cette thèse, elle aussi, n'est-elle qu'une sorte de jeu.) Selon Foucault, l'*épistémé* dans laquelle naquit et prospéra le marxisme, glisse vers le royaume des ombres et appartient déjà à l'archéologie. Nietzsche, peut-être, non Marx, offre une promesse : il a « *repris la fin des temps pour en faire la mort de Dieu et l'errance du dernier homme ; il a repris la finitude anthropologique mais pour faire jaillir le bond prodigieux du C'est Nietzsche, en tout cas, qui a brûlé pour nous et avant même que nous fussions nés les promesses mêlées de la dialectique et de l'anthropologie*[1] ». Althusser sacrifierait volontiers les promesses mêlées de la dialectique et de l'anthropologie mais non la radicale « altérité » de « l'économie révolutionnaire », mais non la scientificité de la théorie de l'histoire ou de l'économie.

Or, Foucault exclut une théorie pure de l'Histoire, il la juge impossible, absurde. Toute sociologie porte en elle une sociologie de la sociologie, tout savoir du passé ou du présent s'enracine dans un réel particulier et agit. « *La pensée est pour elle-même et dans l'épaisseur de son travail à la fois savoir et modification de ce qu'elle sait, réflexion et transformation du mode d'être de ce sur quoi elle réfléchit*[2]. » « *La pensée politique moderne ne formule aucune morale dans la mesure où tout impératif est logé à l'intérieur de la pensée et de son*

1. *Ibid.*, p. 275.
2. *Ibid.*, p. 338.

mouvement pour ressaisir l'impensé ; c'est la réflexion, c'est la prise de conscience, c'est l'élucidation du silencieux, la parole restituée à ce qui est secret, la venue au jour de cette part d'ombre qui retire l'homme à lui-même, c'est la réanimation de l'inerte, c'est tout cela qui constitue à soi seul le contenu et la forme de l'éthique. La pensée moderne n'a jamais pu, à dire vrai, proposer une morale ; mais la raison n'en est pas qu'elle est pure spéculation ; tout au contraire, elle est d'entrée de jeu, et dans sa propre épaisseur, un certain mode d'action[1]. » La pensée moderne se confond-elle avec la descendance de Hegel, avec la recherche de « l'authentique », au-delà des pièges de l'aliénation (marxiste), des illusions (nietzschéennes) ou des complexes (freudiens) ? Ou seulement la pensée parisienne d'aujourd'hui ?

En tout cas, dépouillant les sartriens de la *praxis* et les althussériens de la Théorie, il liquide d'un seul coup le marxisme anthropologico-historiciste et le marxisme scientifico-structuraliste. Il condamne ce dernier plus sévèrement que le premier. Sartre reste un philosophe, le dernier des philosophes parce que la philosophie ou cette sorte de philosophie, appartient au passé. Le marxisme althussérien, lui, combine contradiction et anachronisme. Contradiction puisqu'il se veut à la fois marxisme et pure théorie alors que le marxisme, comme toute science humaine, ne peut être que savoir, incomplètement séparé de ses origines et de ses implications pratiques. Anachronique puisque les modèles structuraux ou

1. *Ibid.*, p. 339.

mathématiques des sciences humaines résultent d'une décomposition de la totalité signifiante que le projet marxiste tendait à saisir et à dévoiler.

Redescendons des hauteurs où Cl. Lévi-Strauss médite sur la dissolution et Foucault sur la mort de l'homme. Ni l'un ni l'autre ne prétendent, à la manière d'Althusser, saisir « la structure des structures », autrement dit embrasser selon la rigueur de la science moderne la totalité sociale, système indéfini que la sociologie ou l'économie ne définit qu'à l'aide d'instruments conceptuels valables mais non pas valables universellement ou définitivement. De même, ni l'un ni l'autre ne tirent de la dissolution ou de la fin de l'homme une « politique ». Quelle politique ou quelle pratique marque l'aboutissement de la Théorie ou du matérialisme historique des althussériens ?

À l'origine, Althusser lui-même se proposait peut-être de fonder la « libéralisation » ou « démocratisation » du monde soviétique grâce à une version du marxisme différente de la version sartrienne (la *Critique de la raison dialectique* se donnait pour contemporaine de la déstalinisation). En indiquant qu'une société sans classes substituerait l'idéologie à la superstructure politique [1], il reprend le thème du dépérissement d'État, élément du prophétisme marxiste. Althusser lui-même ne veut pas rompre avec le parti communiste. Les althussériens, en revanche, sous l'influence de Lacan ou des circonstances, s'orientent, semble-t-il, vers une synthèse de la scientificité et du

1. *L. C.*, t. II, p. 153.

petit livre rouge de Mao. La science de la révolution ou de la stratégie, que révèlent les œuvres de Mao, enseigne la pratique scientifique, avant la prise du pouvoir. La révolution culturelle enseigne-t-elle la « pratique scientifique », une fois le parti communiste maître de l'État, afin d'éviter la dégénérescence bureaucratique du socialisme ? En cette hypothèse, l'entreprise althussérienne rejoindrait, d'une certaine manière, le sartrisme renaissant à l'occasion des événements de mai 1968. Alors que Sartre dans la *Critique de la raison dialectique* justifiait la démocratisation et la déstalinisation, il dénonce en 1968 le parti communiste trahissant la Révolution. Les althussériens, prochinois et non humanistes, veulent changer l'homme ; Sartre, humaniste mais prophète d'un homme qui n'existe lui-même que dans la révolte, se retrouvent et s'unissent dans les saturnales de la Sorbonne.

Retrouvailles doublement symboliques. Sartre, bien qu'il n'ait jamais adhéré au communisme, n'a jamais renoncé au mythe révolutionnaire. L'auteur de la *Critique de la raison dialectique* préférait la révolution au parti communiste et ne justifiait celui-ci que dans la mesure où il incarnait celle-là. En mai 1968, le parti apparut non l'agent de l'insurrection mais l'allié du Pouvoir. Les althussériens appartiennent à une autre génération. Ils rejettent la tradition de la philosophie de la conscience, ils prennent leur distance à l'égard de la phénoménologie. Ils interposent le signifiant entre la conscience et le signifié, ils cherchent dans la linguistique le modèle de la scientificité. Les systèmes de relations, de corrélations et d'opposition les intéressent plus que la totalité, embrassée par la *praxis*, concept qui ne distinguait pas entre l'acte totalisant de la conscience et l'action proprement dite. Mais cet autre mode de philosopher gardait un des objectifs sartriens : lui aussi voulait dégager la pratique, la Révolution de la gangue dans laquelle Engels et la version déterministe du marxisme l'avait enfermée. Les révolutionnaires assument la responsabilité de la révolution en une conjoncture « surdéterminée », de multiples contradictions se conjuguent pour offrir une chance que la pratique spécifique, la politique, donc implicitement *des hommes* saisiront ou laisseront échapper.

Peut-être les althussériens acquis à la pensée de Mao Tsé-toung combinent-ils la conception de la stratégie scientifique avec le rêve de l'homme nouveau (ou la technique de la révolution culturelle en vue de changer l'homme). Or la *Critique de la raison dialectique*, livre profondément pessimiste, aboutissait à une dialectique statique ou cyclique : la révolte crée le groupe et réconcilie pour un temps les hommes les uns avec les autres dans l'action commune, en dehors de toute institution, de toute hiérarchie. Mais les révolutionnaires, pour ne pas succomber, doivent s'organiser, se donner des institutions et se condamnent eux-mêmes, pour vaincre, à perdre leurs raisons de vaincre, bref à retomber dans le pratico-inerte. Cette philosophie peut fonder le stalinisme par pessimisme mais conduit à quelque trotskysme ou maoïsme dans un climat optimiste. Sartre et les althussériens, lui à condition d'oublier le parti, eux à condition de réduire la scientificité à la stratégie de l'insurrection, se retrouvaient ensemble au printemps parisien.

L'humanisme historiciste, tel que le conçoit Michel Foucault, ou, pour employer son langage, l'homme sujet de l'histoire qui, conscient de sa finitude, devient lui-même à travers le temps en assumant son être caché et silencieux, cette philosophie, toute récente, appartient-elle déjà au passé ? Si Paris joue en notre siècle le rôle de Tübingen et de Berlin au siècle dernier, Alexandre Kojève et Michel Foucault ont raison. L'un et l'autre, à partir de Hegel ou de Nietzsche, donnent un sens au non-sens au milieu duquel nous vivons. Chacun va répétant que l'homme moderne s'est perdu lui-même, que sculpture et peinture n'en reproduisent plus le visage parce que celui-ci s'est effacé en même temps que le Dieu qui lui servait de modèle et de caution : ces banalités traduisent, au niveau inférieur, le diagnostic hégélien ou nietzschéen qu'une période de l'histoire — ou l'histoire elle-même — s'achève.

Le sociologue, plus modeste ou moins assuré, n'ignore pas qu'après la mort de Dieu, l'homme, animal qui construit des outils et qui parle, n'existe que par son projet ou par les structures intelligibles de son être intellectuel ou social. Rien ne le contraint à un projet humain : Hitler a montré à quoi aboutissait le projet de ne voir que l'animal[1] en l'homme. Les structures rendent intelligibles en droit tous les mythes et toutes les sociétés, mais le projet de mettre

1. L'animal non tel que les biologistes nous le révèlent mais tel que les hommes du commun l'imaginent.

au jour toutes les structures anime le savant en l'homme non l'homme en dehors de la communauté scientifique. L'humanisme, que ne définit ni l'humanitarisme ni les humanités, demeure équivoque, presque indéfini.

Et pourtant, c'est un humanisme, mêlé de kantisme et d'existentialisme, qui anime les marxistes d'Europe orientale, dressés contre les survivances de stalinisme et soucieux de liberté. C'est lui aussi que les Occidentaux ont répandu à travers le monde et qui justifie les revendications d'égalité et d'indépendance des peuples exploités, c'est lui encore qui entretient l'insatisfaction des peuples riches, nourrit les protestations contre les injustices et les inquiétudes sur la qualité de l'existence dans la société de consommation. Humanisme sans fondement et sans système qui débouche sur des aspirations vagues, en un siècle recru d'horreur.

Celui qui se souvient des années 30 s'interroge, non sans angoisse, sur le refus de l'humanisme, peut-être mode neuf de philosopher, peut-être soif d'absolu des jeunes que révolte l'écart, jamais comblé, entre les projets des sociétés démocratiques et les réalités. Mais les révolutionnaires de notre jeunesse, eux aussi, connaissaient l'impatience des purs. Les uns sortaient leur revolver au mot de culture, les autres au mot de liberté ou de démocratie.

Je me méfie de ceux qui renient les mots sacrés de la tribu. Les héros d'aujourd'hui « Che » ou Mao, incarnent le culte de la violence : ils exaltent le combat plus que la victoire, le sacrifice plus que ce qui le justifie ; ils sacralisent le non-sens comme les fascistes le faisaient. Que les étudiants parisiens aient crié : « Nous sommes tous des Juifs allemands » ne prouve rien, sinon le discrédit de la nation ou de la race. Les *dérivations* les plus différentes recouvrent l'état émotionnel dont naît le fascisme. Le nihilisme n'a nul besoin des patries, liées aux traditions qu'il récuse.

Il projette de les détruire avec la même joie que le reste du « système » — comme disait Gœbbels, comme le disent à leur tour quelques représentants de la « nouvelle gauche » — dont les althussériens représentent une des versions parisiennes, caractéristique de la dernière mode intellectuelle : pensée et écriture ésotérique, action violente, faut-il prendre au sérieux le mélange ? Faut-il rire ou pleurer ? Honnêtement : je ne sais.

Note finale

ÉQUIVOQUE ET INÉPUISABLE [1]

Une institution comme celle qui nous réunit ce soir aurait inspiré, je le crains, à l'homme dont nous célébrons la mémoire une profonde antipathie. Nulle cérémonie ne me paraît aussi étrangère, voire contraire à l'esprit du fondateur de la 1re Internationale que celle à laquelle j'ai l'honneur et le plaisir de participer. Moi aussi — comment faire autrement ? — je vais ensevelir dans le linceul de pourpre où dorment les dieux morts le génie tumultueux qui a tant écrit, parlé et combattu, qui a fourni des arguments à tant de partis et d'écoles qu'il continue, un siècle et demi après sa naissance, un siècle après la publication de son œuvre maîtresse, à passionner les savants et à instruire les militants, à diviser ses disciples ou soi-disant disciples sans unir ses ennemis ou prétendus ennemis. Peut-être, et en ce cas il s'agirait d'un tournant historique, commence-t-il d'inquiéter ceux qui se réclament de lui et de rassurer ceux-là

1. Conférence prononcée à l'Unesco en mai 1968 à l'occasion du 150e anniversaire de la naissance de Marx.

mêmes qui, naguère, le dénonçaient, lui le prophète démoniaque.

M. le Directeur général ne prendra pas en mauvaise part une impertinence mineure. L'Unesco ne porte pas la responsabilité des sentiments mêlés que m'inspire le contraste entre les conditions dans lesquelles vécut l'exilé de Londres et le cadre grandiose et officiel dans lequel des professeurs chevronnés, venus de toutes les universités du monde, se proposent d'entamer un dialogue courtois, après avoir reçu la consigne de s'en tenir à la contribution scientifique de Marx et d'oublier le révolutionnaire — bien résolus d'ailleurs, à en juger d'après les rapports, à ne pas respecter la consigne. La coexistence pacifique, accompagnée par la compétition des idées, nul, vous le pensez bien, ne s'en réjouit plus que moi. Je préfère, pour paraphraser un mot célèbre, l'arme de la critique à la critique des armes. En d'autres régions de la planète, le bruit des armes étouffe la voix de la raison. À Paris j'espère, il en va autrement et, nous tous, venus de Moscou ou de la Sorbonne, de Columbia ou de Varsovie, nous risquons d'inspirer à un jeune homme qui ressemblerait au Marx de vingt-cinq ans des sentiments, aussi déplacés en cette enceinte qu'historiquement intelligibles.

Que mes collègues soviétiques ne me tiennent pas rigueur de donner à notre voisinage sur cette tribune une signification qu'ils ne lui reconnaissent peut-être pas. L'humanité ne peut pas prendre d'assaut chaque jour une Bastille ou un Palais d'Hiver. Rien ne m'a plus frappé, l'année dernière, que la commémoration de la Révolution d'Octobre par la presse bourgeoise d'Europe occidentale ou des États-Unis, même par la presse dite conservatrice à laquelle, comme chacun sait, je collabore parce qu'elle conserve quelque attachement au libéralisme d'un autre âge.

Pourquoi la presse bourgeoise a-t-elle manifesté sinon de la sympathie, au moins un sens ou un désir d'objectivité à l'égard de la Révolution d'Octobre ? Je m'en voudrais d'imposer une interprétation qui ne plairait à personne. Est-ce la part de succès qui force le respect des ennemis eux-mêmes ? Est-ce la part d'échec qui les rassure ? La reprise du dialogue, les échanges commerciaux, intellectuels, touristiques ont abattu les murailles, ouvert les deux mondes l'un à l'autre. Un monde connu cesse de fasciner. La distance dans l'espace, au moins en Europe, ne fournit plus l'équivalent de la transcendance de l'avenir. La doctrine de la révolution permanente a été depuis longtemps condamnée par un tribunal impitoyable, dont elle peut malaisément récuser les verdicts, l'histoire elle-même ou, si l'on préfère, la victoire dans la lutte entre les partis et les idées. Peut-être mon collègue Herbert Marcuse fait-il exception, lui dont la foi révolutionnaire n'a rien perdu de sa fraîcheur, qui jouit de tous les charmes de la Californie et dont les disciples berlinois montent à l'assaut des Bastilles universitaires et préparent une société pacifique en défenestrant leurs professeurs.

Oublions l'air du temps, le fondateur de la 1re Internationale, la transfiguration du révolté en prophète, du prophète en théologien et les querelles indéfinies entre orthodoxes et hérétiques, l'orthodoxie ou l'hérésie étant définie en dernière analyse moins par la force des arguments que par l'argument de la force. Venons à l'éloge d'un penseur dont la grandeur ne fait de doute pour personne — ni pour ceux qui, comme moi, n'ont cessé depuis quarante ans de le lire et de le relire — ni pour ceux, beaucoup plus nombreux bien entendu, qui, ne l'ayant pas lu, s'en tiennent à un raisonnement aussi simple que pertinent : quelle preuve plus convaincante de grandeur qu'une grande querelle, pour citer approximativement le général de Gaulle. Si l'on mesure la grandeur de Marx aux dimensions des querelles qu'il a provoquées ou suscitées, qui, depuis deux siècles, pourrait se comparer à lui ? Querelles entre marxistes et non-marxistes, mais aussi querelles entre marxistes. Querelles sans issue puisque nul n'a le droit de parler au nom d'un mort ou de poser la question, incompatible avec la méthode du maître, de la position qu'adopterait Marx lui-même entre les mouvements politiques et les écoles scientifiques qui se réclament de lui.

Que signifie la grande querelle ? En quel sens démontre-t-elle la grandeur de l'homme, du savant ou du révolutionnaire ? Peut-être, en donnant des réponses à de telles interrogations, pourrons-nous respecter les règles de l'éloge académique tout en témoignant de la liberté à laquelle nous invite l'exemple de Marx lui-même. Toute œuvre historique, avais-je écrit dans un de mes premiers livres, est *équivoque* et *inépuisable*. Ces deux adjectifs s'appliquent à l'œuvre de Marx plus fidèlement qu'à toute autre. Faute d'équivoque, la diversité des interprétations ne s'expliquerait pas. Si cette équivoque ne reflétait pas la portée de la problématique et la richesse de la pensée, elle ne mériterait pas le respect. Si la science d'aujourd'hui avait résolu les problèmes posés par Marx, celui-ci appartiendrait au passé — or, cette assemblée suffit à le prouver, Marx demeure notre contemporain.

Le professeur Frankel a écrit dans son rapport que sur Marx tout avait déjà été dit et que le commentateur arrive trop vieux en un débat depuis trop longtemps ouvert. En le lisant ou en l'écoutant, je me suis dit qu'en dépit des appareils à réaction New York demeure éloigné de Paris. Au moins une fois tous les dix ans, depuis la dernière guerre, il se trouve sur la rive gauche de la Seine un philosophe pour suggérer une interprétation de Marx ou lui prêter une idée à laquelle personne, avant lui, n'avait songé. Il y a une vingtaine d'années, le *Manuscrit économico-philosophique*, selon l'orthodoxie du Quartier latin, représentait le dernier mot de la philosophie marxiste bien que, à s'en tenir aux textes, Marx lui-même ait tourné en ridicule le langage et les modes d'analyse qu'il avait employés dans ses premiers travaux. Aujourd'hui, le marxisme parisien connaît un nouvel avatar. Normaliens et agrégés de philosophie, certains qui avaient souscrit à l'orthodoxie d'hier, d'autres, grâce à leur jeunesse, accédant d'un coup à la nouvelle science, découvrent que le marxisme n'est ni un humanisme ni un historicisme. Après tout, si « le médecin malgré lui » de Molière mettait le cœur à droite, on ne voit pas pourquoi les normaliens ne nieraient pas l'humanisme de Marx au moment même où nos collègues d'Europe orientale le redécouvrent.

Et, puisque Gramsci a défini le marxisme comme un historicisme absolu le calcul des probabilités permettait de prévoir qu'il surgirait un jour un marxisme radicalement dépouillé d'historicisme. Un agrégé de philosophie parisien avait vocation d'aller jusqu'au bout de l'antihistoricisme : nous avons tous appris à réfuter Kant, dès notre dix-septième année, et nous n'avons pas attendu de connaître l'histoire pour la penser.

Jupiter, dit-on, rendait fous ceux qu'il voulait perdre. À Paris, Marx, Jupiter bienveillant, promet un succès de mode à ceux qu'il égare. Que l'on renverse l'interprétation qui avait bénéficié de la mode précédente, que l'on n'omette pas quelques-uns des mots indispensables, structure, structural, avec un *a* bien entendu, surdétermination, coupure épistémologique, que l'on n'oublie pas de rendre quelque peu obscur un exposé qui tolérerait la clarté et l'on gagne une chance de fournir, durant quelques années, les thèmes ou le vocabulaire des dissertations à l'agrégation de philosophie. Après tout, Jean-Paul Sartre avait écrit, dans la *Critique de la raison dialectique*, que tout commentaire affaiblirait l'évidence et la clarté des analyses du *Capital* — ce qui aurait pu surprendre les centaines de commentateurs du *Capital* qui ne se sont pas mis d'accord, au bout d'un siècle, sur la signification exacte de la distinction entre la valeur et les prix. On aurait donc tort de s'étonner qu'il ait fallu attendre Bachelard, Lévi-Strauss ou Lacan pour saisir le secret d'un marxisme purifié d'humanisme et d'historicisme.

J'ai choisi un cas presque anormal, l'alternance des

interprétations extrêmes ou extrémistes, dans la mode parisienne. Ce qui m'intéresse, c'est que l'extrémisme mis à part, la pensée de Marx contient en germe ces deux interprétations contradictoires. À un pôle, le marxisme se donne lui-même pour un moment de l'histoire, pour un moment de la connaissance que l'humanité prend de sa propre aventure et les marxistes expriment leur fidélité au maître, non en répétant ce qu'il a dit, mais en renouvelant, dans des conjonctures autres, l'effort pour saisir la totalité historique en devenir. À l'autre pôle, Marx socio-économiste analyse la structure et le fonctionnement du mode de production capitaliste, analyse essentiellement scientifique, non pas du tout perspective sur l'histoire d'un observateur historiquement situé. Le Marx du premier pôle a pour héritiers, fidèles ou infidèles, Lukacs, Mannheim, la sociologie de la connaissance. Le Marx du deuxième pôle a une descendance multiple et hétérogène parce que marxistes et historiens, Max Weber et les siens, les structuralistes même peuvent se réclamer de lui.

À n'en pas douter, Marx, économiste et théoricien, a conçu *Le Capital* comme la mise au jour du *mode de production capitaliste* et des *rapports de production et d'échange* qui lui correspondent. Choisissant l'Angleterre pour exemple — parce qu'elle est le lieu classique de ce mode de production, il affirme explicitement « *que le pays le plus développé industriellement ne fait que montrer à ceux qui le suivent sur l'échelle industrielle l'image de leur propre avenir* ». Il évoque en même temps « *les lois naturelles de la production capitaliste, les tendances qui se manifestent et se réalisent avec une nécessité de fer* ». Ces formules, empruntées à la préface du *Capital*, vont dans le sens du marxisme communément admis jusqu'en 1917 : théorie scientifiquement objective du fonctionnement du mode de production capitaliste, lois naturelles ou tendances profondes du développement de ce mode de production, valeur exemplaire du modèle anglais.

Cela dit, l'interprète n'a aucune peine à citer des textes nombreux qui atténuent, rectifient, démentent ces affirmations catégoriques. Le concept de mode de production asiatique suggère au moins l'hypothèse que les autres civilisations, ayant un passé différent de celui de l'Occident, ne passeront pas nécessairement par les mêmes étapes. Quand Marx étudiait les faits, il avait un sens trop aigu de la diversité historique pour ne pas rectifier les simplifications du schéma théorique.

La mode parisienne oscille entre le *Manuscrit économico-philosophique* et le protostructuralisme de l'*Introduction à la Critique de l'économie politique* et du *Capital* : d'une part la version hégéliano-existentialiste, l'odyssée de l'humanité entre la chute dans la lutte des classes, l'aliénation et le salut révolutionnaire, la réconciliation de l'homme et de la nature, de l'essence et de l'existence, d'autre part, la version scientifique des lois naturelles selon lesquelles fonctionne et se transforme le mode de production capitaliste abandonné à lui-même. Cette oscillation trouve son explication, sinon sa justification dans les incertitudes de la synthèse marxiste elle-même. Non que l'une des inspirations ne domine dans la jeunesse et une autre dans la maturité, mais que resterait-il du vrai Marx, sinon du Marx qui est vrai, si la révolution socialiste s'épuisait dans la seule modification des rapports de production et du statut de la propriété et ne signifiait pas, en même temps, l'accès de l'humanité à elle-même et à la maîtrise sur son propre destin ?

De même, contre les textes de la Préface du *Capital* que je viens de citer, textes qui vont dans le sens d'un européo-centrisme, qui prêtent à l'expérience anglaise, dans ses traits essentiels, une signification universelle — tous les pays devront parcourir le même chemin de croix — marxistes et antimarxistes n'ont aucune peine à mettre en avant les textes de Marx historien, faisant le récit du 18 Brumaire ou des luttes de classes en France, écrivant à ses amis de Russie ou d'Amérique et utilisant les schèmes théoriques non pour y faire entrer de force la diversité des expériences nationales mais pour en éclairer la spécificité à la lumière de variables multiples.

Un autre exemple, lui aussi célèbre, se situe au cœur de la théorie marxienne. Personne n'ignore les quelques lignes de la Préface de la *Critique de l'économie politique* dans lesquelles Marx résume le résultat auquel il arriva, au terme de ses réflexions philosophiques, et qui lui servit, écrit-il, de fil conducteur dans ses études. Le mode de production de la vie matérielle domine en général le développement de la vie sociale, politique et intellectuelle. Le mot *domine* a toutes les qualités requises pour se prêter à d'innombrables interprétations entre la *détermination*, difficile à démontrer, et l'*influence* impossible à réfuter. Vient ensuite l'idée majeure, la dialectique des forces et des rapports de production. « *À un cer-*

tain degré de leur développement, les forces productives matérielles de la société entrent en collision avec les rapports de production existants, ou avec les rapports de propriété au sein desquels elles s'étaient mues jusqu'alors et qui n'en sont que l'expression juridique. Hier encore formes de développement des forces productives, ces conditions se changent en lourdes entraves. » Ce texte ne doit pas seulement son importance à sa place dans l'œuvre de Marx, à la solennité de sa présentation, mais à sa portée scientifique. Contradiction entre forces et rapports de production, l'idée peut servir de fil conducteur aux recherches historiques, sans référence à une quelconque allégeance, philosophique ou politique. En revanche, si cette contradiction s'aggrave avec le développement des forces productives, un schéma du devenir se dessine. On affirmera, à la suite de Marx, « *que jamais une société n'expire avant que se soient développées toutes les forces productives qu'elle est assez large pour contenir, jamais des rapports supérieurs de production ne se mettent en place avant que les conditions matérielles de leur existence ne soient écloses dans le sein même de la vieille société* ». Les dirigeants de la IIe Internationale et les mencheviks ont tiré de ces propositions des conséquences aussi logiques en elles-mêmes que funestes pour leur carrière historico-politique.

Là encore, je ne mets pas en doute, un seul instant, que l'on trouve autant de textes que l'on veut pour fonder une interprétation opposée. On aboutira à la loi qui a été formulée il y a quelques années par un auteur que je m'en voudrais de citer puisque je ne puis lui accorder le droit de réponse : loi de la correspondance ou non-correspondance entre les forces et les rapports de production, loi manifestement soustraite aux obligations de la preuve en même temps qu'aux risques de la réfutation : de toute évidence, forces et rapports de production se correspondent ou ne se correspondent pas. *Tertium non datur*. Le terme *correspondance* présente lui aussi suffisamment d'équivoque pour que le principe du tiers exclu s'applique sans difficulté à cette loi que l'esprit le plus sceptique accepterait sans réticence.

Il reste, bien entendu, en tant que fil directeur de l'enquête historique, l'idée de la dialectique complexe, des relations variables de pays à pays et d'époque, entre les forces de production et les modalités, organisationnelles et juridiques, des rapports de production. Mais, si le développement de forces productives cesse de commander l'aggravation des contradictions, le schème du devenir — longtemps confondu avec la philosophie marxiste de l'histoire — disparaît et les hommes, les partis, les accidents, les rencontres de séries, la pluralité des pratiques comblent le vide ouvert par la disparition du parallélisme essentiel, celui du développement des forces productives et de l'accentuation de la contradiction. Encore une fois, je ne vois aucun inconvénient à tenir ce parallélisme pour secondaire dans la pensée de Marx. Peut-être doit-on définir le marxiste et l'antimarxiste par la manière dont chacun fait son choix de citations : l'antimarxiste choisit les propositions que les événements ont démenties, les marxistes celle que les événements ont plus ou moins confirmées. Ou encore le marxiste vulgaire ou dogmatique maintient, envers et contre tout, les propositions qui ne s'accordent manifestement pas avec la réalité, le marxiste subtil explique que Marx a voulu dire tout autre chose que ce qu'il semble avoir voulu dire ou encore il ajoute tant d'hypothèses supplémentaires pour « sauver les phénomènes » à partir des hypothèses initiales qu'il ressemble aux astronomes avant Copernic et Kepler. Peter Wiles a baptisé le livre d'un de ces marxistes subtils : *Encyclopédie d'une science inexacte.*

Il est temps de changer d'adjectif et de passer d'équivoque à inépuisable. Pourquoi cette pensée équivoque demeure-t-elle, en dehors de sa fonction politico-idéologique pour des centaines de millions d'hommes, étonnamment actuelle et, je le crois, scientifiquement féconde ?

Les équivoques doivent leur fécondité, si j'ose dire, à leur enracinement dans la problématique immanente à l'objet. Marx appartenait encore à une époque où les grandes œuvres de sociologie historique, celles de Saint-Simon, Auguste Comte, Alexis de Tocqueville, naissaient en dehors des universités. Les géants de la génération nés dans la deuxième moitié du siècle, Max Weber ou Émile Durkheim, appartenaient déjà à l'Université mais ils durent y conquérir une place qui n'existait pas pour leur discipline.

Marx ignorait la distinction entre philosophie, économie, sociologie, histoire, politique, démographie. Chacune des disciplines, aujourd'hui séparées, chacune avec ses concepts, ses pratiques, ses ambitions ou ses préjugés peut trouver dans l'œuvre de Marx tout à la fois des suggestions pour sa recherche propre et des raisons de mettre en cause le découpage de son champ d'étude. Marx avait une conscience aiguë, comme les historiens, de l'interdépendance des secteurs de la totalité que les spécialistes isolent selon l'orientation de leur curiosité et la spécificité de leur conceptualisation. Mais simultanément, il avait, comme les économistes ou les sociologues, une conscience aiguë de l'insuffisance du récit, de la simple mise en place dans le temps, de la succession des événements. Il voulait éclairer l'une par l'autre, l'histoire par la théorie et la théorie par l'histoire. Les formulations qu'il a données à ce projet scientifique prêtent souvent à la critique, soit qu'elles simplifient la complexité de l'histoire en la réduisant à quelques tendances fondamentales, soit, au contraire, dans ses études empiriques, qu'elles débouchent sur la reconstitution événementielle, avec de temps à autre un rappel des principes que l'auteur et le lecteur ensemble étaient sur le point d'oublier. Même s'il n'a pas réussi entièrement à combiner harmonieusement la contribution des sciences sociales et l'apport de l'histoire, pouvons-nous dire que nous avons surmonté aujourd'hui les obstacles auxquels il s'est heurté ? Libre aux philosophes qui ignorent la réalité historique de rêver une science de l'histoire qui construirait les types sociaux à partir d'un petit nombre de variables sélectionnées. Cette science n'existe pas et probablement ne peut pas exister encore : historiens et sociologues se livrent au dur labeur de la vérité, au déchiffrement d'une matière à demi informe qu'ils structurent par les concepts, marxistes ou non, forces de production, rapports de production, développement, croissance, modernisation dont ils n'ignorent pas les incertitudes.

Des sciences sociales, aujourd'hui autonomes, Marx connaissait le mieux l'économie ; les concepts et schèmes du *Capital* doivent évidemment beaucoup à l'économie anglaise et, en particulier, aux *Principes* de Ricardo. L'économie anglo-américaine d'aujourd'hui serait-elle différente si Marx n'avait pas écrit *Le Capital ?* À dire vrai, je ne le pense pas. Keynes, dans la *Théorie générale*, fait bien quelque allusion à Marx mais dans des termes tels que l'on n'a pas le sentiment qu'il l'ait réellement lu ou qu'il lui doive plus que ce qu'il aurait pu trouver dans n'importe lequel des théoriciens de la sous-consommation. *Le Capital* n'en offre pas moins un thème inépuisable de réflexions pour le philosophe, l'économiste et le sociologue.

Le philosophe ou plutôt certains philosophes ne se résignent pas à suivre Mme Joan Robinson, à baptiser la *loi de la valeur-travail* croyance métaphysique et à conclure que le terme de valeur n'a pas de contenu opérationnel et n'est qu'un mot. Il se trouvera longtemps encore des philosophes fascinés par l'interrogation sur la substance de la valeur, sur le principe créateur de la valeur, en quête d'une critique tout à la fois de la chrématistique et du mode de pensée propre aux économistes, mode de penser qui prend pour centre les prix et le marché et, par suite, aux yeux de certains moralistes, demeure prisonnier d'un monde aliéné.

Cette critique philosophique de l'économie ajoute-t-elle à notre savoir ? J'en doute. Fait-elle partie intégrante de la conscience que les hommes prennent d'une société apparemment asservie aux impératifs de la production ? J'en suis convaincu. Marx a tenté, avec les instruments dont il disposait, une œuvre dont l'ambition et l'ampleur continuent de dépasser les moyens de la science, ce qui explique tout à la fois l'obsession de certains et l'indifférence des autres.

Le projet de Marx, économique et philosophique, historique et sociologique tend à la compréhension de la société moderne, dite capitaliste à la fois dans sa structure et dans son fonctionnement, dans son devenir intrastructurel et dans son devenir interstructurel, dans sa nécessité interne et dans son autodestruction inévitable. Cette compréhension se veut scientifique et critique : la théorie de l'exploitation, Marx la croit scientifique mais en même temps, il la croit critique en un double sens du mot. La société, fondée sur la propriété privée des moyens de production, porterait, en son essence, une contradiction — l'exploitation des vendeurs de la force de travail — qui justifierait la condamnation morale et la prévision de la catastrophe salvatrice. Les économistes prennent plaisir à comparer les schèmes à l'aide desquels Marx rend compte de la baisse tendancielle du taux de profit avec les schèmes actuels — comparaison toujours intéressante et parfois instructive —, mais Marx éprouvait à coup sûr une satisfaction ironique et pour ainsi dire hégélienne à trouver l'origine dernière du déclin capitaliste dans les mêmes rapports de production qui définissent ou constituent l'iniquité permanente et irréductible du régime. La plus-value est prélevée sur le travail vivant, non sur le travail cristallisé (ou capital constant). Or comme le développement des forces productives exige une utilisation croissante de travail cristallisé pour chaque unité de travail vivant, la baisse du taux de profit en résulte inexorablement — baisse immanente à la structure et au fonctionnement du régime capitaliste lui-même. Comment résister à la séduction d'un pareil système où la science démontre que la nécessité se chargera d'exécuter les verdicts de la conscience ? Le capitalisme condamné à mort non *pour* mais *par* son injustice intrinsèque. Quand j'ai lu pour la première fois *Le Capital*, je souhaitais passionnément me laisser convaincre ; mes souhaits hélas ! demeurèrent inassouvis.

Cette science critique de la société moderne débouche à la fois, ou selon le mode de lecture adopté, sur le déterminisme ou sur l'action, sur un dogme, toujours menacé par la fossilisation, ou sur une méthode, jamais stérile, sur les prophéties, justificatrices de la passivité, ou sur l'alternative du socialisme ou de la barbarie, incitation à toutes les révoltes. Nécessité historique ou liberté, classe et parti, classe en soi et classe pour soi, similitude des conditions et prise de conscience, ces antithèses conceptuelles, immanentes au marxisme de Marx, permettent à tous ceux qui s'appellent marxistes ou antimarxistes d'élaborer une interprétation conforme à leur propre philosophie, aux péripéties de l'histoire ou bien aux exigences de la pratique d'un jour ou d'un siècle. Il y a eu un Marx kantien et un Marx hégélien, un Marx saint-simonien et un Marx existentialiste, il y a maintenant un Marx structuraliste.

Mon énumération ne s'arrêterait pas là si nous n'étions invités, ici, en une cérémonie solennelle, à concentrer notre attention sur le savant. Car, si les marxistes, à juste titre, traitent leurs adversaires selon la méthode, que nous appelons en français la démystification et en anglais *debunking*, les marxistes, je veux dire ceux qui se baptisent eux-mêmes ainsi, s'infligent les uns aux autres le même traitement et s'accusent réciproquement de trahir l'héritage sans que personne puisse trancher entre ces prétentions rivales puisque la pensée de Marx suppose, par sa richesse même, toutes les traductions-trahisons.

Le projet de Marx va au-delà d'une interprétation de la société moderne en sa totalité, sa structure, son fonctionnement et son devenir, au-delà d'une critique du régime capitaliste et de la recherche de la classe chargée de la fonction historique d'exécuter la condamnation. Marx, le jeune Marx ouvertement, le Marx de la maturité en filigrane s'est posé la question de la condition humaine dans une société que domine la volonté prométhéenne de produire le plus possible, le mieux possible. Cette interrogation sur la condition humaine dans la société que nous appelons technique ou scientifique, il la formulait par référence au seul régime qu'il connaissait et qui se confondait pour lui avec la forme première de la modernité, le régime capitaliste. Mais tous ici, que nous venions de Moscou, de New York ou même de Paris, nous n'ignorons plus, aujourd'hui, que ni la propriété collective des moyens de production ni la planification ne transfigurent miraculeusement le sort de l'homme, condamné à une activité parcellaire, privé de la chaleur des relations personnelles par les exigences impitoyables de la rationalisation, en quête d'un accomplissement dans le travail ou dans le temps libre — accomplissement qui, trop souvent, se dérobe. Marx, me semble-t-il, rêvait sourdement, par-delà l'industrialisation saint-simonienne, d'une communauté dont Rousseau gardait la nostalgie et dont l'abondance de biens permettrait l'avènement. Ce rêve n'a pas fini de troubler les hommes d'aujourd'hui, alors que, par un mécanisme logique et paradoxal, la relative abondance ici semble recréer ailleurs la pénurie, alors que jamais la disparité n'a été aussi grande entre les peuples sinon entre les classes, alors que jamais le progrès scientifique, technique ou économique n'est apparu aussi ambigu en ses implications sociales et humaines.

Le projet de Marx — *penser philosophiquement l'histoire* — conserve son actualité (en incluant dans le sens de ce mot à la fois la *Wirklichkeit* et la *Vernunft* des Allemands) pour une double raison : parce qu'il n'est pas accompli et parce que l'hétérogénéité du monde dans lequel nous vivons donne, en chaque pays, un sens à l'une ou l'autre des parties de ce projet.

Il n'est pas accompli scientifiquement : la compréhension ou l'explication de la modernité en son mouvement total et complexe n'échappe pas aux incertitudes des interprétations partielles ou partiales, elle peut utiliser encore les concepts marxistes, forces de production, rapports de production, classes sociales, contradictions, en dépit de l'équivoque de ces concepts parce que les modèles, plus ou moins rigoureux, qu'utilisent les spécialistes se juxtaposent plutôt qu'ils ne se composent et que la macrosociologie n'a pas encore atteint la maturité scientifique.

Le projet marxiste n'est pas encore accompli historiquement, même si une fraction de l'humanité croit avoir derrière elle la révolution vainement espérée par l'exilé de Londres, de crise en crise : ce projet n'atteindrait à la réalisation historique que le jour où l'humanité serait réconciliée avec elle-même alors qu'aujourd'hui les marxistes ne sont encore réconciliés ni entre eux ni avec les hérétiques, la coexistence pacifique marquant tout au plus une étape de cette entreprise. L'accomplissement du projet marxiste impose à ceux mêmes qui se situent après la révolution de nouvelles tâches : la propriété collective des moyens de production doit amener avec elle la fin des aliénations, favoriser l'humanisation de l'homme, améliorer la qualité de l'existence grâce au progrès technique ou en dépit de lui. Enfin, la moitié ou les deux tiers de l'humanité pensent encore le projet marxiste tel qu'il apparaissait originellement, autrement dit le développement des moyens de production ou l'accès à la modernité, bien que le sous-développement des pays d'Asie ou d'Afrique diffère du sous-développement de l'Angleterre victorienne ou de la France louis-philipparde bien plus qu'il ne lui ressemble. L'universalité conçue par Marx du projet technique fait ressortir non pas seulement l'inégalité des niveaux de développement mais aussi la diversité des contextes culturels.

Quelle conclusion donner à l'éloge semi-académique semi-ironique d'une œuvre, grandiose et inachevée ? J'emprunterai cette conclusion à deux textes de Marx lui-même : on lui attribue la remarque : « *Et d'abord moi je ne suis pas marxiste.* » Nous sommes tous obligés, sur cette tribune, de reconnaître que Marx aurait eu maintes occasions, à notre époque, de répéter cet aveu ou ce démenti. Il y a tant de manières contradictoires d'être ou de se dire marxiste, au XXe siècle, que Marx aurait pris ses distances à l'égard de certains marxistes ? À l'égard desquels ? La réponse appartient au libre arbitre de chacun. J'ai ma réponse et vous avez la vôtre.

La deuxième phrase que je voudrais citer se trouve dans la Préface de la *Critique de l'économie politique*. « *L'humanité ne se propose jamais que les tâches qu'elle peut remplir.* » Marx et les marxistes nous offrent une vivante réfutation de cette prétendue harmonie entre les ambitions et la capacité des hommes. Marx s'est proposé une tâche scientifique qu'aujourd'hui encore nous ne pouvons pas remplir. Les marxistes n'ont cessé de se proposer des tâches qu'ils n'ont pas remplies entièrement.

Faut-il s'en réjouir ou le déplorer ? En fait de science humaine, je n'hésite pas à répondre. Alexis de Tocqueville n'aurait pas écrit *La Démocratie en Amérique* pas plus que Marx n'aurait écrit *Le Capital* s'ils s'étaient proposé la seule tâche qu'ils pouvaient remplir. À nous autres, épigones, de combler les lacunes ou de déceler les erreurs. S'il s'agit des tâches historiques ou politiques, chacun répondra selon son tempérament ou son humeur. Les Français continuent de célébrer le culte de Napoléon, qui laissa finalement la France plus petite, plus faible, plus proche du déclin qu'il ne l'avait trouvée. Aucun des souverains qui aurait voulu donner aux Français la paix et la prospérité n'a encore trouvé d'avocat parmi les historiens, pourtant acquis au pacifisme. Seuls les libéraux, pessimistes et peut-être sages, invitent l'humanité à se proposer les seules tâches qu'elle peut remplir. Et c'est pourquoi ils ne font pas l'histoire et se contentent d'ordinaire de la commenter. Les marxistes appartiennent à une autre famille, ils mesurent les tâches à leurs rêves et non à leurs forces. Humains, trop humains si, pour paraphraser un mot célèbre d'André Gide, chacun doit préférer à lui-même ce qui le dévore — ou parfois ce qui dévore ses semblables.

DU MÊME AUTEUR

Aux Éditions Gallimard

INTRODUCTION À LA PHILOSOPHIE DE L'HISTOIRE. Essai sur les limites de l'objectivité historique.

DE L'ARMISTICE À L'INSURRECTION NATIONALE.

L'HOMME CONTRE LES TYRANS.

LE GRAND SCHISME.

LES GUERRES EN CHAÎNE.

POLÉMIQUES.

DIX-HUIT LEÇONS SUR LA SOCIÉTÉ INDUSTRIELLE *(Idées).*

LA LUTTE DE CLASSES *(Idées).*

NOUVELLES LEÇONS SUR LES SOCIÉTÉS INDUSTRIELLES *(Idées).*

DÉMOCRATIE ET TOTALITARISME.

LES ÉTAPES DE LA PENSÉE SOCIOLOGIQUE. Montesquieu, Comte, Marx, Tocqueville, Durkheim, Pareto, Weber.

L'OPIUM DES INTELLECTUELS *(Idées).*

D'UNE SAINTE FAMILLE À L'AUTRE.

DE LA CONDITION HISTORIQUE DU SOCIOLOGUE. Leçon inaugurale au Collège de France prononcée le 1er décembre 1970.

ÉTUDES POLITIQUES.

HISTOIRE ET DIALECTIQUE DE LA VIOLENCE.

PENSER LA GUERRE, CLAUSEWITZ. I. L'ÂGE EUROPÉEN ; II. L'ÂGE PLANÉTAIRE.

CHRONIQUES DE GUERRE. La France libre (1940-1945).

Aux Éditions Calmann-Lévy

L'OPIUM DES INTELLECTUELS.

ESPOIR ET PEUR DU SIÈCLE.

PAIX ET GUERRE ENTRE LES NATIONS (Prix des Ambassadeurs).

IMMUABLE ET CHANGEANTE, DE LA IVe À LA Ve RÉPUBLIQUE.

LE GRAND DÉBAT. Initiation à la stratégie atomique.

ESSAI SUR LES LIBERTÉS.

LES DÉSILLUSIONS DU PROGRÈS. Essai sur la dialectique de la modernité.

Ouvrages en collaboration :

COLLOQUES DE RHEINFELDEN.

LA DÉMOCRATIE À L'ÉPREUVE DU XXe SIÈCLE, les Colloques de Berlin.

DE MARX À MAO TSÉ-TOUNG. Un siècle d'internationale marxiste.

Aux Éditions de Fallois

ESSAIS SUR LA CONDITION JUIVE.

LEÇONS SUR L'HISTOIRE. Cours du Collège de France.

LES ARTICLES DE POLITIQUE INTÉRIEURE DANS *LE FIGARO* DE 1947 À 1977. I. LA GUERRE FROIDE ; II. LES CRISES ; III. LA COEXISTENCE.

MACHIAVEL ET LES TYRANNIES MODERNES.

Aux Éditions Fayard

LA RÉVOLUTION INTROUVABLE. Réflexions sur les événements de Mai.

Aux Éditions Julliard

MÉMOIRES. Cinquante ans de réflexion politique.

LES DERNIÈRES ANNÉES DU SIÈCLE.

LA PHILOSOPHIE CRITIQUE DE L'HISTOIRE. Essai sur une théorie allemande de l'histoire.

Aux Éditions Plon

DIMENSIONS DE LA CONSCIENCE HISTORIQUE.

LA TRAGÉDIE ALGÉRIENNE.

L'ALGÉRIE ET LA RÉPUBLIQUE.

DE GAULLE, ISRAËL ET LES JUIFS.

LA SOCIÉTÉ INDUSTRIELLE ET LA GUERRE.

TROIS ESSAIS SUR L'ÂGE INDUSTRIEL.

Aux Éditions P. U. F.

LA SOCIOLOGIE ALLEMANDE CONTEMPORAINE.

ÉTUDES SOCIOLOGIQUES.

Aux Éditions Vrin

ESSAI SUR UNE THÉORIE DE L'HISTOIRE DANS L'ALLEMAGNE CONTEMPORAINE. La Philosophie critique de l'Histoire.

1- Le véritable pb de Marx, c'est qu'il a été un philosophe. Il a donc pensé l'homme dans sa condition et dans son devenir. Il en est arrivé à la conclusion que l'homme (du XIXe) était aliéné et parcellarisé. Il fallait donc surmonter ces difficultés pour atteindre la fin de l'homme, l'homme réconcilié avec sa nature et son essence, l'homme total.

2. En disant cela, Marx n'était rien de + que les autres philosophes (c'est le premier vrai existentialiste!). Or il avait pour ambition d'être plus qu'un philosophe. Il se voulait à la fois scientifique et politique. Scientifique pour se distinguer des utopistes et pour donner une assise rigoureuse et positive à sa philosophie. Politique parce qu'il fallait se distinguer des professeurs de philosophie ou des philosophes professionnels (les jeunes Hégéliens) et réaliser l'Homme dans sa totalité.

3. En effet, Hegel ayant découvert la loi et la méthode de l'Histoire, philosopher ne servirait plus à g[?] chose. Les choses sont dites. Il faut désormais réaliser l'homme et c'est le programme révolutionnaire qu'il se propose, ce programme étant légitimé par le caractère autodestructeur du capitalisme.

Composition Jouve.
Impression Bussière Camedan Imprimeries
à Saint-Amand (Cher),
le 2 mars 1998.
Dépôt légal : mars 1998.
Numéro d'imprimeur : 981399/1.
ISBN 2-07-040491-9./Imprimé en France.

85412

Marx, en bon Hégélien, pourrait faire sienne cette affirmation de son maître "Je m'en tiens à l'idée que l'Esprit du temps a donné l'ordre d'avancer"